8° Ll 15 16 1

Paris
1817

d' Hozier, Jean-François-Louis

Recueil de tous les membres composant l'ordre royal et militaire de Saint-Louis depuis 1693, époque de sa fondation

Volume 1

L 15/16

RECUEIL

DE TOUS LES MEMBRES

COMPOSANT

L'ORDRE ROYAL ET MILITAIRE

DE SAINT-LOUIS.

DE L'IMPRIMERIE DE J. SMITH, RUE MONTMORENCY, N.º 16.

RECUEIL

DE TOUS LES MEMBRES

COMPOSANT

L'ORDRE ROYAL ET MILITAIRE

DE SAINT-LOUIS,

DEPUIS L'ANNÉE 1693, ÉPOQUE DE SA FONDATION;

PRÉCÉDÉ

DES ÉDITS DE CRÉATION ET AUTRES

RELATIFS AUDIT ORDRE :

Ouvrage posthume de JEAN-FRANÇOIS-LOUIS, Comte D'HOZIER, Chevalier de l'Ordre des Saint-Maurice et Lazare de Sardaigne, Chambellan de l'Électeur Palatin;

DÉDIÉ AU ROI.

TOME PREMIER.

A PARIS,

Au Bureau général du Bon Français, rue Tiquetonne, n.° 17;
Et chez J. Smith, rue Montmorency, n.° 16.

1817.

AU ROI.

Sire,

VOTRE MAJESTÉ a daigné permettre que je lui fisse hommage du Recueil de tous les Membres de l'Ordre Royal et Militaire de Saint-Louis. Cet ouvrage, honoré de l'auguste protection d'un Monarque que ses grandes qualités rendent le digne appréciateur du vrai mérite, est destiné à rappeler à tous les Français avec quelle générosité vos illustres Ancêtres ont toujours su récompenser la valeur et les belles actions.

Je suis, avec la plus profonde soumission,

SIRE,

DE VOTRE MAJESTÉ,

Le très-humble, très-obéissant
et très-fidèle sujet,

D'HOZIER.

Paris, le 26 mai 1817.

AVERTISSEMENT.

L'ouvrage que l'on donne aujourd'hui au Public, sous le titre de *Recueil de tous les Membres composant l'Ordre Royal et Militaire de Saint-Louis*, n'est pas le seul qui ait paru sur cet Ordre. Mais, bien que ceux que l'on a déjà publiés aient été d'un grand intérêt, celui-ci a sur eux l'avantage d'être infiniment plus étendu. Ce n'est point une histoire de l'Ordre de Saint-Louis, mais un tableau aussi exact que possible de tous les Membres de l'Ordre, et d'autant plus intéressant, que l'auteur y a joint les dates de réception des Chevaliers, Commandeurs et Grand'Croix. Il ne pouvait se flatter de les connaître toutes; aussi n'existent-elles pas pour un grand nombre d'articles. Cette omission forcée est une des preuves de la vérité de l'ouvrage. L'auteur n'a pas voulu hasarder de donner comme certain ce qui n'était de sa part qu'une chose présumée; il s'est contenté, pour les articles dont il n'a pu connaître les dates, de les classer suivant les différens règnes, ce qu'il a fait en citant les époques de promotion aux grades militaires. Il a aussi fait mention des titres et autres qualités honorables; il a pu le faire avec d'autant plus d'exactitude, que la source où il a puisé était pure et abondante en matériaux précieux. Le cabinet de feu M. d'Hozier, son père, connu depuis long-temps, a joui d'un avantage qu'aucun autre ne pouvait avoir, celui d'avoir été formé par les ancêtres de M. D'Hozier, qui, honorés de la confiance de leurs Souverains, ont été les premiers revêtus d'un caractère connu.

On espère que cet ouvrage, offert au Public, aura pour lui quelque intérêt : il verra avec plaisir l'empressement qu'ont toujours eu nos Souverains à honorer les belles actions, et surtout la valeur française.

Plusieurs personnes regretteront peut-être que l'on ait préféré l'ordre de dates à l'ordre alphabétique. L'ordre alphabétique eût rendu plus facile la recherche des noms; mais on y a suppléé en plaçant une Table alphabétique à la fin de chaque volume.

L'ordre de dates était plus convenable, en ce qu'il conserve l'ordre des promotions, et qu'il rend plus facile la continuation de cet ouvrage, qui pourra un jour faire partie essentielle d'une histoire de l'Ordre de Saint-Louis. Cette distinction honorable se trouvant aussi multipliée dans les familles que les belles actions, ce Recueil sera jugé, nous l'espérons, digne de figurer dans les meilleures bibliothèques.

On recevra avec reconnaissance toute observation tendante à réparer des omissions; mais on doit prévenir d'avance les personnes intéressées à réclamer, que l'on ne pourra faire usage de leurs notes qu'autant qu'elles seront bien constatées, et qu'elles ne pourront être publiées qu'à la fin de chaque volume.

RECUEIL

DE TOUS LES MEMBRES

COMPOSANT

L'ORDRE ROYAL ET MILITAIRE

DE SAINT-LOUIS.

EDIT DU ROI,

PORTANT Création et Institution d'un Ordre Militaire sous le titre de SAINT-LOUIS, *dont le Roi se déclare Chef et Souverain Grand-Maître.*

Donné à Versailles, au mois d'Avril 1693.

Registré en Parlement le 10 desdits mois et an, avec l'Édit du mois de Mars 1694, concernant les Droits honorifiques des Chevaliers dudit Ordre.

LOUIS, par la grace de Dieu, ROI DE FRANCE ET DE NAVARRE: A tous présens et à venir, SALUT. Les Officiers de nos troupes se sont signalés par tant d'actions considérables de valeur et de courage dans les victoires et les conquêtes dont il a plu à Dieu de bénir la justice de nos armes; que les récompenses ordinaires ne suffisant pas à notre affection et à la reconnoissance que Nous avons de leurs services, Nous avons cru devoir chercher de nouveaux moyens pour récompenser leur zele et leur fidélité. C'est dans cette vue que Nous nous sommes proposés d'établir un nouvel Ordre purement militaire, auquel, outre les marques d'honneur extérieures qui y seront attachées, Nous assurerons, en faveur de ceux qui y seront admis, des revenus et des pensions qui augmenteront à proportion qu'ils s'en rendront dignes par leur conduite. Nous avons résolu qu'il ne sera reçu dans cet Ordre que des Officiers, encore de nos Troupes; et que la vertu, le mérite et les services rendus avec distinction dans nos Armées, seront les seuls titres pour y entrer : Nous apporterons même dans la suite une application particuliere à augmenter les avantages de cet Ordre; en sorte que Nous aurons la satisfaction d'être toujours en état de faire des grâces aux Officiers; et que, de leur côté, voyant des récompenses assurées à la valeur, ils se porteront de jour en jour avec une nouvelle ardeur à tâcher de les mériter par leurs actions : A CES CAUSES, de l'avis de notre Conseil, et de notre certaine science, pleine puissance et autorité Royale, Nous avons créé, institué et érigé, créons, instituons et érigeons par ces Présentes, un Ordre militaire sous le nom de S. *Louis*, et sous la forme, Statuts, Ordonnances et Réglemens qui ensuivent.

ARTICLE PREMIER. Nous nous déclarons Chef, Souverain Grand-Maître et Fondateur dudit Ordre. Voulons que ladite Grande-Maîtrise soit unie et incorporée, comme de fait Nous l'unissons et incorporons par ces Présentes à notre Couronne, sans qu'elle en puisse jamais être séparée par Nous, ni par les Rois nos successeurs, pour quelque cause et occasion que ce puisse être.

II. L'Ordre de S. Louis sera composé de Nous et de nos Successeurs en qualité de Grands-Maîtres; de notre très-cher et très-aimé Fils le Dauphin, et sous les Rois nos successeurs, du Dauphin, ou du Prince qui sera héritier présomptif de la Couronne; de huit Grands-Croix; de vingt-quatre Commandeurs; du nombre de Chevaliers que Nous jugerons à propos d'y admettre, et des Officiers ci-après établis.

III. Voulons que tous ceux qui composeront ledit Ordre de S. Louis portent une Croix d'or sur laquelle il y aura l'Image de S. Louis, avec cette différence, que les Grands-Croix la porteront attachée à un ruban large couleur de feu, qu'ils mettront en écharpe, et auront encore une Croix en broderie d'or sur le justaucorps et sur le manteau; les Commandeurs porteront seulement le ruban en écharpe avec la Croix qui y sera attachée, sans qu'ils puissent porter la Croix en broderie d'or sur le justaucorps ni sur le manteau; et les simples Chevaliers ne pourront porter le ruban en écharpe, mais seulement la Croix d'or attachée sur l'estomac avec un petit ruban couleur de feu.

IV. Notre intention étant d'honorer le plus qu'il Nous est possible ledit Ordre; Nous déclarons que Nous, notre très-cher et bien aimé Fils le Dauphin, les Rois nos successeurs, et tous ceux, les Dauphins ou Héritiers présomptifs de la Couronne, porteront la Croix dudit Ordre de S. Louis avec la Croix du S. Esprit.

V. Nous entendons aussi décorer dudit Ordre de S.-Louis les Maréchaux de France, comme principaux Officiers de nos Armées de terre; l'Amiral de France, comme principal Officier de la Marine, et le Général de nos Galeres, comme principal Officier des Galeres, et ceux qui leur succéderont esdites Charges.

VI. Déclarons les Ordres de S. Michel et du S. Esprit, et celui de S. Louis, compatibles dans une même personne, sans que l'un puisse servir d'exclusion à l'autre, ni les deux au troisième.

VII. Nous nous réservons à Nous seul, et aux Rois nos successeurs, en qualité de Chefs et Grands-Maîtres dudit Ordre de S. Louis, le choix et la nomination tant des premiers Grands-Croix, Commandeurs et Chevaliers, que de ceux qui seront admis à l'avenir en chacun de ces rangs; en sorte néanmoins que les Grands-Croix ne pourront être tirés que du nombre des Commandeurs, ni les Commandeurs que du nombre des Chevaliers; le tout par choix, et ainsi que Nous et nos successeurs le jugeront à propos, sans être obligé d'observer l'ordre d'ancienneté.

VIII. Les Grands-Croix, les Commandeurs et les Chevaliers seront toujours et à perpétuité tirés du nombre des Officier servant dans nos Troupes de Terre et de Mer ; en sorte néanmoins qu'il y ait toujours un desdits Grands-Croix, trois desdits Commandeurs, et le huitieme du nombre des Chevaliers employés ès Etats des Revenus et Pensions ci-après spécifiées, qui soient tirés du nombre des Officiers de la Marine et des Galeres.

IX. Dans les Cérémonies et Assemblées de l'Ordre de S. Louis, les principaux Officiers de Terre et de Mer ci-dessus nommés, tiendront leur rang après Nous, nos successeurs, les Dauphins ou présomptifs héritiers de la Couronne, et les Princes de notre Sang que Nous y aurons admis ; les Grands-Croix précéderont les Commandeurs, et les Commandeurs les simples Chevaliers ; et entr'eux ils garderont chacun dans leur rang ; savoir : les premiers, l'ordre dans lequel Nous les aurons nommés, suivant l'état qui en sera par Nous arrêté ; et ceux qui seront pourvus ensuite, l'ordre de la date de leurs Provisions.

X. Et néanmoins ceux qui auront aussi l'Ordre du S. Esprit, comme étant honorés des deux Ordres, précéderont les Grands-Croix, Commandeurs et Chevaliers qui n'auront que l'ordre de S. Louis.

XI. Voulons qu'aucun ne puisse être pourvu d'une place de Chevalier dans l'Ordre de S. Louis, s'il ne fait profession de la Religion Catholique, Apostolique et Romaine, et s'il n'a servi sur Terre ou sur Mer en qualité d'Officier pendant dix années.

XII. La profession de la Religion Catholique, Apostolique et Romaine, sera justifiée par une attestation de l'Archevêque ou Evêque Diocésain ; et les services, par nos Brevets, Commissions, ou Provisions, et par les Certificats des Généraux et Commandans de nos Troupes de Terre et de Mer.

XIII. Les Lettres ou Provisions que Nous accorderons à ceux qui auront été par Nous choisis pour être Chevaliers dudit Ordre de S. Louis, ou pour monter aux places de Commandeurs ou de Grands-Croix, seront signées ; savoir : pour les Officiers servant dans nos Troupes de Terre, par le Secrétaire d'Etat qui a le Département de la Guerre ; et pour les Officiers de Mer, par le Secrétaire d'Etat qui a le Département de la Marine et des Galeres: Et les unes et les autres seront scellées du Sceau dudit Ordre de S. Louis, qui demeurera entre les mains de notre amé et féal le Chancelier et Garde des sceaux de France. Voulons que les attestations, copie de Brevets et Commissions, et autres Pièces justificatives des qualités requises pour entrer dans ledit Ordre, soient attachées sous le contre-scel des Provisions des Chevaliers.

XIV. Le Chevalier pourvu se présentera devant Nous pour prêter le Serment; auquel effet il se mettra à genoux, jurera et promettra de vivre et mourir dans la Religion Catholique, Apostolique et Romaine; de Nous être fidele, et de ne se départir jamais de l'obéissance qui Nous est dûe, et à ceux qui commandent sous nos ordres; de garder, défendre et soutenir de tout son pouvoir notre honneur, notre autorité, nos droits et ceux de notre Couronne, envers et contre tous; de ne quitter jamais notre service, ni aller à celui d'aucun Prince Etranger sans notre permission et agrément par écrit; de Nous révéler tout ce qui viendra à sa connoissance contre notre Personne et notre Etat; de garder exactement les Statuts et Réglemens dudit Ordre, et de s'y comporter en tout comme un bon, sage, vertueux et vaillant Chevalier doit faire: le tout selon la Formule dont il sera fait lecture par le Secrétaire d'Etat qui aura expédié leurs Provisions.

XV. Après que le Chevalier pourvu aura prêté Serment en cette forme, Nous lui donnerons l'Accolade et la Croix; duquel Serment et Accolade il sera expédié et signé par le même Secrétaire d'Etat un Acte sur le repli des Provisions.

XVI. Ceux qui auront été par Nous pourvûs des places de Chevaliers dudit Ordre de S. Louis, seront tenus, après qu'ils auront prêté le Serment et reçu l'Accolade, de présenter, ou, en cas d'absence pour notre service ou autre légitime empêchement, de faire présenter à l'Assemblée qui sera tenue le jour de S. Louis, ainsi qu'il sera dit ci-après, leurs Provisions, pour y en être fait lecture, ensemble des pièces y attachées; après quoi elles seront enregistrées dans les Registres de l'Ordre, et rendues ensuite au Chevalier par le Greffier, qui fera mention de ladite lecture et enregistrement sur les Provisions, sans frais.

XVII. Les Chevaliers et Commandeurs qui auront obtenu nos Lettres pour monter aux places de Commandeurs et de Grands-Croix, les présenteront ou feront présenter pareillement à la même Assemblée, pour y en être seulement fait semblable lecture et enregistrement, sans frais, et sans qu'ils soient tenus de prêter un nouveau Serment.

XVIII. Les Grands-Croix, Commandeurs et Chevaliers qui auront contrevenu à quelqu'une des obligations de leur Serment, ou autrement forfait en leur honneur, et commis actes indignes de leur profession et de leur devoir, ou crime emportant peine afflictive ou infamie, seront privés et dégradés dudit Ordre, ainsi qu'il sera par Nous ordonné.

XIX. Il y aura trois Officiers dudit Ordre de S. Louis; savoir: un Trésorier, un Greffier et un Huissier, qui seront aussi par Nous choisis, et pourvûs aux honneurs, gages et fonctions ci-après spécifiés, et dont les Provisions seront expédiées par les Secrétaires d'Etat, ayant le Département de la Guerre, et de la Marine et des Galeres, alternativement.

XX. Les Officiers nouvellement pourvûs prêteront Serment dans l'Assemblée le jour de S. Louis, entre les mains de celui qui y présidera, de faire bien et fidelement la fonction de leurs Charges, et d'observer chacun exactement les Extraits des Statuts et Registres qui les concernent, et ne recevront point l'Accolade; pourront seulement porter la Croix d'or comme les simples Chevaliers.

XXI. Le Trésorier de l'Ordre de S. Louis sera tenu de donner caution, qui sera reçue par le Secrétaire d'Etat qui aura expédié ses Provisions, jusqu'à la somme de vingt mille livres, pour la sûreté de son maniement; Et de remettre les Actes, tant dudit cautionnement que de la réception de la caution, au Greffier de l'Ordre, pour en être fait lecture à l'Assemblée immédiatement avant qu'il prête le Serment ; après quoi lesdits Actes seront enregistrés et mis dans les Archives de l'Ordre.

XXII. Tous les Grands-Croix, Commandeurs et Chevaliers dudit Ordre de S. Louis, qui ne seront point retenus par maladie, absence pour notre service, ou autre légitime empêchement, seront tenus de se rendre tous les ans le jour et Fête de S. Louis auprès de notre Personne, de Nous accompagner, tant en allant qu'en venant, à la Messe qui sera célébrée le même jour dans la Chapelle du Palais où Nous serons, et d'entendre dévotement la même Messe, pour demander à Dieu qu'il lui plaise de répandre ses bénédictions sur Nous, sur notre Maison Royale et sur notre Etat.

XXIII. L'après-dînée du même jour et Fête de S. Louis, il sera tenu une Assemblée dudit Ordre dans un des Appartemens du Palais où Nous serons, que Nous ferons préparer à cet effet ; Et seront tenus les Grands-Croix, Commandeurs et Chevaliers qui auront assisté le matin à la Messe, ensemble les Officiers, de se trouver à ladite Assemblée.

XXIV. Nous assisterons en personne, autant que nos autres occupations le permettront, à l'Assemblée du jour et Fête de S. Louis, et aux autres Assemblées que Nous jugerons à propos de convoquer extraordinairement. Voulons que lorsque Nous n'y serons pas présens, notre très-cher et très-aimé Fils le Dauphin, ou en son absence les Princes de notre Sang, que Nous aurons faits Chevaliers dudit Ordre de S. Louis, et les principaux Officiers de Terre et de Mer ci-dessus nommés, y président selon leur rang ; Et à leur défaut, les plus anciens Grands-Croix, Commandeur ou Chevalier de ceux qui s'y trouveront.

XXV. Il sera procédé tous les ans dans la même Assemblée du jour de S. Louis, à l'Election qui sera faite à la pluralité des suffrages, de deux Grands-Croix, quatre Commandeurs et six Chevaliers dudit Ordre de S. Louis, pour avoir la conduite et prendre soin des affaires communes de l'Ordre pendant l'année, qui commencera le même jour : Et seront tenus ceux qui sortiront de charge, de faire dans la même Assemblée leur rapport de ce qu'ils auront fait et géré dans les affaires de l'Ordre pendant le cours de l'année précédente.

XXVI. Le Greffier aura deux Registres; l'un, dans lequel il enregistrera toutes les Lettres et Provisions qui auront été par Nous accordées aux Grands-Croix, Commandeurs, Chevaliers et Officiers; Et l'autre, dans lequel il écrira tout ce qui se fera dans les Assemblées et Délibérations qui y seront prises; lesquels Registres, après qu'ils auront été remplis, seront remis aux Archives.

XXVII. Le Registre des Délibérations sera paraphé à chacune page, et signé à la fin de chacune séance par celui qui y aura présidé, et par les Grands-Croix, Commandeurs et Chevaliers nommés pour la conduite des affaires de l'Ordre, qui y auront assisté, à peine de nullité.

XXVIII. Nous avons doté et dotons ledit Ordre de Trois cens mille livres de Rente par chacun an, en biens et revenus purement temporels, que Nous destinerons à cet effet: Et cependant Nous ferons remettre tous les ans sur le fonds qui y sera par Nous destiné, pareille somme de Trois cens mille livres entre les mains du Trésorier dudit Ordre, pour être par lui payée et distribuée suivant les deux États qui seront par Nous arrêtés au commencement de chacune année; l'un pour les Officiers de nos Troupes de Terre, qui sera signé par le Secrétaire d'État ayant le Département de la Guerre; Et l'autre pour les Officiers de la Marine et des Galères, qui sera signé par le Secrétaire d'État ayant le Département de la Marine et des Galères; Sçavoir: Quarante-huit mille livres aux huit Grands-Croix, à raison de Six mille livres chacun: Trente-deux mille livres à huit Commandeurs, à raison de Quatre mille livres chacun: Quarante-huit mille livres aux seize autres Commandeurs, à raison de Trois mille livres chacun: Pareille somme de Quarante-huit mille livres à vingt-quatre Chevaliers, à raison de Deux mille livres chacun: Trente-six mille livres à vingt-quatre autres Chevaliers, à raison de Quinze cens livres chacun: Quarante-huit mille livres à quarante-huit autres Chevaliers, à raison de Mille livres chacun; et Vingt-cinq mille soixante livres à trente-deux autres Chevaliers, à raison de Huit cens livres chacun : Quatre mille livres au Trésorier, Trois mille livres au Greffier, Quatorze cens livres à l'Huissier, pour leurs gages, frais de comptes, Registres et autres, le tout par chacun an, dont le payement se fera par le Trésorier ausdits Grands-Croix, Commandeurs et Chevaliers compris esdits Etats, de six mois en six mois; Et les Six mille livres restant, pour les Croix et autres dépenses imprévues, dont l'emploi ne pourra être fait que par nos ordres.

XXIX. Les sommes par Nous ordonnées aux Grands-Croix, Commandeurs et Chevaliers dudit Ordre de S. Louis, ne pourront être saisies pour quelque cause que ce soit.

XXX. Le Trésorier de l'Ordre de S. Louis comptera tous les ans de son maniement, depuis le premier Janvier jusqu'au dernier Décembre; Et sera tenu de présenter, dans le dernier Janvier au plutard de chacune année, le Compte de l'année précédente par lui affirmé, sous la peine du quadruple, avec le double du même Compte, les Etats par Nous arrêtés, et les Acquits et Piéces justificatives par lui paraphés; autrement et à faute par ledit Trésorier d'y satisfaire dans ledit temps, et icelui passé, il y sera contraint en salvation solidairement, comme pour nos deniers et affaires.

XXXI. Le Compte présenté par le Trésorier sera examiné et vérifié, tant en recette qu'en dépense, clos et arrêté par notre amé et féal Chancelier et Garde des Sceaux de France, les deux Secrétaires d'Etat, ayant le Département de la Guerre, et de la Marine et des Galeres, et les Grands-Croix, Commandeurs et Chevaliers nommés pour la conduite des affaires de l'Ordre pendant l'année lors commençante : Et seront les Apostilles et Etats finaux écrits, tant sur les Originaux que sur les doubles des Comptes, par le Greffier de l'Ordre, et signés à la fin par tous ceux qui y auront assisté.

XXXII. Il ne pourra être alloué au Trésorier aucune autre dépense que celles contenues dans les Etats par Nous arrêtés; Et en cas que la recette excéde la dépense, les deniers qui se trouveront de reste ès mains du Trésorier, ne pourront être employés que par nos ordres, qu'il sera tenu de rapporter avec les piéces pardevant ceux qui auront arrêté son compte, pour en faire entierement décharger le débet.

XXXIII. Le Compte arrêté par les Acquits et Piéces justificatives, sera remis dans les Archives de l'Ordre, et le double sera rendu au Trésorier.

XXXIV. Le Trésorier dudit Ordre de S. Louis ne sera tenu de rendre aucun Compte en nos Chambres des Comptes ni ailleurs, dont Nous l'avons déchargé et déchargeons par les Présentes.

XXXV. Les Archives dudit Ordre de S. Louis seront tenues dans une des Chambres de notre Château du Louvre à Paris, en une ou plusieurs Armoires fermant à trois clefs, dont les deux Secrétaires d'Etat ayant les Départemens de la Guerre, et de la Marine et des Galeres, en garderont chacun une, et la troisiéme demeurera ès mains du Greffier.

XXXVI. Tous les Titres et Papiers concernant les droits et affaires de l'Ordre seront remis aux Archives, et il en sera commencé par le Greffier un Inventaire qui demeurera aussi dans les Archives, et sur lequel, à mesure qu'il y sera porté de nouveaux Titres, Papiers et Enseignemens, le Greffier sera tenu de les y ajouter avant que de renfermer les Archives. Si donnons en Mandement à nos amés et féaux Conseillers, les Gens tenant notre Cour de Parlement à Paris, que le présent Edit ils ayent à faire lire, publier et registrer, et le contenu en icelui garder et observer selon sa forme et teneur, sans souffrir qu'il y soit contrevenu en quelque sorte et maniere que ce soit : Car tel est notre bon plaisir. Et afin que ce soit chose ferme et stable à toujours, Nous y avons fait mettre notre scel. Donné à Versailles au mois d'Avril, l'an de grace mil six cent quatre-vingt-treize, et de notre régne le cinquantiéme.

Signé LOUIS. *Et plus bas*, Par le Roi, Phelypeaux. *Visa* Boucherat. Et scellé du grand Sceau de cire verte.

Registré, ouï et requérant le Procureur-Général du Roi pour être exécuté selon sa forme et teneur, suivant l'Arrêt de ce jour. A Paris, en Parlement, le 10 Avril 1693.

Signé, Du Tillet.

ÉDIT DU ROI,

Concernant *les Droits Honorifiques des Chevaliers de l'Ordre de Saint Louis.*

Donné à Versailles, au mois de Mars 1694.

Registré en Parlement le 13 du présent mois.

LOUIS, par la grâce de Dieu, Roi de France et de Navarre : A tous présens et à venir, Salut. Par notre Edit du mois d'Avril 1693, Nous avons créé et institué un Ordre Militaire sous le titre de Saint-Louis, dont Nous nous sommes déclaré Chef et Souverain, Grand-Maître et Fondateur, et Nous avons, par l'article troisième de cet Edit, réglé de quelle maniere les Grands-Croix, Commandeurs et simples Chevaliers porteroient la Croix dudit Ordre ; mais depuis ayant considéré que ces marques de distinction que Nous accordons aux Officiers de nos Troupes, tant de Terre que de Mer, leur deviendroient encore plus glorieuses et plus simples, s'ils pouvoient en transmettre des témoignages à la postérité, Nous avons à cet effet estimé devoir illustrer leurs Armoiries par des ornemens convenables aux rangs différens dudit Ordre, et qui étant peints ou gravés dans leurs Châteaux, Maisons, et autres endroits qu'ils aviseront bon-être, conserveroient la mémoire de leurs belles actions, et pourroient d'autant plus exciter non-seulement dans leurs descendans, mais encore dans tous les autres Officiers, le desir de mériter par leur valeur de pareilles récompenses. A ces causes, de notre grace spéciale, pleine puissance et autorité Royale, Nous avons permis et octroyé, permettons et octroyons par ces Présentes signées de notre main, à tous ceux qui seront admis audit Ordre, de faire peindre ou graver dans leurs Armoiries avec leurs Timbres et Couronnes qu'ils ont droit de porter leurs ornemens ci-après exprimés; sçavoir: les Grands-Croix, l'Ecusson accolé sur une Croix d'or à huit pointes boutonnées par les bouts, et un ruban large couleur de feu autour dudit Ecusson, avec ces mots, *Bellicæ virtutis præmium*, écrit sur ledit ruban, auquel sera attachée la Croix dudit Ordre; les Commandeurs de même, à la réserve de la Croix sous l'Ecusson; et quant aux simples Chevaliers, Nous leur permettons de faire peindre ou graver au bas de leur Ecusson une Croix dudit Ordre, attachée à un petit ruban noué, aussi couleur de feu, desquels ornemens ci-dessus spécifiés, les modèles sont ci-joints sous le contre-scel de notre Chancellerie. Si donnons en mandement, à nos amés et féaux Conseillers les Gens tenant notre Cour de Parlement à Paris, ou tous autres nos Officiers qu'il appartiendra, que lesdits Grands-Croix, Commandeurs et Chevaliers dudit Ordre de S. Louis, ils souffrent et laissent jouir et user du contenu en ces Présentes, pleinement, paisiblement et perpétuellement, sans permettre qu'il y soit contrevenu, mis ou donné aucun trouble et empêchement : Car tel est notre plaisir. Et afin que ce soit chose ferme et stable à toujours, Nous avons fait mettre notre scel à ces Présentes. Donné à Versailles, au mois de Mars, l'an de grace mil six cent quatre-vingt-quatorze, et de notre règne le cinquante-unième. *Signé* LOUIS; *Et plus* bas, par le Roi, PHELYPEAUX, et scellées du grand Sceau de cire verte.

Registré, ouï le Procureur-Général du Roi, pour être exécuté selon sa forme et teneur, suivant l'Arrêt de ce jour. A Paris en Parlement, le troisieme Mars mil six cent quatre-vingt-quatorze.

Signé, DONGOIS.

ARREST

DU CONSEIL D'ESTAT DU ROY,

CONCERNANT *la confirmation de l'institution de l'Ordre Militaire de Saint Louis.*

La création d'Officiers pour administrer les Biens dudit Ordre.

Et l'augmentation de deux Grands-Croix, cinq Commandeurs et cinquante-trois Pensions.

Du premier Juillet 1719.

Extrait des Registres du Conseil d'Estat.

LE ROY s'estant fait représenter en son Conseil son Edit du mois d'Avril dernier, envoyé au Parlement de Paris le 22 dudit mois, et par conséquent reputé et tenu pour enregistré, suivant les Lettres Patentes de Sa Majesté, du 26 Aoust 1718, registrées audit Parlement le même jour, le Roy y séant en son Lit de Justice; par lequel Edit Sa Majesté auroit confirmé l'institution de l'Ordre Militaire de S. Louis, et augmenté deux Grands-Croix, cinq Commandeurs et cinquante-trois Pensions, et en même temps créé les Officiers necessaires pour administrer les biens dudit Ordre, ainsi qu'il est plus amplement porté par ledit Edit; Ouy le rapport, et tout considéré : SA MAJESTÉ ESTANT EN SON CONSEIL, de l'avis de M. le Duc d'Orleans, Regent, a ordonné et ordonne que son Edit du mois d'Avril dernier, porté au Parlement de Paris le 22 dudit mois, et par conséquent reputé et tenu pour enregistré, aux termes de l'Article II des Lettres Patentes registrées audit Parlement, le Roy y séant en son Lit de Justice, le 26 du mois d'Aoust 1718, sera exécuté selon sa forme et teneur, et attaché sous le contre-scel des Lettres qui seront expédiées sur le présent Arrest, ainsi qu'une expédition des Lettres Patentes dudit jour 26 Aoust, pour le tout estre envoyé aux Bailliages et Seneschaussées du Ressort dudit Parlement de Paris, afin qu'il y soit registré conjointement, et le contenu observé sous les peines y portées : Ordonne aussi que le présent Arrest sera exécuté nonobstant toutes oppositions et tous autres empeschemens quelconques, pour lesquels ne sera differé, et dont, si aucuns interviennent, Sa Majesté s'en reserve et à son Conseil la connoissance, et l'interdit à tous autres Juges. FAIT au Conseil d'Estat du Roy, Sa Majesté y estant, tenu à Paris le premier jour de Juillet mil sept cent dix-neuf. *Signé* LE BLANC.

LOUIS, par la grace de Dieu, etc. A nos amez et feaux Conseillers en nos Conseils, les sieurs Intendans et Commissaires départis pour l'exécution de nos ordres dans les Provinces et Généralitez du Ressort de nostre Parlement de Paris, chacun en droit soy : SALUT. De l'avis de notre tres-cher et tres-amé Oncle le Duc d'Orleans, Regent, Nous vous mandons et enjoignons, par ces Presentes, signées de Nous, de tenir la main à l'exécution de l'Arrest ci-attaché sous le contre-scel de nostre Chancellerie, cejourd'huy donné en nostre Conseil d'Estat, Nous y estant, concernant la confirmation de l'institution de l'Ordre Militaire de S. Louis, et création d'offices pour administrer les biens dudit Ordre; Commandons au premier nostre Huissier ou Sergent sur ce requis, de signifier ledit Arrest à tous qu'il appartiendra, à ce que personne n'en ignore, et de faire pour son entiere execution tous actes et exploits necessaires, sans autre permission; Voulons qu'aux copies dudit Arrest et des Presentes, collationnées par l'un de nos amez et feaux Conseillers-Secretaires, foy soit ajoutée comme aux originaux. CAR tel est nostre plaisir. Donné à Paris, le premier jour de Juillet, l'an de grace mil sept cent dix-neuf, et de nostre Regne le quatrieme. *Signé* LOUIS. *Et plus bas*, Par le Roy, M. le Duc d'Orleans, Regent présent. *Signé* LE BLANC. Et scellé.

POUR LE ROY. { *Collationné aux Originaux par Nous, Ecuyer, Conseiller-Secretaire du Roy, Maison, Couronne de France et de ses Finances.*

ÉDIT DU ROI,

CONCERNANT la confirmation de l'institution de l'Ordre Militaire de Saint Louis.

La création d'Officiers pour administrer les Biens dudit Ordre.

Et l'augmentation de deux Grands-Croix, cinq Commandeurs et cinquante-trois Pensions.

Donné à Paris, au mois d'Avril 1719.

LOUIS, par la grace de Dieu, etc. SALUT. Le feu Roy, de glorieuse memoire, nostre tres honoré Seigneur et Bisayeul, voulant recompenser, par de nouvelles marques d'honneur et de distinction, et par des bienfaits proportionnez aux services, le zele et la fidelité, les actions de valeur et de courage des Officiers de ses Troupes, tant de terre que de mer, institua;

par son Édit du mois d'Avril 1693, l'Ordre Militaire de Saint Louis, dont il se declara Chef, Souverain, Grand-Maître et Fondateur, et après luy les Rois ses Successeurs, en faisant l'union et l'incorporation de la grande Maîtrise à la Couronne, sans en pouvoir estre separée pour quelque cause et occasion que ce pût estre. Pour soûtenir à perpetuité un establissement si digne de son Autheur, si propre à exciter l'émulation des Officiers de guerre, et qui avoit pour principal objet la deffense de la Patrie et la gloire de l'Estat; ce grand Prince dota l'Ordre de trois cens mille livres de rente en biens et revenus purement temporels, qui devoient estre destinez à cet effet; et cependant il ordonna que pareille somme de trois cens mille livres seroit remise tous les ans entre les mains du Tresorier de l'Ordre, pour estre par luy payée et distribuée suivant deux estats qui seroient arrestez au commencement de chaque année; l'un pour les Officiers des troupes de terre, qui seroit signé par le Secretaire d'Estat ayant le Departement de la Guerre; et l'autre pour les Officiers de la Marine et des Galeres, qui seroit signé par le Secretaire d'Estat ayant le Departement de la Marine; sçavoir, quarante-huit mille livres à huit Grands-Croix, à raison de six mille livres chacun; trente-deux mille livres à huit Commandeurs, à raison de quatre mille livres; quarante-huit mille livres à seize autres Commandeurs, à raison de trois mille livres; pareille somme de quarante-huit mille livres à vingt-quatre Chevaliers, à raison de deux mille livres; trente-six mille livres à vingt-quatre autres Chevaliers, à raison de quinze cens livres; quarante-huit mille livres à quarante-huit autres Chevaliers, à raison de mille livres; et vingt-cinq mille six cens livres à trente-deux autres Chevaliers, à raison de huit cens livres chacun; quatre mille livres au Tresorier par Commission; trois mille livres au Greffier, et quatorze cens livres à l'Huissier, pour les Gages, frais de Comptes et Registres; le tout par chacun an; et les six mille livres restans estoient destinez pour les Croix et les autres Dépenses imprévues, dont l'employ ne pouvoit estre fait que par les ordres du Roy notre Bisayeul. Cette somme de trois cens mille livres a toujours esté ponctuellement acquittée, et l'institution a eu tout le succès que le Fondateur avoit prévu, par le zele que les Officiers des Troupes ont fait paroistre pendant le cours des deux dernières guerres, pour le service de leur Patrie, et pour meriter des distinctions et des recompenses qui n'estoient promises qu'à la valeur : mais le feu Roy ayant encore fait esperer, par le mesme Edit, d'augmenter les avantages de cet Ordre, en y joignant d'autres revenus, et n'ayant pu y satisfaire, à cause des dépenses extraordinaires que l'Estat avoit à soutenir; Nous avons jugé que rien n'estoit plus convenable que de suivre ses vues et de remplir ses desseins, soit en ajoûtant de nouveaux fonds à ceux qui ont esté jusqu'à present accordez à l'Ordre, et en multipliant à proportion le nombre des Grands-Croix, des Commanderies et Pensions des Chevaliers, soit en prenant de nouvelles mesures pour faire observer les Statuts de la fondation, et pour transmettre à la postérité le souvenir des services rendus, et les titres d'honneur acquis par ceux qui meriteront d'y estre admis. Nous trouvons d'autant plus de satisfaction à leur procurer ces nouvelles graces, que bien loin d'estre à charge à nos Peuples, ou d'alterer les privileges des creanciers de nostre Estat, elles opereront au contraire une diminution dans la dépense destinée à récompenser les services, parce que les fonds que Nous voulons y assigner ne consistent que dans la partie des casuels dont les Roys nos Prédécesseurs se sont toujours reservé la disposition, et dont ils avoient coustume de faire de pures libéralitez : Il Nous a paru beaucoup plus convenable de les attribuer à l'Ordre Militaire de S. Louis, que d'en disposer au profit de personnes qui le plus souvent se croyent en droit de les demander, parce qu'ils ont esté les premiers à les découvrir, et qui ne sçauroient avoir de titres aussi legitimes pour les obtenir, que ceux qui employent leurs biens et leurs vies pour le service de leur Souverain et la deffense de l'Estat; et comme il Nous a esté proposé de faire un bail pour six années de ces casuels, qui consistent dans les Droits de Lods et Ventes, Quints et Requints, Rachapts, Aubaines,

Bâtardises, Confiscations, Epaves, Desherence et autres de pareille nature, pour les parties qui ne sont point comprises dans les baux de nos Domaines; à quoy Nous joindrons, pendant la durée du bail qui en sera fait, les deux sols pour livre des amortissemens : Nous nous trouvons dès-à-present en estat d'ajoûter soixante Commanderies ou Pensions à celles qui subsistent actuellement; et mesme pour illustser davantage un Ordre si recommandable par luy-mesme, et qui merite si justement nostre affection, Nous avons resolu de créer des Officiers pour conserver, soûtenir et administrer les titres, les droits et les biens de l'Ordre de S. Louis, que nostre intention est d'augmenter de plus en plus par des moyens qui ne seront point à charge à nos Finances, tels que les dons et les privileges dont les concessions sont expirées ou expirent de jour en jour, et que Nous pourrons renouveller en faveur de l'Ordre, ou à la charge d'une redevance annuelle à son profit, telle qu'il Nous plaira de la fixer : Nous profiterons encore (sans toucher à nos revenus ordinaires) de toutes les occasions qui pourront se presenter, pour multiplier les titres d'honneur et les recompenses utiles deües à nos Officiers Militaires qui se signaleront par leur zele, leur valeur et leur fidelité, en augmentant le nombre des Commanderies et des Pensions, à proportion que les revenus dudit Ordre pourront augmenter. A CES CAUSES et autres à ce Nous mouvans, de l'avis de nostre tres cher et tres amé Oncle le Duc d'Orleans, Petit-Fils de France, Regent; de nostre tres cher et tres amé Oncle le Duc de Chartres, Premier Prince de nostre Sang; de nostre tres cher et tres amé Cousin le Duc de Bourbon, de nostre tres cher et tres amé Cousin le Prince de Conty, Princes de nostre Sang; de nostre tres cher et tres amé Oncle le Comte de Toulouse, Prince legitimé, et autres Pairs de France grands, et notables Personnages de nostre Royaume, et de notre certaine science, pleine puissance et autorité Royale, Nous avons dit, statué et ordonné, et par ces Presentes, signées de nostre main, disons, statuons et ordonnons, voulons et Nous plaist ce qui ensuit :

Art. I.ᵉʳ. Nous avons approuvé et confirmé, approuvons et confirmons la création, institution et erection de l'Ordre Militaire, sous le nom de S. Louis, dans la forme et suivant les Statuts, Ordonnances et Reglemens portez par les Edits du Roy nostre Bisayeul, Fondateur dudit Ordre, des mois d'Avril 1693 et Mars 1694, dont Nous avons jugé devoir renouveller, par nostre present Edit, les principales dispositions; et en conséquence Nous nous declarons Chef, Souverain et Grand Maître dudit Ordre, et Nous nous reservons pour Nous et les Rois nos Successeurs tous les droits que nostredit Bisayeul s'estoit reservez, et qu'il avoit attachez à la grande Maîtrise.

II. Outre les trois cens mille livres de rentes, dont l'Ordre de S. Louis a esté doté par le feu Roy, laquelle dotation Nous avons confirmée et confirmons par le present Edit, Nous luy avons donné et octroyé, par supplement de dot et de fondation, cent cinquante milles livres de rentes, pour faire ensemble quatre cens cinquante mille livres par chacun an, en biens et revenus purement temporels. Voulons qu'en attendant que Nous ayons affecté des biens et fonds suffisans pour le payement dudit revenu annuel de quatre cens cinquante mille livres, il soit remis tous les ans sur le fonds qui y sera par Nous destiné, ainsi qu'il a esté observé jusqu'à present, la somme de trois cens mille livres entre les mains du Tresorier dudit Ordre en exercice; et pour satisfaire à l'augmentation de dot et de fondation par Nous presentement accordée, Nous lui avons donné et octroyé, donnons et octroyons tous les casuels de nos Domaines échûs et à écheoir à nostre profit, dont Nous n'avons encore disposé avant le premier du present mois, et dans lesquels nos Fermiers ont la part qui leur a esté cedée par leurs baux, ensemble ceux qui écherront à l'avenir, consistans aux Droits de Lods et Ventes, Treiziemes, Quints et Requints, Rachapts, sous-Rachapts, Aubaines, Bâtardises, Desherences, Confiscations, Epaves, et autres Droits seigneuriaux et casuels de pareille nature, dont Nous et les Roys nos Prédécesseurs avons coûtume de faire des dons et liberalitez, autres néantmoins que les parties desdits Droits qui sont comprises dans les baux et fermes de nos Domaines, lesquels continueront à l'avenir d'en faire partie comme par le passé : Comme aussi Nous avons fait et faisons don audit Ordre des deux sols pour livre des Droits d'Amortissemens, Francs-Fiefs, et nouveaux Acquests, pendant l'espace de six années, à commencer du premier du present mois, ensemble de ce qui en est échû jusqu'à ce jour, et qui n'a point esté perçu ni recouvré, pour en estre fait bail par le Conseil au plus offrant et dernier enchérisseur, conjointement avec les casuels cy-dessus énoncez, sans que les Receveurs Generaux de nos Domaines, leurs Controlleurs ou autres nos Officiers puissent prétendre aucun Droit ni remise sur la portion desdits casuels accordée à l'Ordre, dont lesdits Receveurs ne seront plus tenus de compter en nos Chambres des Comptes, si ce n'est par *advertatur*, les en ayant dispensez et dechargez, attendu qu'il sera fait employ dans les comptes de l'Ordre de S. Louis du prix dudit bail, et que les Tresoriers dudit Ordre en compteront en la maniere ordinaire ; dérogeons à cet effet, en tant que besoin seroit, aux Articles VI et XII de l'Edit du mois de Decembre 1701, et à tous autres, en ce qui pourrait y estre contraire au present Edit.

Et néanmoins à l'égard des Droits de Rachapts et sous-Rachapts, ils ne pourront appartenir à l'Ordre que jusques à la concurrence de dix mille livres seulement, pour raison de tous les Fiefs qui tomberont en rachapt par une mesme mutation ; voulons qu'il en soit usé de mesme à l'égard des Droits de Confiscation, qui ne pourront pareillement appartenir audit Ordre que jusques à concurrence de la somme de dix mille livres, le tout non compris la portion appartenante aux Fermiers de nos Domaines, Nous réservant l'entiere disposition du surplus, pour en faire tel don ou usage que Nous jugerons à propos.

N'entendons non plus comprendre dans les casuels cy-dessus accordez audit Ordre de S. Louis, les Droits de Prélation et de Garde-noble, dont Nous nous reservons l'entiere disposition comme par le passé ; et la presente augmentation de dot ne pourra prejudicier en aucune maniere aux droits de l'Ordre du Saint Esprit, ni donner aucune atteinte aux privileges et exemptions accordez par Nous et les Rois nos Predecesseurs jusqu'au jour et date du present Edit.

Et comme il y a quelques personnes qui jouissent de différens Domaines et Droits qui leur ont esté alienez en exécution de nostre Declaration du 5 Mars 1718, dans la possession desquels Nous devons rentrer après leur decès : Voulons et entendons que la jouissance de la premiere année du revenu des dits Domaines et Droits, appartienne à l'Ordre de S. Louis, à compter du jour dudit decès ; à l'effet de quoy il sera expédié des Arrests particuliers en nostre Conseil, en vertu desquels ledit Ordre percevra les revenus de ladite année, à l'expiration de laquelle lesdits Domaines et Droits seront affermez à nostre profit.

III. Au moyen du supplement de dot et augmentation de fonds cy-dessus accordez à l'Ordre de S. Louis, le nombre des Grands-Croix, fixé à huit par l'Edit du mois d'Avril 1693, sera augmenté de deux, pour jouir de six mille livres chacun; celuy des Commandeurs à quatre mille livres, sera pareillement augmenté jusques à dix au lieu de huit, et celui des Commandeurs à trois mille livres, sera de dix-neuf au lieu de seize, fixez par ledit Edit; et à l'égard des Pensions de Chevaliers à deux mille livres, il y en aura trente au lieu de vingt-quatre; celles de quinze cens livres, dont le nombre estoit fixé à vingt-quatre, sera augmenté jusques à trente-deux; les Pensions de mille livres, dont le nombre estoit de quarante-huit, sera presentement de soixante-cinq, et le nombre des Pensions de huit cens livres, fixées pour trente-deux Chevaliers, sera augmenté jusqu'à cinquante-quatre; toutes lesquelles Pensions, tant anciennes que nouvelles, seront payées et distribuées de six mois en six mois, suivant les deux estats qui seront par Nous arrestez au commencement de chaque année, l'un pour les Officiers de nos Troupes de terre, qui sera signé par le Secretaire d'Estat ayant le Département de la Guerre, et l'autre pour les Officiers de la Marine et des Galeres, qui sera dressé au Conseil de la Marine, et signé par le Secretaire d'Estat ayant le Departement de la Marine et des Galeres.

IV. Nous nous réservons à Nous seul et aux Roys nos successeurs, en qualité de Chef et Grand Maitre dudit Ordre de S. Louis, le choix et la nomination des Grands-Croix, Commandeurs et Chevaliers qui seront admis à l'avenir en chacun de ces rangs, en sorte neantmoins que les Grands-Croix ne pourront estre tirez que du nombre des Commandeurs, ni les Commandeurs que du nombre des Chevaliers; le tout par choix, et ainsi que Nous et nos Successeurs le jugeront à propos, sans estre obligez d'observer l'ordre d'ancienneté: Voulons toutesfois que du nombre des Pensions qui sont par Nous augmentées, il y en ait deux de quinze cens livres chacune, qui appartiennent de droit aux deux Chevaliers les plus anciens en reception; qu'il y en ait pareillement deux de mille livres chacune, pour les troisieme et quatrieme Chevaliers: Comme aussi que deux des Pensions de huit cens livres chacune appartiennent aux cinquieme et sixieme Chevaliers plus anciens en reception; soit que lesdits Chevaliers soient Officiers de terre ou de mer; pourvû, et non autrement, qu'ils n'ayent point d'autres Pensions sur l'Ordre, auquel cas la Pension appartiendra à celuy qui succedera en ancienneté. S'il se trouve plusieurs Chevaliers reçûs le mesme jour, ceux d'entre eux qui justifieront estre les plus anciens en Commission ou Grade dans notre service seront preferez.

V. Les Grands-Croix, les Commandeurs et les Chevaliers seront à perpetuité tirez du nombre des Officiers servant actuellement dans nos Troupes de terre ou de mer, en sorte néanmoins qu'il y aura toujours un desdits Grands-Croix, quatre desdits Commandeurs, et le huitième du nombre des Chevaliers employez dans les estats des Pensions, qui seront tirez du nombre des Officiers de la Marine et des Galeres.

VI. Et pour donner un nouveau lustre à l'ordre, comme aussi pour administrer, conserver et maintenir les droits et biens qui lui appartiennent, et ceux dont nous le gratifierons dans la suite: Nous avons de la même puissance et autorité créé et érigé, créons et érigeons en titre d'Offices formez et hereditaires, un Grand-Croix Chancelier Garde des Sceaux dudit Ordre ; un Grand-Croix Grand Prevost et Maistre des Ceremonies ; un Grand-Croix Secretaire et Greffier ; un nostre Conseiller en nos Conseils Intendant de l'Ordre ; trois nos Conseillers en nos Conseils Tresoriers generaux qui exerceront par année ; trois Controlleurs desdits Tresoriers ; un Aumônier ; un Receveur particulier et Agent des affaires de l'Ordre ; un Garde des Archives, et deux Herauts d'Armes : A tous lesquels Officiers Nous avons attribué et attribuons trente-neuf mille deux cens livres de gages réels et effectifs ; sçavoir, au Chancelier, au Grand Prevost et au Secretaire, chacun quatre mille livres ; à l'Intendant quatre mille livres ; aux trois Tresoriers generaux, chacun quatre mille livres ; aux trois Controlleurs, chacun seize cens livres ; à l'Aumônier seize cens livres ; au Receveur particulier seize cens livres ; au Garde des Archives seize cens livres, et aux deux Herauts chacun huit cens livres, le tout par chaque année. Voulons en outre que le Chancelier, le Grand Prevost et le Secretaire-Greffier ayent tels et semblables privileges et exemptions dont jouissent les Grands Officiers de l'Ordre du Saint Esprit ; et que dans les cérémonies et pour la seance, ils se conforment à ce qui se pratique dans ledit Ordre du Saint Esprit. Voulons pareillement que l'Intendant et les Tresoriers ayent, sans aucune exception, tous les privileges dont jouissent les Officiers et Secretaires de notre Grande Chancellerie ; et à l'égard des autres Officiers, Nous leur accordons le titre d'Ecuyer, et les mêmes privileges et exemptions dont jouissent les Commensaux de notre Maison, mesme l'exemption de Tailles et de Franc-Fiefs : A tous lesquels Offices il sera par Nous pourvu sur les quittances de finance du Tresorier general de nos Revenus Casuels, sans que les Titulaires puissent à l'avenir disposer de leurs Offices qu'en faveur de ceux qui seront par Nous agréez.

VII. Au moyen de la création desdits Offices, ceux qui exerçoient par Commission les Offices de Tresorier, Greffier et Huissier dudit Ordre, establis par l'Edit du mois d'Avril 1693, cesseront d'en faire les fonctions ; et lesdits Offices demeureront esteints et supprimez.

VIII. Et comme il avoit esté accordé ausdits Tresorier, Greffier et Huissier une somme de huit mille quatre cens livres par an, voulons et ordonnons que ladite somme de huit mille quatre cens livres soit distribuée outre et par dessus les gages cy-dessus; sçavoir, à l'Intendant, pour ses Commis et frais, la somme de deux mille trois cens livres annuellement ; au Tresorier en exercice trois mille livres pour ses Commis, frais de Registres et autres dépenses ; au Controlleur en exercice six cens livres pour son Commis ; deux cens livres à l'Aumônier pour l'entretien des Ornemens et autres frais ; mille livres au Receveur particulier Agent ; neuf cens livres au Garde des Archives, tant pour la cire des Provisions qu'autres frais, et deux cens livres à chacun des Herauts ; toutes lesquelles sommes seront payées annuellement ausdits Officiers avec les gages à eux attribuez, par ledit Tresorier en exercice, de six mois en six mois, sur leurs simples quittances controllées par ledit Controleur, suivant les estats qui en seront par Nous arrestez ; et tous les gages cy-dessus accordez ne seront point sujets au Dixieme, attendu que Nous en avons fixé la finance au denier vingt-cinq.

IX. Ledit Ordre de S. Louis sera composé de Nous et de nos Successeurs, en qualité de Grand-Maître ; du Prince qui sera heritier presomptif de la Couronne ; de dix Grands-Croix, de vingt-neuf Commandeurs, ensemble du nombre des Chevaliers qui y ont esté admis et que Nous jugerons à propos d'y admettre, et des Officiers presentement créez.

X. Voulons que tous ceux qui composeront ledit Ordre de S. Louis portent une Croix d'or, sur laquelle il y aura l'Image de S. Louis, avec cette différence que les Grands-Croix la porteront attachée à un ruban large couleur de feu qu'ils mettront en écharpe, et auront encore une Croix en broderie d'or sur le juste-au-corps et sur le manteau : les Commandeurs porteront seulement le ruban en écharpe, avec la Croix qui y sera attachée, sans qu'ils puissent porter la Croix en broderie d'or sur le juste-au-corps ni sur le manteau; et les Chevaliers ne pourront porter le ruban en écharpe, mais seulement la Croix d'or attachée avec un petit ruban couleur de feu; et à l'égard des Officiers, le Chancelier-Garde des Sceaux de l'Ordre, le Grand Prevost-Maître des Ceremonies et le Secretaire-Greffier auront la broderie et le Cordon rouge; l'intendant et les trois Tresoriers porteront la Croix dudit Ordre attachée à un cordon large couleur de feu pendante au col, et n'auront point la broderie; les autres Officiers porteront la Croix attachée sur l'estomach avec un petit ruban couleur de feu; et pour les ornemens des Armoiries, lesdits Officiers se conformeront à ce qui est porté par l'Edit du mois de Mars 1694.

XI. Nostre intention estant d'honorer le plus qu'il nous est possible ledit Ordre, Declarons que Nous, les Rois nos Successeurs, et les Heritiers présomptifs de la Couronne, porteront la Croix dudit Ordre de Saint Louis avec la Croix du Saint Esprit.

XII. Nous entendons aussi, suivant l'intention du feu Roy, décorer dudit Ordre de S. Louis, les Mareschaux de France, comme principaux Officiers de nos Armées de Terre; l'Amiral de France comme principal Officier de la Marine; et le General de nos Galeres comme principal Officier des Galeres, et ceux qui leur succederont esdites Charges.

XIII. Declarons les Ordres de S. Michel et du S. Esprit et celuy de S. Louis compatibles dans une mesme personne, sans que l'un puisse servir d'exclusion à l'autre, ni les deux au troisieme, et toutesfois ceux qui seront honorez de l'Ordre du S. Esprit ne pourront conserver les Grands-Croix, Commanderies ou Pensions de l'Ordre de S. Louis, mais continueront seulement de porter la Croix dudit Ordre de S. Louis avec celle de l'Ordre du S. Esprit.

XIV. Dans les ceremonies et assemblées générales de l'Ordre, les Grands-Croix, les Commandeurs et Grands Officiers seront vestus d'un habit de velours ou de soye couleur noire, doublé d'une étoffe couleur de feu, avec boutons et boutonnieres d'or, et le manteau de mesme étoffe, aussi doublé couleur de feu; l'Intendant et les trois Tresoriers seront vestus de la mesme maniere, portant la Croix pendante au col, comme il est dit cy-dessus; les autres Officiers seront vestus de noir doublé de rouge avec de simples boutons d'or: et à l'égard des Chevaliers de l'Ordre de S. Louis, qui seront en mesme temps Chevaliers de l'Ordre du S. Esprit, ils assisteront en manteau.

XV. Dans lesdites Ceremonies et assemblées generales, les principaux Officiers Militaires de terre et de mer, denommez dans l'article XII, tiendront leurs rangs après Nous, nos Successeurs, les Heritiers présomptifs de la Couronne, et les Princes de nostre Sang que Nous y aurons admis; les Grands-Croix précéderont les Commandeurs, et les Commandeurs les simples Chevaliers, suivant l'ordre dans lequel ils auront esté nommez, et la date de leurs Provisions.

XVI. Et neanmoins ceux qui auront aussi l'Ordre du Saint Esprit, comme estant honorez des deux Ordres, precederont les Grands-Croix, Commandeurs et Chevaliers qui n'auront que l'Ordre de S. Louis, conformement à l'Article X de l'Edit de 1693.

XVII. Voulons qu'aucun ne puisse estre pourvû d'une place de Chevalier dans l'Ordre de S. Louis, s'il ne fait profession de la Religion Catholique, Apostolique et Romaine, et s'il n'a servi sur terre et sur mer en qualité d'Officier pendant dix années, et qu'il ne puisse y estre admis, s'il n'est encore actuellement au service.

XVIII. La profession de la Religion Catholique, Apostolique et Romaine sera justifiée par une attestation de l'Archevesque ou Evesque Diocesain; et les services de dix années et actuels, par nos Brevets, Commissions ou Provisions, et par les Certificats des Generaux et Commandans de nos Troupes de terre et de mer.

XIX. Les Lettres ou Provisions que nous accorderons à ceux qui auront esté par Nous choisis pour estre Chevaliers dudit Ordre de Saint Louis, ou pour monter aux places de

Commandeurs ou de Grands-Croix, seront signées; sçavoir, pour les Officiers servans dans nos Troupes de terre, par le Secretaire d'Estat qui a le departement de la guerre; et pour les Officiers de mer, par le Secretaire d'Estat qui a le departement de la Marine et des Galeres; et les unes et les autres seront scellées du Sceau dudit Ordre de Saint Louis, qui demeurera entre les mains du Chancelier et Garde des Sceaux de l'Ordre. Voulons que les attestations, copies de Brevets et Commissions, et autres Pieces justificatives des qualités requises pour entrer dans ledit Ordre, soient attachées sous le contre-scel des Provisions des Chevaliers.

XX. Le Chevalier pourvû se presentera devant Nous pour prester le serment; auquel effet il se mettra à genoux, jurera et promettra de vivre et mourir dans la Religion Catholique, Apostolique et Romaine; de Nous estre fidele, et de ne se départir jamais de l'obéissance qui Nous est dûe, et à ceux qui commandent sous nos ordres; de garder, deffendre et soûtenir de tout son pouvoir notre honneur, nostre authorité, nos droits et ceux de notre Couronne envers et contre tous; de ne quitter jamais notre service, ni aller à celuy d'aucun Prince estranger, sans nostre permission et agrément par écrit de Nous; de reveler tout ce qui viendra à sa connoissance contre nostre Personne et nostre Estat; de garder exactement les Statuts et Reglemens dudit Ordre, et de s'y comporter en tout comme un bon, sage, vertueux et vaillant Chevalier doit faire; le tout suivant la formule dont il sera fait lecture par le Secretaire de l'Ordre.

XXI. Après que le Chevalier pourvû aura presté serment en cette forme, Nous lui donnerons l'accollade et la Croix; duquel serment et accollade il sera expédié et signé un acte sur le reply des Provisions, par le Secretaire-Greffier de l'Ordre.

XXII. Ceux qui auront esté par Nous pourvûs des places de Chevaliers dudit Ordre de Saint Louis, seront tenus, après qu'ils auront presté le serment et reçu l'accollade, de présenter, ou en cas d'absence pour nostre service, ou autre legitime empeschement, de faire presenter à l'Assemblée qui sera tenue le jour de S. Louis, ainsi qu'il sera dit cy-après, leurs Provisions pour y en estre fait lecture, ensemble des pieces y attachées; après quoy elles seront enregistrées dans les regis- tres de l'Ordre, et rendues ensuite au Chevalier par le Secre- taire-Greffier, qui fera mention de ladite lecture et enregis- trement sur les Provisions, sans frais.

XXIII. Les Chevaliers et Commandeurs qui auront obtenu nos Lettres pour monter aux places de Commandeurs et de Grands-Croix, les presenteront, ou feront presenter pareille- ment à la mesme Assemblée, pour y en estre seulement fait semblable lecture et enregistrement sans frais, et sans qu'ils soient tenus de prester un nouveau serment.

XXIV. Les Grands-Croix, Commandeurs et Chevaliers qui auront contrevenu à quelques-unes des obligations de leur ser- ment, ou autrement forfait en leur honneur, et commis acte indigne de leur profession et de leur devoir, ou crime empor- tant peine afflictive ou infamante; ensemble ceux qui sortiront du Royaume sans permission par écrit, signée de l'un de nos- dits Secretaires d'Estat, seront privez et degradez dudit Ordre.

XXV. Tous les Grands-Croix, Commandeurs, Chevaliers et Officiers dudit Ordre de Saint Louis, qui ne seront retenus par maladie, absence pour nostre service ou autre legitime em- peschement, seront tenus de se rendre tous les ans, au jour et feste de Saint Louis, auprès de nostre personne; de Nous ac- compagner, tant en allant qu'en revenant, à la Messe qui sera celebrée le mesme jour dans la Chapelle du Chasteau du Palais où Nous serons, ou dans l'Eglise de S. Louis de l'Hostel Royal des Invalides, et d'entendre devotement la Messe pour demander à Dieu qu'il luy plaise de repandre ses benedictions sur Nous, sur nostre Maison Royale, sur nostre Estat et sur ceux qui composent l'Ordre.

XXVI. L'après-midy du mesme jour et feste de S. Louis, il sera tenu une Assemblée generale dudit Ordre, dans un des Appartemens du Palais où Nous serons, ou dans la Salle du Conseil de l'Hostel des Invalides; et seront tenus les Grands-

Croix, Commandeurs et Chevaliers qui auront assisté le matin à la Messe, ensemble les Officiers dudit Ordre, de se trouver en ladite Assemblée.

XXVII. Nous assisterons en Personne, autant que nos occupations nous le permettront, à l'Assemblée du jour et feste de Saint Louis, et aux autres Assemblées generales que Nous jugerons à propos de convoquer extraordinairement. Voulons que, lorsque Nous n'y serons pas present, l'Heritier presomptif de la Couronne, ou en son absence les Princes de nostre Sang que Nous aurons fait Chevaliers dudit Ordre de Saint-Louis, et les principaux Officiers de terre et de mer, cy-dessus nommez, y president selon leur rang, et à leur défaut, les plus anciens Grands-Croix, Commandeurs ou Chevaliers de ceux qui s'y trouveront, conformement à l'Article XXIV de l'Edit de 1693.

XXVIII. Outre les Assemblées generales, il sera ten : tous les mois une autre Assemblée particulière dans la Salle du Conseil de l'Hostel Royal des Invalides, dans laquelle Assemblée il sera traité de toutes les affaires concernant les biens et revenus de l'Ordre; et ceux qni seront pourvûs des Offices créez par nostre présent Edit, seront tenus de s'y trouver pour y rendre compte de ce qu'ils auront fait, et de tout ce qui les concernera chacun à leur égard; ensemble pour y estre proposé et deliberé tout ce qui devra estre rapporté aux Assemblées generales qui seront tenues le jour et feste de Saint Louis, ou qui seront par Nous indiquées. Voulons que tout ce qui sera deliberé, arrêté et decidé dans lesdites Assemblées, tant generales que particulieres, soit écrit sur le Registre, et signé par le Greffier de l'Ordre.

XXIX. Le Chancelier, le Grand Prevost et le Secretaire-Greffier presteront serment entre nos mains, de faire bien et fidelement la fonction de leurs Charges, et d'observer exactetement les Statuts et Reglemens qui les concernent, et ne recevront point l'accollade; les autres Officiers presteront serment entre les mains du Chancelier de l'Ordre.

XXX. Le Chancelier aura en garde le Sceau de l'Ordre de

S. Louis, et fera sceller en sa presence les Lettres de Provisions et autres expeditions, et en toutes occasions fera telles et semblables fonctions que celles qui sont exercées dans l'Ordre du Saint Esprit par le Chancelier dudit Ordre.

Le Grand Prevost-Maistre des Ceremonies aura attention que les Statuts soient executez : il veillera à la conservation des Privileges de l'Ordre, fera la vérification des Certificats de catholicité et de service des Grands-Croix, Commandeurs et Chevaliers; fera l'information pour la reception des Officiers de l'Ordre, et sera present lorsque Nous recevrons le serment des Grands-Croix, des Commandeurs, des Chevaliers et des Grands-Officiers, pour les faire placer chacun à leur rang, suivant la liste qui luy en sera remise par le Secretaire d'Estat de la Guerre et de la Marine; et dans les ceremonies de l'Ordre de Saint Louis, il fera les mesmes fonctions que le Grand Prevost dans l'Ordre du Saint Esprit.

Le Secretaire-Greffier tiendra un Registre des Statuts et Reglemens de l'Ordre; il écrira les Déliberations dans les Assemblées qui seront tenues en nostre presence; et lorsque Nous recevrons des Chevaliers, il fera la lecture du serment et tiendra Registre de la prestation, dont il signera l'acte sur le reply des Provisions.

L'Intendant aura soin des affaires de l'Ordre, sous les Secretaires d'Estat ayant le Departement de la Guerre et de la Marine, auxquels il en rendra compte; il rapportera au Conseil de l'Ordre et aux Assemblées qui se tiendront tous les mois, les affaires concernant les biens et revenus dudit Ordre.

Les Tresoriers, chacun dans l'année de leur exercice, recevront les revenus de l'Ordre, dont ils rendront tous les ans un compte au Conseil de l'Ordre; et payeront toutes les Pensions de l'Ordre, suivant les estats qui en seront par Nous arretez, et celui en exercice nous presentera les Croix aux receptions.

Le Controlleur en exercice controllera les quittances qui seront données par les Tresoriers, tant des fonds qu'ils recevront des Gardes de nostre Tresor Royal, que des autres revenus de l'Ordre, et les quittances qui seront données par les Commandeurs, Officiers et Chevaliers, dont il tiendra Registre de recette et dépense, le tout sans pouvoir pretendre aucun droit.

Le Receveur particulier recevra des Fermiers le produit de leur ferme, dont il fournira ses recepissez, portant promesse de rapporter quittances en forme des Tresoriers tous les trois mois; comme aussi tous les autres revenus qui appartiendront à l'Ordre, excepté ce qui sera payé par les Gardes de nostre Tresor Royal; il rendra compte de sa recette au Tresorier en exercice, lequel compte sera visé et approuvé par l'Intendant; et il sera l'Agent des affaires de l'Ordre, sous l'autorité de l'Intendant.

L'Aumônier dira la Messe les jours de Conseils et d'Assemblées.

Le Garde des Archives aura la garde de tous les titres de l'Ordre, dont il tiendra Registre; scellera en presence du Chancelier les Provisions des Grands-Croix, Commandeurs, Chevaliers et Officiers, et autres expéditions; il tiendra la plume sous les ordres du Secretaire, aux Assemblées qui ne se tiendront pas en notre presence.

Les Herauts d'Armes seront chargez d'avertir les Grands-Croix, Commandeurs, Chevaliers et Officiers des jours d'Assemblées; garderont la porte aux Assemblées generales de l'Ordre qui se tiendront en notre presence; assisteront aux ceremonies avec leur Masse, et recevront les ordres du Chancelier et du Grand Prevost.

XXXI. Et attendu la faveur que merite ledit Ordre de Saint Louis, et la nature des biens dont il jouit, voulons que toutes les causes qui le concerneront, tant en demandant qu'en deffendant, ou par intervention, soient traitées et jugées en première instance en la Chambre du Domaine séante à Paris, et par appel en nostre Cour de Parlement de Paris, leur en ayant à cet effet attribué la connoissance, et icelle interdite à toutes nos autres Cours et Juges. Voulons neanmoins que ceux de nos Officiers qui sont en possession de faire les liquidations des Droits seigneuriaux et autres Droits casuels specifiez par le present Edit, continuent d'en user comme par le passé, et qu'ils connoissent des contestations et procès qui pourront survenir, à l'occasion desdites liquidations seulement.

Voulons au surplus que les Edits des mois d'Avril 1693 et Mars 1694 soient executez selon leur forme et teneur, en tout ce qui n'est point contraire à notre present Edit.

Si donnons en mandement à nos amez et feaux Conseillers, les Gens tenans nostre Cour de Parlement, Chambre des Comptes et Cour des Aydes à Paris, que nostre present Edit ils ayent à faire lire, publier et registrer, et le contenu en iceluy suivre et faire suivre, garder, observer et executer selon sa forme et teneur, cessant et faisant cesser tous troubles et empeschemens quelconques, nonobstant tous Edits, Declarations, Arrests et Reglemens et autres choses à ce contraires, ausquels Nous avons dérogé et dérogeons par le present Edit, aux copies duquel, collationées par l'un de nos amez et feaux Conseillers-Secretaires, voulons que foy soit ajoustée comme à l'original ; Car tel est nostre plaisir. Et afin que ce soit chose ferme et stable à toujours, Nous y avons fait mettre notre Scel: Donné à Paris au mois d'Avril, l'an de grace mil sept cent dix-neuf, et de nostre Regne le quatrieme. *Signé* LOUIS. *Et plus bas,* Par le Roi, le Duc d'Orleans, Regent, present. *Visa,* M. R. de Voyer d'Argenson. Vu au Conseil Villeroy. Et scellé du grand Sceau de cire verte en lacs de soye rouge et verte.

Pour le Roy. { *Collationné aux Originaux par Nous, Ecuyer, Conseiller-Secretaire du Roy, Maison, Couronne de France et de ses Finances.*

LETTRES PATENTES.

LOUIS, par la grace de Dieu, etc. A nos amez et feaux Conseillers les Gens tenans nostre Cour de Parlement à Paris, SALUT. Par arrest en forme de Reglement de Nous, rendu en nostre Conseil le 21 Aoust dernier, pour les causes y connuës, Nous avons ordonné ce que Nous entendions estre à faire et observer par nostredite Cour sur l'exécution de nos Edits, Declarations, Arrests de nostre Conseil, et Lettres Patentes sur iceux, ensemble sur le temps et la forme des Remoustrances que de nostre grace speciale Nous lui avons permis de Nous adresser avant leur enregistrement, et par iceluy pourvû à plusieurs abus préjudiciables à nostre authorité; et voulant que ledit Arrest soit executé de point en point selon sa forme et teneur, sans qu'en aucune manière et sur quelque pretexte que ce soit, il y soit contrevenu, Nous avons fait expedier nos Lettres sur ce necessaires. A CES CAUSES, et autres à ce Nous mouvans, de l'avis de nostre tres cher et tres amé Oncle le Duc d'Orleans, Petit Fils de France, Regent; de nostre tres cher et tres amé Cousin le Duc de Bourbon; de nostre tres cher et tres amé Cousin le Prince de Conty, Princes de nostre sang; de nostre tres cher et tres amé Oncle le Duc du Maine; de nostre tres cher et tres amé Oncle le Comte de Toulouse, Princes legitimez, et autres Pairs, grands et notables Personnages de nostre Royaume qui ont vû ledit Arrest cy-attaché sous le contre-scel de nostre Chancellerie, et de nostre grace speciale, pleine puissance et authorité Royale, Nous avons dit, statué et ordonné, et par ces Présentes signées de nostre main, disons, statuons et ordonnons, voulons et Nous plaist ce qui suit :

ART. I.ᵉʳ Que le Parlement de Paris puisse continuer de nous faire des Remonstrances sur nos Ordonnances, Edits, Declarations et Lettres Patentes qui luy seront adressez, pourvû que ce soit dans la huitaine, ainsi qu'il est porté par la Declaration du mois de Septembre 1715, et dans la forme prescrite par l'Article III du Titre I de l'Ordonnance de 1667; lui deffendons de faire aucunes Remonstrances, Deliberations, ni Representations sur nos Ordonnances, Edits, Déclarations et Lettres Patentes qui ne lui auront pas esté adressez.

II. Que faute par ledit Parlement de Paris de faire ses Remonstrances dans huitaine, du jour que lesdits Edits, Declarations et Lettres Patentes, luy auront esté presentez, ils soient reputez et tenus pour enregistrez; et en conséquence qu'il en sera envoyé une expédition en forme aux Bailliages et Seneschaussées du Ressort du Parlement de Paris, pour estre executez selon leur forme et teneur, et le contenu en iceux estre observé sous telles peines qu'il appartiendra; et en cas de contravention, tant par ledit Parlement de Paris, que par lesdits Baillifs et Seneschaux, dans leurs Arrests, Sentences et Jugemens, qu'ils seront par Nous cassez et annullez, suivant la forme prescrite par les Ordonnances.

III. Que lorsque le Parlement aura délibéré de faire des Remonstrances, dans la forme et dans le temps cy-dessus marquez, les Gens du Roi se retireront vers Nous pour Nous en informer, et Nous leur ferons sçavoir si nous désirons les recevoir de vive voix ou par écrit.

IV. Au premier cas, Nous indiquerons au Parlement le jour auquel Nous trouverons bon d'écouter ses Remonstrances; et au second cas, faute par le Parlement de remettre ses Remonstrances par écrit à l'un de nos Secrétaires d'Estat et de nos Commandemens, huit jours après que Nous leur en aurons donné l'ordre, les Edits, Declarations et Lettres Patentes seront censez enregistrez, ainsi qu'il est porté par l'article II des Presentes.

V. Après que Nous aurons écouté ou reçu les Remonstrances, s'il Nous plaist d'ordonner que les Edits, Declarations et Lettres Patentes soient enregistrez, le Parlement sera tenu d'y satisfaire sans delay, sinon l'enregistrement sera censé en avoir esté fait, et il en sera envoyé des expéditions suivant qu'il est expliqué au second Article cy-dessus; sauf au Parlement, après l'enregistrement, de faire de nouvelles Remonstrances, auxquelles Nous aurons tel égard qu'il appartiendra.

VI. Deffendons tres expressement audit Parlement d'interpreter les Edits, Declarations et Lettres Patentes qui auront esté adressez de nostre ordre; et en cas que quelques Articles luy paroissent sujets à interpretation, le Parlement de Paris pourra, conformément à l'Article III du Titre premier de l'Ordonnance de 1667, Nous representer ce qu'il estimera convenable à l'utilité publique, sans que l'execution en puisse estre sursise, ni qu'aucun de nos Edits, Ordonnances, Declarations, Lettres Patentes ou Reglemens puissent estre interpretez ou modifiez par ledit Parlement de Paris, sous aucun pretexte.

VII. N'entendons que le Parlement de Paris puisse inviter les autres Cours à aucune association, union, confederation, consultation ni assemblées par Deputez ou autrement, pour quelque cause ou occasion que ce soit, sans notre expresse permission par écrit, à peine de désobéissance, et sous telle autre peine qu'il appartiendra, suivant l'exigence des cas.

VIII. Luy defendons pareillement de faire aucune assemblée ou deliberation touchant l'administration de nos Finances, ni de prendre connoissance d'aucunes affaires qui concernent le Gouvernement de l'Estat, si Nous n'avons agreable de luy en demander son avis par un ordre exprès.

IX. Declarons nuls et de nul effet tous Procès verbaux, Arrests, Deliberations, Arrestez et autres Actes que ledit Parlement de Paris pourroit avoir faits par le passé, ou pourroit faire à l'avenir, au sujet des Edits, Declarations et Lettres Patentes qui ne luy ont pas esté adressez, soit par rapport aux affaires du Gouvernement de l'Estat, sur lesquels Nous ne luy aurons pas demandé son avis.

X. Ce faisant, avons d'abondant cassé et annullé l'Arrest du Parlement de Paris du 20 Juin dernier, dont Nous avons ordonné la cassation par iceluy rendu en nostre Conseil le mesme jour.

Comme aussi avons cassé et annullé, cassons et annullons tous Arrests, Actes de publication d'affiches, de notification et autres qui pourroient avoir esté faits soit contre l'Edit du mois de May dernier, enregistré en la Cour des Monnoyes, où l'adresse en avoit esté faite, soit au préjudice dudit Arrest du Conseil et de celuy du lendemain, ou des Lettres Patentes expédiées sur iceluy et adressées au Parlement, qui ne les a pas encore enregistrées.

Avons pareillement cassé et annullé l'Arrest du Parlement de Paris du 12 de ce mois, comme attentatoire à l'autorité Royale, et toutes les deliberations ou procedures qui ont precedé et suivi ledit Arrest, ou qui pourroient estre faites à l'avenir sur ce qu'il contient, et sur toutes autres matières semblables : Deffendons au Parlement de traiter de telles affaires, que lorsque Nous voudrons lui faire l'honneur de l'en consulter.

Voulons que lesdits Arrests, Arrestez, Deliberations, Procès verbaux et autres Actes faits en conséquence, soient rayez et biffez dans les Registres du Parlement, et partout ailleurs où besoin sera, et qu'en marge d'iceux mention soit faite dudit Arrest et de ces Presentes, qui seront lûës, publiées et affichées, tant dans nostre bonne Ville de Paris, que dans les Villes et principaux lieux du Ressort; à l'effet de quoy copies dûëment collationnées en seront envoyées directement aux Bailliages, Seneschaussées et par tout où besoin sera, pour y estre enregistrées à la diligence de nos Procureurs, qui seront tenus de Nous certifier au mois, à peine d'interdiction.

Si vous mandons que ces Presentes vous ayez à faire lire, publier et enregistrer, et le contenu en icelles garder et observer de point en point selon leur forme et teneur, sans que pour quelque cause ou pretexte que ce soit il y soit contrevenu : Enjoignons à notre Procureur General de Nous avertir des contraventions, si aucunes y estoient faites, mesme d'en informer; et à nos Baillifs, Seneschaux, Sieges Presidiaux et tous autres nos Juges de vostre Ressort, que ces Presentes ils ayent à faire pareillement lire, publier et enregistrer, et en certifier dans le mois, à peine d'interdiction : Car tel est nostre plaisir. Donné à Paris le vingt-sixième jour d'Aoust, l'an mil septcent dix-huit, et de nostre Regne le troisième. *Signé* LOUIS. *Et plus bas*, par le Roi, le Duc D'ORLEANS, Régent present. PHELYPEAUX.

Le Roi seant en son *Lit de Justice*, de l'avis du Duc d'Orleans, Regent, a ordonné et ordonne que les presentes Lettres Patentes seront enregistrées au Greffe de son Parlement, et que sur le reply d'icelles il soit mis que lecture en a esté faite, et ledit enregistrement ordonné; ce requerant son Procureur General, pour estre le contenu en icelles exécuté selon leur forme et teneur, et copies collationnées envoyées aux Bailliages et Seneschaussées du Ressort pour y estre pareillement lûës, publiées et registrées. Enjoint aux Substituts de son Procureur General de l'en certifier au mois. Fait en Parlement, le Roi tenant son *Lit de Justice* dans le Chasteau des Tuileries, le vingt-sixieme jour d'Aoust mil sept cent dix-huit. Signé GILBERT.

POUR LE ROY. { *Collationné à l'Original par Nous, Ecuyer, Conseiller - Secretaire du Roy, Maison, Couronne de France et de ses Finances.*

ÉDIT DU ROI,

CONCERNANT *l'Ordre de Saint-Louis*.

Donné à Versailles au mois de Janvier 1779.

Registré au Sceau et à l'Audience de France le 11 Février audit an.

LOUIS, PAR LA GRACE DE DIEU, ROI DE FRANCE ET DE NAVARRE : A tous présens et à venir; SALUT. Parmi les établissemens qui perpétueront à jamais la gloire du règne de Louis XIV, celui de notre Ordre Royal et Militaire de Saint-Louis, créé par son Edit du mois d'Avril 1793, est un des plus importans. Cette institution si digne, et d'un Monarque qui commandoit à des François, et d'une Nation aussi distinguée par sa fidélité que par sa valeur et son zele, fut également l'objet de l'attention du feu Roi notre Aïeul, comme elle l'est aujourd'hui de la nôtre. Mais en considérant les vues de nos Prédécesseurs, nous avons reconnu la nécessité de mettre la dernière main à leur ouvrage, de remplir par de nouveaux bienfaits ce qu'il laissoit à désirer du côté de la dotation, de rappeler l'administration de l'Ordre à la simplicité de ces principes primitifs, et par-là d'assurer de plus en plus le lustre d'une institution précieuse à l'Etat, en même temps que nous en étendrons les véritables avantages. C'est ainsi qu'afin d'effectuer en entier la résolution que nos Prédécesseurs avoient prise de former sa dotation de biens et de revenus temporels, nous venons de remplacer une somme annuelle de trois cent quatre-vingt mille livres qu'il falloit tirer des fonds destinés aux dépenses de la Guerre et de la Marine, par le don de neuf millions cinq cent mille livres en capitaux de rentes créées par l'Edit du mois de Février 1770, et produisant pareil revenu de trois cent quatre-vingt mille livres. Nous n'avons pu d'ailleurs qu'être touchés des inconvéniens qui résultent de la création de différens offices que l'Edit du mois d'Avril 1719 attache à l'Ordre de Saint-Louis, et dont les fonctions sont, ou sans exercice, ou sans aucune utilité réelle. D'un côté, cette création impose à l'Ordre l'obligation de payer des gages et des émolumens, tandis qu'il n'a point reçu les finances des offices, et qu'elles ont été versées dans la caisse de nos Revenus casuels; ce qui soustrait une partie de la dotation à sa destination essentielle, et contribue à porter ses charges bien au-delà du produit de ses fonds. D'un autre côté, comme l'Edit du mois d'Avril 1719 affecte aux titulaires des mêmes offices la décoration des marques extérieures de l'Ordre, il est arrivé qu'au moyen de mutations fréquentes, ces marques se sont trop multipliées. Aux dispositions que nous nous proposons d'établir, soit pour faire disparoître des inconvéniens de cette nature, soit pour régler la distribution des revenus de l'Ordre entre nos troupes de terre et de mer, d'après la proportion fixée par les Edits précédens, nous en ajouterons de particulieres, relativement à ce que des actions distinguées mériteroient de notre munificence, indépendamment du temps des services. A CES CAUSES, et autres à ce nous mouvant; de l'avis de notre Conseil, et de notre certaine science, pleine puissance et autorité royale, Nous avons, par notre présent Edit perpétuel et irrévocable, dit, statué et ordonné, disons, statuons et ordonnons, voulons et nous plaît ce qui suit:

ART. 1er. Nous avons approuvé et confirmé, approuvons et confirmons la création, institution et érection de l'Ordre Militaire, sous le nom de *Saint-Louis*, dans la forme et suivant les Statuts, Ordonnances et Réglemens portés par les Edits de Louis XIV des mois d'Avril 1693 et Mars 1694: par celui du feu Roi notre très-honoré Seigneur et Aïeul, du mois d'Avril 1719; et par ses Ordonnances des 30 Décembre 1719, 27 Mars 1761 et 9 Décembre 1771. En conséquence, Nous

nous déclarons Chef Souverain et Grand-Maître dudit Ordre et Nous nous réservons, pour Nous et nos Successeurs Rois, tous les droits que nos deux Prédésesseurs s'étoient réservés, et qu'ils avoient attachés à la Grande-Maîtrise.

II. Le nombre des dignités dudit Ordre demeurera fixé à perpétuité, à compter du jour de la publication du présent Edit, savoir; les Grands-Croix à quarante, les Commandeurs à quatre-vingts, et les Chevaliers à tel nombre que nous jugerons à propos de le porter.

III. Des quarante dignités de Grands-Croix, trentre-quatre seront destinées à tonjours aux Officiers de nos Troupes de terre, et six à ceux du service de notre Marine; comme aussi des quatre-vingts dignités de Commandeurs, soixante-cinq seront également destinées à toujours aux Officiers de Troupes de terre, et quinze à ceux du service de mer.

IV. Voulons que les dignités de Grand-Croix et de Commandeur, que nous avons destinées aux Officiers de nos Troupes de terre, il en soit et demeure affecté à toujours aux Officiers des troupes de notre Maison, douze dignités, savoir; quatre de Grand-Croix et huit de Commandeur, sans que par la suite le nombre en puisse être augmenté, sous quelque prétexte que ce soit.

V. Voulons pareillement que desdites dignités destinées aux Officiers de nos Troupes de terre, il en soit et demeure affecté à toujours; savoir, au Corps-Royal de l'Artillerie, une seule de Grand-Croix et quatre de Commandeur, et au Corps du Génie, une seule dignité de Grand-Croix et deux de Commandeur.

VI. Les dignités de Grand-Croix et de Commandeur, ensemble les pensions de Chevalier, ne seront plus accordées à l'avenir par expectative, mais seulement lorsqu'il y aura vacance d'une ou de plusieurs de ces dignités, ou de pensions de Chevalier, soit par la mort des Titulaires pensionnaires, par la promotion des Commandeurs à la dignité de Grand-Croix, ou autrement.

VII. Après la nomination que nous aurons faite des Grands-

Croix et des Commandeurs dont nous venons d'augmenter le nombre par notre présent Edit, nous ne nommerons plus aux dignités de Grand-Croix ou de Commandeur qui vaqueront par la suite en temps de paix, que tous les ans, le jour et fête de Saint-Louis.

VIII. La croix de Chevalier de Saint-Louis sera pareillement accordée à l'avenir, comme elle l'a été jusqu'à présent, aux Officiers de nos Troupes de terre et de mer, eu égard au temps de leurs services, et conformément aux Ordonnances qui ont été précédemment rendues à ce sujet; mais nous ne les ferons distribuer que tous les trois ans en temps de paix, nous réservant d'en accorder en temps de guerre, autant que nous le jugerons à propos.

IX. Indépendamment du temps de service pour obtenir la Croix, et voulant récompenser les Officiers de nos Troupes de terre et de mer, qui, par des actions de bravoure, se seront distingués dans des occasions périlleuses et éclatantes, nous avons ordonné et arrêté que, quel que soit leur âge, et quelque temps de service qu'ils aient, la Croix de Saint-Louis leur sera accordée avec la distinction et dans la forme ci-après réglées.

X. L'action de bravoure pour laquelle la Croix leur sera accordée, sera constatée par un procès-verbal dressé sur le lieu ou dans le jour où l'action se sera passée, par les Officiers généraux qui seront présens, autant que faire se pourra; et en leur absence, par les Officiers supérieurs des Corps qui en auront été témoins, pour les Troupes de terre; ou du vaisseau sur lequel sera l'Officier, pour les Troupes de mer; ou lorsqu'il n'y aura pas d'Officiers supérieurs, par les Officiers qui se trouveront présens à l'action, ou par des Notables de tous états et conditions, lesquels la certifieront par un acte qui sera dressé dans la meilleure forme, et avec le plus d'authenticité que le temps et les lieux le comporteront.

XI. Le procès-verbal, tel qu'il est prescrit en l'article précédent, sera adressé par l'Etat-Major du régiment ou du vaisseau dont sera l'Officier, au Secrétaire d'Etat de la guerre, ou à celui de la Marine, pour nous être présenté, à l'effet par Nous d'accorder ou refuser la Croix, suivant les circonstances.

XII. La Croix que Nous aurons accordée, conformément aux articles IX, X et XI, sera portée par celui que Nous en aurons décoré, de la même manière qu'elle l'est par tous les Officiers qui l'ont obtenue jusqu'à présent, et qui l'obtiendront par la suite; à la seule différence qu'elle sera suspendue à un ruban couleur de feu, bordé et liséré dans la forme et ainsi que Nous l'aurons réglé par l'Ordonnance que Nous nous proposons de rendre à cet effet.

XIII. Les Chevaliers qui auront obtenu la Croix avec la distinction réglée dans l'article précédent, et qui parviendront aux dignités de Commandeur et de Grand-Croix, porteront le cordon de Grand-Croix ou de Commandeur, avec les mêmes bordé et liséré que Nous aurons réglés par ladite Ordonnance.

XIV. Les Chevaliers et Commandeurs de l'Ordre du Saint Esprit, qui sont Chevaliers de Saint-Louis, porteront dorénavant la Croix de Saint-Louis à la boutonnière, comme les Chevaliers.

XV. Les Grands-Croix et Commandeurs de l'Ordre de Saint-Louis, recevront de notre main les marques de leur dignité.

XVI. Voulons que tous les Grands-Croix et Commandeurs dudit Ordre, qui se trouveront, au jour et Fête de Saint-Louis auprès de notre Personne, soient tenus de nous accompagner, tant en allant qu'en revenant, à la Messe qui sera célébrée le même jour dans la Chapelle du Palais où nous serons, et d'assister religieusement à la même Messe pour demander à Dieu, qu'il lui plaise répandre ses bénédictions sur Nous, sur notre Maison Royale et sur notre Etat. Ils auront l'habit uniforme de leur grade, et porteront à l'extérieur les rubans larges ou cordons qui les distinguent des Chevaliers.

XVII. Attendu l'état actuel des revenus de l'Ordre, considéré relativement à ses charges, les Officiers des Troupes de terre et de mer qui, à compter du jour de la publication de notre présent Edit, parviendront aux dignités de Grand-Croix et de Commandeurs, ne jouiront plus; savoir: les Grands-Croix, que de quatre mille livres, et les soixante plus anciens Commandeurs que de trois mille livres: Notre intention étant que les vingt derniers Commandeurs ne jouissent de ladite pension de trois mille livres, qu'à mesure de l'extinction de celles des soixante anciens, suivant l'ordre de leur réception, et sans nouvelles Lettres ou Brevets.

XVIII. N'entendons priver les Grands-Croix et Commandeurs actuels de la jouissance des pensions qui leur ont été accordées sur ledit Ordre; Voulons au contraire qu'ils en jouissent pendant leur vie, à la réserve seulement que les Commandeurs qui seront promus par la suite à la dignité de Grands-Croix, ne jouiront que de la pension attribuée à cette derniere dignité, par l'article précédent.

XIX. Nous avons fixé à cinquante-six mille deux cent cinquante livres par an, la portion affectée au département de la Marine dans les quatre cent cinquante mille livres de dotation dudit Ordre; laquelle somme de cinquante-six mille deux cent cinquante livres sera accordée aux dignités et Chevaliers dudit Ordre de nos Troupes de mer, conformément à l'article VIII de l'Edit du mois d'Avril 1693.

XX. Tous les autres revenus appartenans audit Ordre, et qui proviennent des fonds qui se sont trouvés en économie dans les caisses des Invalides et du quatrieme Denier, seront distribués en pensions que Nous accorderons, sur le rapport du Secrétaire d'Etat de la guerre, aux dignités et Chevaliers dudit Ordre du service de terre.

XXI. A compter du jour de la publication du présent Edit, et à l'avenir, toutes les pensions accordées aux dignités et Chevaliers dudit Ordre, les dépenses des Croix, les frais de comptabilité et autres dépenses quelconques à la charge d'icelui, ne pourront être pris et payés sur d'autres fonds que sur les revenus actuels et futurs appartenans audit Ordre.

XXII. Comme les pensions accordées aux chevaliers dudit Ordre jusqu'à ce jour, les dépenses des Croix et autres frais de comptabilité, excèdent les revenus dudit Ordre, notre intention est qu'il ne soit plus accordé de pensions aux Chevaliers que lorsque, par l'extinction de celles actuellement existantes, il se trouvera des fonds libres dans les revenus pour acquitter lesdites pensions.

XXIII. Voulons que les pensions qui seront accordées à l'avenir aux Chevaliers dudit Ordre, le soient de préférence à ceux dont l'état de leur fortune l'exigera le plus particulièrement, et qu'elles ne puissent jamais excéder la somme de huit cents livres, ni être au-dessous de celle de deux cents livres; lesquelles pensions n'auront lieu néanmoins qu'après que les Chevaliers dudit Ordre, qui ont à présent des expectatives, auront pu être employés dans l'état des pensions d'icelui, sur le pied fixé par le présent article, et qu'il se trouvera des revenus libres pour les payer.

XXIV. Nous avons éteint et supprimé, éteignons et supprimons tous les Offices créés pour ledit Ordre par l'article VI de l'Edit du mois d'Avril 1719. Et attendu que les finances desdits Offices sont entrées dans nos revenus casuels, Nous voulons que tous lesdits officiers, ou les Propriétaires des finances desdits Offices, soient remboursés du montant d'icelles, chacun à leur égard, par le Garde de notre Trésor royal en exercice, en quittances de finance portant intérêt à cinq pour cent, dont lesdits Officiers et Propriétaires jouiront, à compter du premier Janvier de la présente année, jusqu'à ce que les circonstances nous permettent d'effectuer le remboursement en espèces desdites quittances de finance, et ce d'après la liquidation.

XXV. Les Officiers supprimés par l'article précédent, ne pourront être remboursés en quittances de finance, qu'en rapportant au Garde de notre Trésor royal, chacun pour ce qui le concerne, un certificat du Secrétaire d'Etat de la guerre, comme ils auront remis les titres de propriété, registres, pièces et renseignemens concernant les biens et revenus dudit Ordre qu'ils peuvent avoir en leur possession; et à l'égard des Trésoriers, comme leurs comptes auront été arrêtés et signés, et qu'ils se trouvent quittes envers ledit Ordre.

XXVI. Au moyen de la suppression desdits Offices, Nous avons déchargé et déchargeons ledit Ordre du payement des gages et émolumens attribués à tous lesdits Offices, et ce, à compter du premier Janvier de la présente année.

XXVII. Voulons que les grands et petits Officiers dudit Ordre, présentement supprimés, continuent de jouir, leur vie durant, des honneurs, prérogatives et priviléges qui avoient été attribués à leurs Offices, par l'Edit du mois d'Avril 1719.

XXVIII. Conformément à l'article XIII de l'Edit du mois d'Avril 1693, notre très-cher et féal le Chancelier et Garde des Sceaux de France fera les fonctions de Garde des Sceaux dudit Ordre; à l'effet de quoi les Sceaux dudit Ordre lui seront remis par le Chancelier d'icelui supprimé. Et à l'égard des Officiers ministériels que Nous jugerons convenable de nommer pour l'administration des biens et revenus de l'Ordre, Nous y pourvoirons par de simples Commissions, sur la présentation qui nous en sera faite par le Secrétaire d'Etat ayant le Département de la Guerre; mais lesdits Officiers ne pourront porter aucune marque extérieure dudit Ordre, sous peine de privation de leur Commission.

XXIX. Voulons que les comptes des Trésoriers dudit Ordre, qui sont à rendre, et ceux qui le seront par la suite, soient arrêtés annuellement par le Secrétaire d'Etat ayant le Département de la Guerre, dans une assemblée qui sera par lui convoquée dans la Salle du Conseil de l'Hôtel royal des Invalides, en présence de deux Grands-Croix, de deux Commandeurs et de deux Chevaliers dudit Ordre du service de terre, dans la forme et de la même manière qu'il se pratique pour les comptes de l'Hôtel des Invalides ; à laquelle assemblée le Secrétaire d'Etat ayant le Département de la Marine assistera, et y fera inviter un Officier Grand-Croix et un Officier Commandeur du service de mer.

XXX. Confirmons toutes les dispositions portées par les Edits, Déclarations, Lettres Patentes, Arrêts, Ordonnances et Réglemens rendus sur l'administration dudit Ordre de Saint Louis et relativement à icelui ; Voulons que le tout soit exécuté en ce qui n'y a pas été dérogé par le présent Edit. Si donnons en mandement à notre très-cher et féal Chevalier Garde des Sceaux de France, le sieur Hue de Miroménil, que le présent Edit il ait à faire lire et publier, le Sceau tenant, et icelui enregistrer ès registres de l'audience de France, pour être exécuté suivant sa forme et teneur, nonobstant toutes choses à ce contraires : Car tel est notre plaisir; et afin que ce soit chose ferme et stable à toujours, Nous avons fait mettre notre scel au présent Edit. Donné à Versailles au mois de Janvier l'an de grace mil sept cent soixante-dix-neuf, et de notre règne le cinquième. *Signé* LOUIS. *Et plus bas*, Par le Roi. *Signé* le Prince de Montbarey. *Visa* Hue de Miroménil. Vu au Conseil, Phelypeaux. Et scellé du grand sceau de cire verte sur doubles lacs de soie rouge et verte.

Lu et publié, le Sceau tenant, de l'Ordonnance de Monseigneur le Garde des Sceaux de France, par nous Conseiller du Roi en ses Conseils, Grand-Audiencier de France. A Paris, le onzième jour de Février mil sept cent soixante-dix-neuf, Signé Bioche.

Enregistré ès Registres de l'Audience de France, nous Conseillers du Roi en ses Conseils, Grand-Audiencier de France et Contrôleur Général de la grande Chancellerie, présens. A Paris, le onzième jour de Février mil sept cent soixante-dix-neuf. Signé Bioche, Darnaut.

Pour le Roi. { *Collationné à l'Original par Nous, Ecuyer, Conseiller-Secretaire du Roi, Maison, Couronne de France et de ses Finances.*

ORDONNANCE DU ROI,

Concernant l'Ordre de Saint Louis.

Du 21 Août 1779.

DE PAR LE ROI.

Sa MAJESTÉ s'étant fait représenter son Edit du mois de Janvier dernier, concernant l'Ordre Royal et Militaire de Saint Louis, Elle a considéré que la portion affectée aux Officiers de la Marine de Sa Majesté, dans la dotation de l'Ordre, par l'Edit de 1693, n'étoit plus proportionnée à l'augmentation progressive de ce Corps, à son état actuel, ni au supplément ajouté en 1719 à la dotation de l'Ordre ; et Elle a résolu d'y pourvoir de maniere que ses bontés pour les Officiers de sa Marine fussent non-seulement un témoignage de la satisfaction qu'Elle a de leurs services, mais encore un motif pour eux d'en mériter de nouvelles. Sa Majesté a voulu aussi expliquer particulierement ses intentions sur l'article XVII de l'Edit de Janvier dernier, par lequel il est dit que les vingt derniers des quatre-vingts Commandeurs fixés par cet Edit, ne jouiront de la Pension de trois mille livres attachée à cette dignité, qu'à mesure de l'extinction des Pensions des soixante anciens, et donner en même temps à l'Ordre, sur d'autres objets, de nouveaux témoignages de l'attention dont Elle l'honore. En conséquence, Sa Majesté a ordonné et ordonne ce qui suit :

Art. Ier Sa Majesté a fixé à la somme de soixante-quinze mille livres la portion dont les Officiers de sa Marine jouiront dans la dotation et dans le supplément de dotation de l'Ordre, ce qui forme le sixieme au lieu du huitieme, montant à cinquante-six mille deux cents cinquante livres, qui leur avoit été seulement accordé par l'article XIX de l'Edit de Janvier dernier, et ce, à compter du premier dudit mois de Janvier de cette année.

II. Et attendu que cette somme de soixante-quinze mille livres ne suffit pas encore pour remplir le montant des Pensions que les Officiers de la Marine ont dans l'Ordre, et celui des dépenses de Croix, frais de comptabilité et autres dépenses communes de l'Ordre, dans lesquelles la Marine doit contribuer, Sa Majesté veut bien s'obliger de faire passer et céder à l'Ordre de Saint-Louis, incessamment, quarante-cinq mille quatre cents cinquante-neuf livres seize sous de rente sur ses revenus, au principal d'un million quatre-vingt-quinze livres, dont il n'est plus fait fonds annuellement dans les états de Sa Majesté, que pour vingt-cinq mille deux livres sept sous six deniers de rente net, en plusieurs parties, provenant de celles qui appartiennent à la Caisse des Invalides de la Marine; desquelles vingt-cinq mille deux livres sept sous six deniers de rente, l'Ordre aura la jouissance, à compter dudit jour premier Janvier dernier.

III. De ces deux sommes de soixante-quinze mille livres et vingt-cinq mille deux livres sept sous six deniers, composant ensemble celle de cent mille deux livres sept sous six deniers, il y aura quatre-vingt-quinze mille livres qui seront destinées à toujours et réparties aux Officiers de la Marine de Sa Majesté; et les cinq mille deux livres sept sous six deniers de surplus serviront à payer la portion contributive de la Marine, dans les dépenses communes de l'Ordre.

IV. Sa Majesté veut et entend que des vingt derniers Commandeurs qui ne doivent jouir, aux termes de l'article XVII de l'Edit de Janvier dernier, de la Pension de trois mille livres, qu'à mesure de l'extinction de celles des soixante plus anciens Commandeurs, il y ait seize des Officiers de ses Troupes de Terre et quatre des Officiers de sa Marine sans Pension.

V. Les Officiers des Troupes de Terre et ceux de la Marine de Sa Majesté, qui seront promus de la dignité de Chevalier à celle de Commandeur sans Pension, continueront de jouir de celle qu'ils avoient, comme Chevaliers, jusqu'à ce qu'ils entrent en jouissance de celle de trois mille livres, attachée à la dignité de Commandeur; et alors leur Pension de Chevalier deviendra libre, et Sa Majesté en disposera comme Elle le jugera à propos.

VI. Il sera arrêté par Sa Majesté, le premier Janvier de chaque année, deux états de répartition des Pensions de l'Ordre, pour les deux départemens de la Guerre et de la Marine, sur le rapport des Secrétaires d'Etat de chacun de ces départemens; et l'état du département de la Marine ne pourra jamais excéder la somme de quatre-vingt-quinze mille livres, ci-dessus fixée par l'article III, à moins que Sa Majesté ne jugeât à propos de l'augmenter par la suite, en conséquence de nouveaux supplémens de dotation.

VII. Toutes les dépenses communes de l'Ordre, les appointemens de ses Officiers, achats de Croix et rubans, frais de comptabilité et autres, seront payés par le Trésorier de l'Ordre, sur les ordres seuls du Secrétaire d'Etat de la Guerre.

VIII. Toutes les Pensions de Grands-Croix, Commandeurs et Chevaliers de l'Ordre de S. Louis, seront acquittées par le nouveau Trésorier de l'Ordre, à compter du premier Janvier dernier, sur les mandats délivrés et signés par les deux Secrétaires d'Etat de la Guerre et de la Marine, chacun pour la partie qui le concerne, ou par les personnes qu'ils en chargeront; et ces mandats, qui ne seront expédiés qu'en conséquence de l'emploi des Pensions dans l'état arrêté chaque année par Sa Majesté, contiendront l'énoncé et la date des Brevets de Pensions, dont sera fourni copie au nouveau Trésorier, pour la première fois seulement.

IX. Sa Majesté considérant combien il est avantageux et important pour l'Ordre, d'avoir un emplacement invariable, pour le dépôt et la conservation de ses Archives, veut et entend que ce dépôt soit établi dans celle des salles de l'Hôtel royal des Invalides qui sera jugée la plus convenable et à la proximité de la salle du Conseil; et Elle ordonne qu'il y soit construit des armoires fermant à clef, dans lesquelles les

Chartes et Archives de l'Ordre seront conservées; les clefs de ces armoires et celles de la salle du dépôt resteront entre les mains du Secrétaire-Greffier et Garde des Archives de l'Ordre.

X. L'intention de Sa Majesté n'étant pas de laisser aux veuves, enfans, héritiers ou créanciers des Grands-Croix, Commandeurs et Chevaliers dudit Ordre, les Croix dont Elle les aura décorés; et afin d'éviter les abus qui pourroient en résulter, veut et entend Sa Majesté que lesdites veuves, enfans, héritiers ou créanciers renvoyent lesdites Croix, aussitôt après le décès des Officiers, au Secrétaire général de l'Ordre, qui leur en donnera sa reconnoissance : Enjoint pour cet effet Sa Majesté, aux Gouverneurs et Commandans dans les Provinces, aux Commandans des Corps, et aux Officiers-Majors des Places, de tenir la main à l'exécution du présent article, et de retirer eux-mêmes lesdites Croix, qu'ils feront passer au Secrétaire général de l'Ordre.

Fait à Versailles le vingt-un Août mil sept cent soixante-dix-neuf. *Signé* LOUIS. *Et plus bas*, le Prince de Montbarrey.

TABLEAU DES OFFICIERS DE L'ORDRE DE SAINT-LOUIS,

CRÉÉS LE 15 AVRIL 1719.

CHANCELIERS GARDES DES SCEAUX.

(L'édit de 1719 leur donne le titre de Grand'Croix.)

De VOYER de PAULMY (*Marc-René*), marquis d'Argenson, conseiller d'état, depuis garde des sceaux de France (nommé le 15 avril 1719), mort le 8 mai 1721.

De VOYER *(René-Louis)*, marquis d'Argenson, ministre et secrétaire d'état des affaires étrangères (nommé le 15 mai 1721).

De VOYER de PAULMY (*Marc-Pierre*), comte d'Argenson, chancelier garde des sceaux, chef du conseil, et surintendant des finances de M. le Régent, et conseiller d'état (nommé le 18 mai 1721, sur la démission de son frère).

De VOYER (*Antoine-René*), marquis de Paulmy, ministre et secrétaire d'état de la guerre (nommé le 26 janvier 1749).

LE FEVRE de CAUMARTIN (nommé en 1749).

LE FEVRE de CAUMARTIN, intendant de Flandres et d'Artois (nommé en 1758).

PRÉVOTS-MAITRES DES CÉRÉMONIES,

CRÉÉS LE 15 AVRIL 1719.

(L'édit de 1719 leur donne le titre de Grand'Croix).

BERNARD (*Samuel - Jacques*), *seigneur* DE GROSBOIS, DE COUBERT, DE LONGUEIL et DE GRISSOL, maître des requêtes en 1710, surintendant des finances et de la maison de la Reine (nommé en 1728).

DE LAMOIGNON, président-à-mortier du parlement de Paris (nommé en 1753).

ROUILLÉ D'ORFEUIL, maître des requêtes, intendant de Champagne (nommé en 1758).

BERNARD, *marquis* DE BOULAINVILLIERS, prévôt de Paris et président au parlement (nommé en 1758).

RIGOLEY, *baron* D'OGNY, conseiller d'état, intendant général des postes (nommé en 1776).

SECRÉTAIRES-GREFFIERS,

CRÉÉS LE 15 AVRIL 1719.

(L'édit de 1719 leur donne le titre de Grand'Croix).

FLEURIAU (*Joseph - Jean-Baptiste*), *seigneur* D'ARMENONVILLE, garde des sceaux de France, secrétaire d'état, commandeur et grand-trésorier des ordres du Roi, grand-bailli et gouverneur de Chartres (nommé le 15 avril 1719), mort au château de Madrid, le 27 novembre 1728, âgé de 58 ans.

FLEURIAU (*Charles-Jean-Baptiste*), *comte* DE MORVILLE,

chevalier de la Toison-d'Or, ambassadeur en Hollande, ministre et secrétaire d'état des affaires étrangères, grand-bailli et gouverneur de Chartres (nommé le 24 avril 1719, sur la démission de son père), mort le 3 février 1732.

BERNAGE DE SAINT-MAURICE, conseiller d'état (nommé en 1724).

ROSSIGNOL, intendant d'Auvergne (nommé le 7 décembre 1733).

BERNAGE DE VAUX, conseiller d'état, prévôt des marchands (nommé en 1754).

BERNARD DE BALLAINVILLIERS, intendant d'Auvergne (nommé en 1758).

FOULLON, conseiller d'état, intendant des finances (nommé en 1767).

FÉLINO *(le Marquis de)* (nommé en 1769).

MELIN *(Antoine-Marie-Isaac)*, premier commis de la guerre et secrétaire du Roi, nommé secrétaire général, greffier, intendant, et garde des archives par commission, depuis la réforme des grands-officiers de l'ordre, en 1779.

INTENDANS,

CRÉÉS LE 15 AVRIL 1719.

DES NOYERS DE L'ORME (*Jean-Amédée*), seigneur DE MONTOIRE, premier président de la chambre des comptes de Blois, et intendant des finances du Régent (nommé le 15 avril 1719).

FERCHAUT DE RÉAUMUR (nommé le 1.er mars 1737).

DU VAUDIER (nommé en 1757).

MARIE (nommé en 1773).

De la Ferté (nommé en 1773).

TRÉSORIERS GÉNÉRAUX,

créés le 15 avril 1719.

DUREY (*Joseph*), seigneur de Snaroy, du Terrail et du duché-pairie de Damville, conseiller du Roi en ses conseils (nommé le 15 avril 1719), mort le 7 novembre 1732, âgé de 75 ans.

MICHEL de la JONCHÈRE (nommé au mois d'avril 1719).

GAUDION, garde du trésor royal (nommé au mois d'avril 1719).

MOUFLE de la TUILLERIE (nommé le 29 janvier 1734).

De PANGE (*Jean-Baptiste-Benoît-Thomas, marquis*), trésorier général de l'extraordinaire des guerres (nommé en 1749).

De VILLETTE (*Pierre-Charles*), seigneur Du Plessis Longueau, de Bazicourt, d'Houdancourt, de Saron et du Portail, conseiller du Roi en ses conseils, trésorier de l'extraordinaire des guerres (nommé en 1752).

MOUFLE de GEORVILLE (nommé en 1753).

BERGERET (nommé en 1764).

TAVERNIER de BOULOGNE (*Guillaume-Pierre*), trésorier général de l'extraordinaire des guerres (nommé en 1765).

BEAUJON (nommé en 1771).

De SELLE de la GAREJADE (nommé en 1771).

BAUDARD de SAINT-JAMES (nommé en 1773).

VEYTARD, trésorier de l'ordre par commission, depuis la suppression des officiers de l'ordre, en 1779.

HUISSIERS,

CRÉÉS EN 1693.

D'AVRANGE D'HAUGERANVILLE (nommé en 178..).
N.......

HÉRAUTS D'ARMES,

CRÉÉS LE 15 AVRIL 1719.

MARAIS (nommé le 15 avril 1719).

De REVELLOIS de VIEUXPRÉ (nommé le 1.er avril 1737).

ROËTTIERS (*Raimond*), chevalier de Saint-Louis, ingénieur du Roi (nommé en 17....).

De CHENNEVIERES (nommé en 1758).

De LACHAUD (nommé en 1761).

FAREY de SAINT-MARC, officier et pensionnaire du Roi (nommé en 1768).

MARTINOT (nommé en 1773).

CHEVALIERS, COMMANDEURS

ET

GRAND'CROIX.

De MARTILLAC,
Capitaine au régiment Dauphin, infanterie.
Reçu chevalier de l'ordre de Saint-Louis en 1693.

De MARCILLY,
Major et commandant à Strasbourg.
Reçu chevalier de l'ordre de Saint-Louis en 1693.

Le MOTHEUX,
Capitaine de vaisseaux du Roi.
Reçu chevalier de l'ordre de Saint-Louis en 1693.

De la MOTTE,
Lieutenant de Roi de la citadelle de Lille.
Reçu chevalier de l'ordre de Saint-Louis en 1693.

De REYNIER (*Charles*),
Lieutenant au gouvernement de Brouage.
Reçu commandeur de l'ordre de Saint-Louis en 1693.
Mort en décembre 1705.

De VILLAFORMIO,
Capitaine au régiment de Royal-Roussillon, infanterie.
Reçu chevalier de l'Ordre de Saint-Louis en 1693.

De CORNELIUS, Suédois,
Lieutenant-colonel du régiment Dauphin, cavalerie.
Reçu chevalier de l'ordre de Saint-Louis en 1693.

De BOLH,
Mestre-de-camp du régiment Royal Allemand.
Brigadier des armées du Roi.
Reçu chevalier de l'ordre de Saint-Louis en 1693.

Du MAGNON ou du MAGNOU,
    Chef d'escadre des armées navales.
    Commandant à Rochefort.
    Reçu Chevalier de l'ordre de Saint-Louis en 1693.
    Mort à Rochefort, en 1706, le plus ancien officier de la marine, après avoir servi 56 ans.

DE MARCÉ de la MOTTE ou de la MOTTE-MARCÉ,
    Capitaine au régiment de Navarre.
    Reçu chevalier de l'ordre de Saint-Louis en 1693.

RENARD DE FUCHSAMBERG, *marquis* d'AMBLIMONT,
    Chef d'escadre des armées navales.
    Reçu commandeur de l'ordre de Saint-Louis en 1693.
    Mort en 1700.

DE REY,
    Capitaine au régiment Dauphin, infanterie.
    Reçu chevalier de l'ordre de Saint-Louis en 1693.

LE CAMUS DE MORAINVILLE (*Charles-François*),
    Mestre de camp du régiment de cavalerie de son nom.
    Maréchal de camp.
    Reçu chevalier de l'ordre de Saint-Louis en 1693, et commandeur en 1701.
    Mort en 1704.

DE CHAMBON D'ARBOUVILLE, *marquis* d'ARBOUVILLE,
    Lieutenant aux Gardes-Françaises.
    Colonel de milice.
    Brigadier des armées du Roi.
    Reçu chevalier de l'Ordre de Saint-Louis en 1693.

DE MOIRON (*Nicolas*),
    Lieutenant réformé au régiment de Navarre, juillet 1669.
    Aide-major au régiment de Baudeville (depuis Vaubecourt), en 1670.
    Lieutenent de la Colonelle, juillet 1673.
    Capitaine audit régiment, mai 1674.

Major, janvier 1678.
Major de Lille, mars 1690.
Reçu chevalier de l'ordre de Saint-Louis en 1693.
Lieutenant de Roi de la place de Lille, janvier 1703.
Brigadier d'infanterie, août 1706.
Maréchal de camp, janvier 1709.
Mort peu de temps après la paix d'Utrecht.

Du CHATELET (*Florent*), *comte* DE LOMONT,
Aide-de-camp des armées du Roi, avril 1673.
Capitaine dans le régiment Royal, infanterie, décembre 1674.
Capitaine de la deuxième compagnie de grenadiers du régiment Royal, janvier 1675.
Gouverneur de Semeur et grand-bailli d'Aunois, octobre 1684.
Premier colonel du régiment d'infanterie de Ponthieu, août 1685.
Brigadier des armées du Roi, mars 1690.
Reçu commandeur de l'ordre de Saint-Louis le 8 mai 1693.
Commandant à Dunkerque en septembre suivant.
Maréchal-de-camp le 28 du même mois.
Lieutenant-général des armées du Roi, décembre 1702.
Mort le 27 janvier 1732.

CHEVIRAY (*le marquis de*),
Capitaine aux Gardes-Françaises.
Reçu chevalier de l'ordre de Saint-Louis en 1693.

DE CLÉZIEUX,
Sous-brigadier de la première compagnie des Mousquetaires.
Reçu chevalier de l'ordre de Saint-Louis en 1693.

DE CHEVIGNY,
Commandant à Nancy.
Reçu chevalier de l'ordre de Saint-Louis en 1693.

CHEVALIER.
Ingénieur,
Reçu chevalier de l'ordre de Saint-Louis en 1693.

De RICHERAN (*Guy*),
>Ingénieur.
>Capitaine au régiment de la Marine, mai 1677.
>Reçu chevalier de l'ordre de Saint-Louis en 1693.
>Brigadier, janvier 1696.
>Maréchal-de-camp, février 1704.
>Mort le 27 octobre de la même année.

CHAUMÉJAN (*Henri*), *marquis de* FOURILLE,
>Page du Roi.
>Lieutenant au régiment des Gardes-Françaises, mars 1668.
>Capitaine, avril 1677 (le Roi lui ayant accordé, en récompense de la valeur avec laquelle il combattit à la bataille de Cassel, le 11 avril précédent, la compagnie vacante par la mort du sieur de Boissière, tué à cette bataille).
>Brigadier, mars 1693.
>Reçu commandeur de l'ordre de Saint-Louis le 8 mai suivant.
>Mort le 29 février 1720.

De BARS,
>Reçu chevalier de l'ordre de Saint-Louis en 1693.
>Commandant à Traerbach, où il fut tué pendant le siége.

De BARBON,
>Commandant à la citadelle de Verdun.
>Reçu commandeur de l'ordre de Saint-Louis en 1693.

De BRUC (*François*), *marquis de* LA RABLIÈRE;
>Lieutenant, puis capitaine au régiment de Poitou, infanterie, dès 1645.
>Sergent de bataille, août 1653.
>Major du régiment de cavalerie de Montplaisir (depuis Beauvilliers), décembre 1654.
>Mestre-de-camp du régiment de Beauvilliers, octobre 1657.
>Commandant de cavalerie, février 1674.
>Brigadier.
>Visiteur de la cavalerie, octobre 1675.

Maréchal-de-camp, février 1677.

Lieutenant de Roi, commandant à Lille, et gouverneur de Bouchain, octobre 1688.

Lieutenant-général des armées du Roi, mars 1690.

Reçu grand'croix de l'ordre de Saint-Louis, le 8 mai 1693.

Mort en octobre 1704.

DE BIAUDOS DE CASTEJA (*Fiacre*),

Brigadier des armées du Roi.

Gouverneur de Toul.

Reçu commandeur de l'ordre de Saint-Louis en 1693.

BLIN DE SEIGNELAY,

Lieutenant au régiment du chevalier duc, cavalerie.

Reçu chevalier de l'ordre de Saint-Louis en 1693.

DE MONROUX (*Philippe-Marie*),

Aide-major du régiment Piémontais-Ducal, février 1676.

Capitaine au régiment d'infanterie de Saint-Laurent (depuis Nice).

Commandant du second bataillon du même régiment, octobre 1689.

Colonel d'un régiment d'infanterie étrangère, septembre 1690.

Reçu chevalier de l'ordre de Saint-Louis en 1693.

Brigadier, janvier 1696.

Maréchal-de-camp, février 1704.

Commandeur de l'ordre de Saint-Louis, janvier 1706.

Lieutenant-général des armées du Roi, mars 1710.

Mort en 1715.

D'AUGUSTINE DE SEPTEMES,

Capitaine de vaisseaux.

Reçu chevalier de l'ordre de Saint-Louis en 1693.

FRANQUIN DE GUILLERVILLE,

Gouverneur de Bouillon.

Lieutenant-colonel du régiment de Normandie.

Reçu commandeur de l'ordre de Saint-Louis en 1693.

De MARTINVILLE (*Louis*), *seigneur de* Marcilly,
  Lieutenant des gardes-du-corps.
  Reçu chevalier de l'ordre de Saint-Louis en 1693.
  Mort à la suite des blessures qu'il reçut au combat de Leuze.

De MASSOT,
  Mestre-de-camp d'un régiment de cavalerie.
  Brigadier des armées du Roi en 1690.
  Reçu commandeur de l'ordre de Saint-Louis en 1693.

De FRANCE BROUILLÉ,
  Capitaine au régiment de Navarre.
  Reçu chevalier de l'ordre de Saint-Louis en 1693.

Du FERRIER,
  Capitaine au régiment de Forez.
  Commandant à Issoudun.
  Reçu chevalier de l'ordre de Saint-Louis en 1693.

MONTESQUIOU de PRECHA (*Daniel*),
  Volontaire au régiment de Créquy, en 1654.
  Volontaire dans le régiment des Gardes-Françaises en 1655.
  Capitaine au régiment de Champagne, octobre 1658.
  Major, septembre 1675.
  Inspecteur-général de l'infanterie, janvier 1680.
  Lieutenant-colonel, novembre 1681.
  Brigadier, août 1688.
  Maréchal-de-camp, mars 1693.
  Reçu commandeur de l'ordre de Saint-Louis le 8 mai, même année.
  Gouverneur de Roses au mois de juin suivant.
  Gouverneur de Schelestadt en octobre 1699.
  Lieutenant-général des armées du Roi, octobre 1704.
  Mort le 25 juillet 1715.

MAGONTHIER de LAUBANIE (*Yrier*),
  Enseigne au régiment de La Ferté, (depuis la Sarre), mars 1665.
  Lieutenant, août 1666.

Aide-major, février 1668.
Capitaine, novembre 1670.
Ennobli par lettres du 2 janvier 1674.
Major, mars 1675.
Lieutenant-colonel, mai 1680.
Major général de l'infanterie, avril 1684.
Brigadier, février 1686.
Inspecteur général de l'infanterie, octobre 1687.
Maréchal de camp, avril 1691.
Reçu commandeur de l'ordre de Saint-Louis le 8 mai 1693.
Gouverneur de Neuf-Brisach, octobre 1699.
Lieutenant général des armées du Roi, janvier 1702.
Grand'croix de l'ordre de Saint-Louis le 21 octobre 1704.
Mort à Paris en 1706.

Du MAINE (*Léonor-Marie*), *comte* du BOURG,
Page du Roi en 1671.
Mousquetaire en 1673.
Capitaine au régiment de cavalerie de Servon, sept. 1675.
Colonel du régiment royal cavalerie, juin 1677.
Brigadier, 1690.
Inspecteur général de la cavalerie en avril suivant.
Reçu chevalier de l'ordre de Saint-Louis en 1693.
Maréchal de camp, mars de la même année.
Lieutenant général des armées du Roi, janvier 1702.
Chevalier de ses ordres, octobre 1709.
Gouverneur de Belfort, mars 1712.
Maréchal de France, février 1724.
Gouverneur général d'Alsace, avril 1730.
Mort en 1739, doyen du tribunal des maréchaux de France.

De POINTIS (*le baron*),
Chef d'escadre des armées navales.
Reçu chevalier de l'ordre de Saint-Louis en 1693.

Du PONT,
Capitaine au régiment de Piémont.
Reçu chevalier de l'ordre de Saint-Louis en 1693.

DE FIEUX de la PARRA (*Louis*),
Ingénieur.
Capitaine au régiment de Piémont, décembre 1674.
Major de Saint-Guilain, après la prise de cette place.
Major de la citadelle d'Arras en 1681.
Major de Luxembourg, juin 1684.
Brigadier, mars 1693.
Gouverneur de Niort en octobre suivant.
Reçu chevalier de l'ordre de Saint-Louis en la même année 1693.
Maréchal de camp, août 1696.
Lieutenant-général des armées du Roi, juin 1704.
Tué au siége de Barcelonne en avril 1706.

D'ARBON,
Commandant de la citadelle de Verdun.
Reçu commandeur de l'ordre de Saint-Louis en 1693.

D'ALOU,
Lieutenant-colonel, mestre de camp commandant du régiment de Villeroy, cavalerie.
Brigadier des armées du Roi.
Reçu commandeur de l'ordre de Saint-Louis en 1693.

DE BAINS,
Capitaine de cavalerie au régiment de Roquepine.
Colonel, commandant du régiment de Souvré, infanterie.
Reçu chevalier de l'ordre de Saint-Louis en 1693.

DES AUGIERS (*le chevalier*),
Capitaine de vaisseau.
Reçu chevalier de Saint-Louis en 1693.

DE la FOREST,
Lieutenant-colonel du régiment Colonel-général-dragons.
Reçu chevalier de l'ordre de Saint-Louis en 1693.

DE la FITTE,
Capitaine au régiment de Piémont.
Reçu chevalier de l'ordre de Saint-Louis en 1693.

De BERCOURT,
    Mestre de camp, lieutenant du régiment Royal-étranger cavalerie et de celui de Bercourt.
    Reçu chevalier de l'ordre de Saint-Louis en 1693.
    Mort de ses blessures à Barcelonne en 1697.

TRUFFIER D'AUGECOURT, *comte* DE VILLERS,
    Capitaine au régiment de la Reine, infanterie.
    Reçu chevalier de l'ordre de Saint-Louis en 1693.

De VALCROISSANT,
    Gouverneur du fort de l'Escarpe.
    Reçu chevalier de l'ordre de Saint-Louis en 1693.

De SAINTE-FERE,
    Enseigne aux Gardes-Françaises.
    Reçu chevalier de l'ordre de Saint-Louis en 1693.

De SAINT-AMADOUR,
    Capitaine au régiment d'Orléans.
    Reçu chevalier de l'ordre de Saint-Louis en 1693.

COSTENTIN (*Anne-Hilarion*), *comte* DE TOURVILLE,
    Reçu à Malthe dès l'âge de quatre ans, sous le nom de chevalier de Tourville.
    Capitaine de vaisseaux en 1667.
    Lieutenant-général des armées navales en 1682.
    Maréchal de France, mars 1693.
    Reçu chevalier de l'ordre de Saint-Louis en la même année.
    Commandant au pays d'Aunis, par pouvoir, dès le 1.er mai 1696 et 7 mai 1697.
    Mort à Paris le 28 mai 1701.

De FAY-DE-PEIRAUD (*François*), *seigneur* DE LA GIBOTIÈRE,
    Capitaine d'infanterie.
    Major de Belle-Isle, en Bretagne.
    Reçu chevalier de l'ordre de Saint-Louis au mois d'avril 1693.

De CHOISEUL (*Claude*), *comte* de Francières,
    Né le 1.er janvier 1633.
    Gouverneur et bailli de Langres en 1649, sur la démission de son père.
    Mestre-de-camp d'un régiment de cavalerie, mai 1653.
    Brigadier de cavalerie, mai 1667.
    Maréchal-de-camp, avril 1669.
    Lieutenant-général des armées du Roi, février 1676.
    Général, maréchal-de-camp des armées de l'électeur de Cologne, avec la permission du Roi, mars 1684.
    Gouverneur de Saint-Omer, août 1684.
    Chevalier des ordres du Roi le 31 décembre 1688.
    Maréchal de France, mars 1693.
    Reçu chevalier de l'ordre de Saint-Louis en 1693.
    Gouverneur de Valenciennes, septembre 1706.
    Mort le 15 mars 1711.

PUCHOT (*Pierre*), *marquis* des Alleurs,
    Enseigne au régiment des Gardes-Françaises, avril 1672.
    Sous-lieutenant en juin suivant.
    Lieutenant, mars 1673.
    Aide-major, septembre 1675.
    Capitaine, mars 1677.
    Inspecteur-général de l'infanterie, avril 1690.
    Major-général de l'infanterie, mai 1691.
    Gouverneur des ville et château d'Honfleur.
    Brigadier, mars 1693.
    Reçu commandeur de l'ordre de Saint-Louis le 8 mai suivant.
    Envoyé extraordinaire du Roi auprès de l'électeur de Brandebourg en 1697, et près l'électeur de Cologne en 1701.
    Maréchal-de-camp, décembre 1702.
    Envoyé du Roi à Naples, avril 1704.
    Lieutenant-général des armées du Roi le 1.er mai de la même année.

Grand'Croix de l'ordre de Saint-Louis le 8 avril 1707, étant alors ambassadeur à Constantinople.

Mort le 25 avril 1725.

De CANNAULT,
Capitaine au régiment de Champagne, depuis capitaine aux Gardes-Françaises.
Reçu chevalier de l'ordre de Saint-Louis en 1693.

Le CAMUS de FROMENTIÈRE,
Chevalier de l'ordre de Saint-Louis en 1693.

De CAPENDU (*Charles*), vicomte de Boursonne,
Chevalier-commandeur de l'ordre de Saint-Lazare.
Enseigne aux Gardes-Françaises.
Reçu chevalier de l'ordre de Saint-Louis en 1693.

De CANTAN,
Commandant au fort de Strasbourg.
Reçu chevalier de l'ordre de Saint-Louis en 1693.

De CAPITZUCHI de BOLOGNE (*Pierre-Gaston*), seigneur de Bologne de Boncourt ou Bonecourt,
Capitaine de cavalerie.
Reçu chevalier de l'ordre de Saint-Louis en 1693.

Du CAYLA,
Capitaine au régiment de Picardie.
Reçu chevalier de l'ordre de Saint-Louis en 1693.

De la CONTARDIÈRE,
Major du régiment de Dauphiné.
Commandant à Entrevaux.
Reçu chevalier de l'ordre de Saint-Louis en 1693.

De la COMBE,
Ingénieur.
Capitaine au régiment de la marine.
Maréchal-de-camp en 1718.
Reçu chevalier de l'ordre de Saint-Louis en 1693.

ROSEN (*Conrad, marquis de*),
  Cadet dans le régiment des Gardes.
  Cornette dans le régiment de Brinon en 1654.
  Capitaine audit régiment en la même année.
  Lieutenant-colonel du régiment de Rosen, octobre 1667.
  Colonel du même régiment, décembre suivant.
  Brigadier, mars 1675.
  Maréchal-de-camp, janvier 1678.
  Reçu grand'croix de l'ordre de Saint-Louis le 8 mai 1693.
  Maréchal de France, janvier 1703.
  Chevalier des ordres du Roi le 2 février 1705.
  Mort le 3 août 1715.

De ROUSSELET (*François*), comte de Chateauregnaud,
  Enseigne de vaisseaux en 1661.
  Capitaine de vaisseaux en 1664.
  Grand-prieur de l'ordre de Saint-Lazare en Bretagne en 1681.
  Lieutenant-général des armées navales en 1688.
  Reçu grand'croix de l'ordre de Saint-Louis le 8 mai 1693.
  Capitaine-général de la mer Océane, par lettres de Philippes V données à Buen-Retiro le 18 mars 1701.
  Vice-amiral du Levant à la mort du maréchal de Tourville, juin 1701.
  Maréchal de France, janvier 1703.
  Lieutenant-général en Bretagne, avril 1704.
  Chevalier des ordres du Roi, février 1705.
  Mort le 15 novembre 1716.

De BORELLY,
  Lieutenant au régiment de Gobert-Dragon.
  Reçu chevalier de l'ordre de Saint-Louis en 1693.

De BONY,
  Capitaine au régiment de Lyonnais.
  Reçu chevalier de l'ordre de Saint-Louis en 1693.

De BARTHON, *vicomte* de Monbas,
    Mestre-de-camp d'un régiment de cavalerie.
    Brigadier des armées du Roi en 1690.
    Reçu chevalier de l'ordre de Saint-Louis en 1693.

De BEAUSSIER *(Félix)*,
    Capitaine de vaisseaux.
    Reçu chevalier de l'ordre de Saint-Louis en 1693.

Le PRESTRE de VAUBAN *(Sébastien)*, né le 1.er mai 1633,
    Cadet au régiment de Condé en 1651.
    Ingénieur par brevet, mai 1655.
    Lieutenant-colonel du régiment de La Ferté en 1662.
    Capitaine au régiment de Picardie, octobre 1663.
    Lieutenant au régiment des Gardes le 2 septembre suivant.
    Gouverneur de la citadelle de Lille, juin 1668.
    Brigadier, août 1674.
    Maréchal de camp, août 1676.
    Commissaire-général des fortifications de France, janvier 1678.
    Gouverneur de Douay, décembre 1680.
    Lieutenant-général des armées du Roi, août 1688.
    Reçu grand'croix de l'ordre de Saint-Louis le 8 mai 1693.
    Maréchal de France, janvier 1703.
    Chevalier des ordres du Roi, février 1705.
    Mort le 30 mars 1707.
    N. B. Le Roi lui donna quatre pièces de canon pour mettre dans son château.

Du FOSSÉ de la MOTTE *(Louis)*, *comte* de Vatteville,
    Enseigne de la Colonelle du régiment de Roncherolles en 1640.
    Capitaine et major du régiment d'infanterie du Tot.
    Capitaine de cavalerie au régiment de Turenne, décembre 1651.
    Capitaine de cavalerie au régiment d'Orléans, décembre 1665.

Major audit régiment, août 1671.

Mestre-de-camp de cavalerie, mars 1672.

Mestre-de-camp lieutenant du régiment de cavalerie d'Orléans, sur la démission du marquis de Montreval, février 1675.

Brigadier, février 1676.

Pourvu en janvier 1681 de la commanderie d'Abbeville, de l'Ordre de Saint-Lazare, et reçu chevalier dudit ordre le 4 février 1681.

Maréchal de camp, août 1688.

Gouverneur des ville et château de Ham en mars 1693.

Lieutenant-général des armées du Roi le 30 dudit mois.

Reçu commandeur de l'ordre de Saint-Louis le 8 mai 1693.

Mort le 4 septembre 1695.

DE REFUGE (*Pomponne*), *marquis*,

Capitaine dans le régiment de la Reine, avril 1667.

Lieutenant de Roi au bailliage d'Evreux, sur la démission de son frère, avril 1670.

Capitaine au régiment d'infanterie de Bourgogne, janvier 1672.

Colonel du régiment de Bourbonnais, avril 1673.

Brigadier d'infanterie, octobre 1676.

Capitaine d'une compagnie de cadets et nommé gouverneur de Clermont en juin 1685.

Maréchal-de-camp, août 1688.

Reçu chevalier de l'ordre de Saint-Louis en 1693.

Lieutenant-général des armées du Roi, janvier 1696.

Commandant les trois évêchés, août 1704.

Mort le 26 septembre 1712.

DE REGARDS,

Capitaine au régiment de la marine.

Reçu chevalier de l'ordre de Saint-Louis en 1693.

DE REFUGE (*Henri*), *seigneur* de Précy,

Capitaine aux Gardes-Françaises.

Reçu chevalier de l'ordre de Saint-Louis en 1693.
Mort le 13 mars 1725.

DE VIENNE,
Mestre de camp lieutenant du régiment d'Anjou, cavalerie.
Reçu chevalier de l'ordre de Saint-Louis en 1693.

DE MONTENOL,
Aide-major du fort Saint-Jean de Marseille.
Reçu chevalier de l'ordre de Saint-Louis en 1693.

DU GUÉ,
Mousquetaire du Roi.
Reçu chevalier de l'ordre de Saint-Louis en 1693.

DE GUIGNEVILLE,
Major de la citadelle de l'île de Ré.
Reçu chevalier de l'ordre de Saint-Louis en 1693.

PERUSSIS (Louis, comte de),
Capitaine de vaisseaux du Roi.
Gouverneur de Villeneuve-les-Avignon.
Reçu chevalier de l'ordre de Saint-Louis en 1693.

DE LA PEAUDIÈRE,
Capitaine de vaisseaux du Roi.
Reçu chevalier de l'ordre de Saint-Louis en 1693.

DE LOSTANGES (Louis), marquis DE SAINT-ALVÈRE,
Lieutenant aux Gardes-Françaises.
Sénéchal et gouverneur de Quercy.
Reçu chevalier de l'ordre de Saint-Louis en 1693.
Mort noyé en passant la Dordogne en 1705.

DE LOUZE,
Commandant au fort de l'Écluse.
Reçu chevalier de l'ordre de Saint-Louis en 1693.

DE VILLEMANDOR,
Commandant du fort de Kell.
Reçu chevalier de l'ordre de Saint-Louis en 1693.

De NEUVILLE-BEAUVAIS,
Lieutenant-colonel du régiment de Fiennes, cavalerie.
Reçu chevalier de l'ordre de Saint-Louis en 1693.

De NEUVILLE,
Capitaine au régiment de Cayeux, cavalerie.
Reçu chevalier de l'ordre de Saint-Louis en 1693.

De la ROCHE,
Lieutenant au régiment de Tilladet.
Reçu chevalier de l'ordre de Saint-Louis en 1693.

De RICOUSSE,
Capitaine au régiment d'Enghien.
Premier aide-de-camp du duc d'Enghien.
Maître-d'hôtel de Monsieur le Prince.
Reçu chevalier de l'ordre de Saint-Louis en 1693.

D'ESTRÉES (*Jean*, *comte*), né en 1628,
Colonel d'un régiment d'infanterie, de son nom, juin 1637.
D'un autre, aussi de son nom, avril 1646, sur la démission du marquis de Vervins.
Colonel du régiment de Navarre, en février de la même même année, vacant par la mort du marquis de Thémines.
Maréchal-de-camp, février 1649.
Lieutenant-général des armées du Roi, juin 1655.
Lieutenant-général des armées navales en 1668.
Vice-amiral, novembre 1669.
Maréchal de France, mars 1681.
Vice-Roi de l'Amérique, mars 1686.
Chevalier des ordres du Roi, décembre 1688.
Reçu chevalier de l'ordre de Saint-Louis en 1693.
Commandant en Poitou, au pays d'Aunis, en Saintonge en Bretagne, en 1694, 1695, mai 1696 et mai 1697.
Lieutenant-général des comté et évêché de Nantes à la mort du marquis de Molac.
Gouverneur des ville et château de Nantes.

Commandant dans toute la Bretagne, par pouvoir, du 17 juillet 1702, renouvelé le 24 avril 1703.

Mort le 19 mai 1707.

DE LA PIERRE,

Lieutenant de dragons.

Reçu chevalier de l'ordre de Saint-Louis en 1693.

DE PLANQUE.

Capitaine au régiment de Navarre.

Reçu chevalier de l'ordre de Saint-Louis en 1693.

DE CUERS) *Jacques*) *seigneur* DE COGOLIN, dit le *marquis* DE COGOLIN.

Chevalier-commandeur de l'ordre de Saint-Lazare.

Chef-d'escadre des armées navales.

Reçu chevalier de l'ordre de Saint-Louis en 1693.

DE CRÉPY,

Major du régiment du Roi, infanterie.

Reçu chevalier de l'ordre de Saint-Louis en 1693,

D'ESPOCY DES BORDES (*Philippe*),

Capitaine au régiment de Navarre dès 1665.

Major, septembre 1674.

Lieutenant-colonel, mai 1680.

Inspecteur-général de l'infanterie, décembre 1685.

Brigadier, février 1686.

Gouverneur de Landau, par provisions, du 13 mai 1688.

Gouverneur de Philisbourg, par autres provisions, du 26 octobre suivant.

Maréchal-de-camp, avril 1691.

Reçu commandeur de l'ordre de Saint-Louis le 8 mai 1693.

Lieutenant-général des armées du Roi, janvier 1702.

Tué à la bataille de Frédelingue le 14 octobre de la même année.

DE LURCY, *ou* DE LUREY,

Capitaine au régiment de Navarre.

Lieutenant-de-Roi à Nice.

Reçu chevalier de l'ordre de Saint-Louis en 1693.

DE LUSSAN,

Capitaine d'une compagnie de Chevau-légers.

Reçu chevalier de l'ordre de Saint-Louis en 1693.

DE VALKIER,

Capitaine au régiment de Vivans, cavalerie.

Reçu chevalier de l'ordre de Saint-Louis en 1693.

REGNIER DE SAINTE-FOIX,

Lieutenant-de-Roi de Brouage.

Reçu chevalier de l'ordre de Saint-Louis, en 1693.

WALKER,

Capitaine au régiment de Vivans, cavalerie, depuis au régiment de Monin.

Reçu chevalier de l'ordre de Saint-Louis en 1693.

DE SAINT-MARTIN D'AGLIÉ (*Joseph-Philippe-Hyacinthe*), marquis DE RIVAROLLES,

Lieutenant-général des armées du Roi.

Reçu grand'croix de l'ordre de Saint-Louis en 1693.

DE SALERN,

Lieutenant-colonel du régiment de Condé.

Reçu chevalier de l'ordre de Saint-Louis en 1693.

CADRIEU (*Jean, comte* DE),

Brigadier des armées du Roi en mars 1693.

Colonel-lieutenant du régiment de Toulouse, avril suivant.

Reçu chevalier de l'ordre de Saint-Louis en la même année.

Commandant, depuis l'Escaut jusqu'à la mer.

Mort le 12 novembre 1712.

DE VASSON (*Louis*), marquis DE RIGAUVILLE.

Maréchal-des-logis de la première compagnie des Mousquetaires en 1668.

Capitaine au régiment Dauphin, infanterie, novembre, 1671.

Sous-lieutenant au régiment des Gardes-Françaises, mars 1673.

Cornette de la seconde compagnie des Mousquetaires, mai 1674.

Brigadier, avril 1691.

Sous-lieutenant de la seconde compagnie des Mousquetaires, juin 1692.

Reçu chevalier de l'ordre de Saint-Louis en 1693.

Maréchal de camp, janvier 1696.

Lieutenant-général, décembre 1702.

Gouverneur de l'île de Ré, janvier 1704.

Mort dans son gouvernement au mois d'août de la même année.

DE PANNETIER,

Chef d'escadre des armées navales.

Reçu commandeur de l'ordre de Saint-Louis en 1693.

Mort en 1696.

DE NEUVILLE,

Lieutenant au régiment de Langallerie, cavalerie.

Reçu chevalier de l'ordre de Saint-Louis en 1693.

DE VINTIMILLE (*Charles-François* des *Comtes*), *comte* DE VINTIMILLE et de MARSEILLE, *comte* DU LUC,

Commandeur de l'ordre de Saint-Lazarre.

Capitaine de Galères.

Reçu commandeur de l'ordre de Saint-Louis en 1693.

Chevalier des ordres du Roi en 1724.

Conseiller d'état d'épée.

Lieutenant-général du gouvernement de Provence.

Gouverneur de Poquerolles.

Ambassadeur en Suisse, puis à Vienne.

Mort le 19 juillet 1740.

MOLÉ (*Eustache, chevalier*),

Capitaine au régiment de Navarre.

Lieutenant de Roi de Calais.

Brigadier des armées du Roi.

Reçu chevalier de l'ordre de Saint-Louis en 1693.

De MONTIGNY,
   Lieutenant-colonel du régiment des Fusiliers.
   Reçu chevalier de l'ordre de Saint-Louis en 1693.

D'HOUY,
   Capitaine au régiment de la Marine.
   Reçu chevalier de l'ordre de Saint-Louis en 1693.

D'HERBOUVILLE (*Adrien, marquis*),
   Colonel du régiment d'Herbouville.
   Enseigne des gendarmes de la garde.
   Reçu chevalier de l'ordre de Saint-Louis en 1694.
   Brigadier des armées du Roi en la même année.
   Mort le 8 juin 1762.

De SENNEVILLE,
   Major du régiment d'Asfeld, dragons.
   Reçu chevalier de l'ordre de Saint-Louis en 1693.

De SICARD,
   Capitaine de frégates.
   Lieutenant de port à Toulon.
   Reçu chevalier de l'ordre de Saint-Louis en 1693.

Du FOUR (*Louis*), *marquis* De Satillieu ; *seigneur* De Silvestre,
   Aide-major du régiment de cavalerie de marine, juillet 1666.
   Lieutenant de la mestre-de-camp dudit régiment.
   Capitaine dans le régiment de Choiseul, novembre de la même année.
   Capitaine dans le régiment de Paulmy en 1671.
   Mestre-de-camp d'un régiment de cavalerie, depuis Sainte-Aldegonde, mars 1674.
   Inspecteur général de la cavalerie et des dragons, octobre 1679.
   Brigadier de cavalerie, novembre 1681.
   Maréchal-de-camp, mars 1690.
   Gouverneur de Briançon, mars 1693.

Lieutenant-général des armées du Roi, mars suivant.
Reçu commandeur de l'ordre de Saint-Louis en 1693.
Mort en février 1719.

DE ROZAMEL,
Capitaine-lieutenant des Chevau-légers d'Anjou.
Brigadier des armées du Roi.
Reçu chevalier de l'ordre de Saint-Louis en 1693.

DES ROCHES DORANGE (*Nicolas*),
Brigadier des armées du Roi.
Gouverneur des Invalides.
Reçu chevalier de l'ordre de Saint-Louis en 1693, et commandeur en 1694.

DE LA HAYE,
Gouverneur de Saint-Hyppolite en Languedoc.
Reçu chevalier de l'ordre de Saint-Louis en 1693.

LE HARDY DE LA TROUSSE (*Paul-François*),
Lieutenant aux Gardes-Françaises.
Reçu chevalier de l'ordre de Saint-Louis en 1693.

DE HAGET,
Capitaine au régiment de Royal, infanterie.
Reçu chevalier de l'ordre de Saint-Louis, en 1693.

DE HANGVEL (*Alexandre*), marquis DE MANNEVILLETTE et DE CRÈVECŒUR,
Capitaine aux Gardes-Françaises.
Brigadier des armées du Roi.
Gouverneur de l'île de Ré.
Reçu chevalier de l'ordre de Saint-Louis en 1693.

DE DAIS,
Mousquetaire du Roi de la seconde compagnie.
Reçu chevalier de l'ordre de Saint-Louis en 1693.

DAMORESAN,
Lieutenant aux Gardes-Françaises.
Reçu chevalier de l'ordre de Saint-Louis en 1693.

De FRIAMBEAULT,
   Capitaine de vaisseaux du Roi.
   Reçu chevalier de l'ordre de Saint-Louis en 1693.

De la FOUCHARDIÈRE,
   Exempt des gardes-du-corps du Roi.
   Reçu commandeur de l'ordre de Saint-Louis en 1693.

Du BAN (*Pierre*), *comte* de la Feuillée,
   Colonel d'un régiment de cavalerie de son nom, juillet 1654.
   Brigadier de cavalerie, juin 1667.
   Nommé l'un des visiteurs de la cavalerie, novembre 1671.
   Gouverneur de Châtillon-sur-Seine, janvier 1674; puis de Gray et de Dôle, la même année.
   Maréchal-de-camp, février 1676.
   Lieutenant-général des armées du Roi en juin 1678.
   Employé à l'armée de Flandres, sous Monseigneur, en 1694.
   Choisi par le Roi pour se tenir auprès de ce prince, en cas d'attaque.
   Reçu grand'croix de l'ordre de Saint-Louis le 8 mai 1693.
   Mort le 12 mars 1699.

De BLONDELOT (*Jean*),
   Chevalier-commandeur de l'ordre de Saint-Lazare.
   Lieutenant au régiment de Servon-cavalerie.
   Ennobli pour service militaire en 1681.
   Reçu chevalier de l'ordre de Saint-Louis en 1693.

BOLÉ (*Jules-Louis*), *marquis* de Chamlay,
   Maréchal-général-des-logis des camps et armées du Roi.
   Reçu chevalier de l'ordre de Saint-Louis en 1693.
   Grand'croix en 1694.

De GOUZOLLES,
   Capitaine de cavalerie.
   Reçu chevalier de l'ordre de Saint-Louis en 1693.

De GRANDMAISON,
   Capitaine au régiment de Picardie.
   Reçu chevalier de l'ordre de Saint-Louis en 1693.

DE NOAILLES (*Anne-Julles*), duc DE NOAILLES, né le 4 février 1650.
  Capitaine de la compagnie des Gardes-Ecossaises du Roi, en survivance, mars 1661.
  Brigadier en 1665 et 1666, et aide-major en 1667 et 1668, d'une compagnie des gardes-du-corps.
  Aide-de-camp des armées du Roi, avril 1672.
  Brigadier de cavalerie, février 1674.
  Maréchal-de-camp, février 1677.
  Gouverneur-général du Roussillon, février 1678.
  Lieutenant-général des armées du Roi, juin 1682.
  Reçu chevalier de l'ordre de Saint-Louis en 1693.
  Maréchal de France en mars suivant.
  Mort à Versailles le 2 octobre 1708.

DE SOSSIÉ,
  Lieutenant-colonel du régiment de Presle-cavalerie.
  Reçu chevalier de l'ordre de Saint-Louis en 1693.

DE BRESSEY,
  Capitaine au régiment des Fusiliers.
  Reçu chevalier de l'ordre de Saint-Louis en 1693.

DE BRESSY,
  Capitaine au régiment Royal-artillerie.
  Reçu chevalier de l'ordre de Saint-Louis en 1693.

DE BELLECROIX D'ARGENTEAU,
  Lieutenant-colonel de cavalerie.
  Reçu chevalier de l'ordre de Saint-Louis en 1693.

DE BELLEGARDE,
  Mestre-de-camp d'un régiment de cavalerie.
  Brigadier des armées du Roi.
  Reçu commandeur de l'ordre de Saint-Louis en 1693.

HATTE DE CHEVILLY (*Claude*), seigneur DE GRIGNY-SUR-ORGE,
  Cornette dans le régiment de cavalerie de Morins, mars 1668.

Major du régiment Royal-dragons, août 1671.
Capitaine en 1672.
Lieutenant-colonel du régiment Dauphin-Dragons, février 1676.
Mestre-de-camp d'un régiment de dragons de son nom, février 1682.
Lieutenant de Roi de Saint-Omer, octobre 1688.
Lieutenant de Roi d'Ypres, décembre 1691.
Reçu chevalier de l'ordre de Saint-Louis en 1693.
Brigadier en décembre de la même année.
Maréchal-de-camp, janvier 1702.
Lieutenant-général des armées du Roi, octobre 1704.
Mort en 1722.

LE PRESTRE (*Antoine*), Comte DE VAUBAN,
Lieutenant de cavalerie, mars 1672.
Reçu ingénieur en 1673.
Capitaine au régiment de Normandie, janvier 1677.
Brigadier, mars 1693.
Reçu chevalier de l'ordre de Saint-Louis en 1693 et commandeur en 1694.
Maréchal-de-camp, janvier 1702.
Gouverneur de Béthune, septembre 1704.
Lieutenant-général des armées du Roi, octobre 1704.
Reçu grand-croix de l'ordre de Saint-Louis en 1715.
Mort à Béthune *le 10 avril* 1731.

DE LA GRANGE,
Capitaine au régiment de Bourbonnois.
Reçu chevalier de l'ordre de Saint-Louis en 1693.

DE GREGOIRE,
Capitaine au régiment d'Humières.
Reçu chevalier de l'ordre de Saint-Louis en 1693.

DE BERRY (*Charles, duc*),
Reçu chevalier de l'ordre de Saint-Louis en 1693.
Chevalier des ordres du Roi en 1699.
Mort le 3 mai 1714.

De BESOMBES,
> Major de l'île de Ré.
> Ancien capitaine au régiment de Navarre.
> Reçu chevalier de l'ordre de Saint-Louis en 1693.

De LAUNAY,
> Capitaine au régiment de Picardie.
> Reçu chevalier de l'ordre de Saint-Louis en 1693.

De LIGNY,
> Capitaine au régiment de Piémont.
> Reçu chevalier de l'ordre de Saint-Louis en 1693.

De MORNAY (*Gaston Jean-Baptiste*), comte DE MONTCHE-VREUIL,
> Lieutenant au régiment du Roi, janvier 1663.
> Capitaine, octobre 1665.
> Major, août 1673.
> Lieutenant-colonel, février 1676.
> Colonel-lieutenant dudit régiment, avril 1678.
> Brigadier d'infanterie, mars 1683.
> Maréchal-de-camp, août 1688.
> Gouverneur d'Arras et lieutenant-général du pays d'Artois, septembre 1692.
> Lieutenant-général des armées du Roi, par pouvoir, du 30 mars 1693.
> Grand-prieur de l'ordre de Saint-Lazare en Normandie.
> Reçu grand-croix de l'ordre de Saint-Louis le 8 mai 1693.
> Tué à la bataille de Neerwinde le 29 juillet suivant.

BAZIN (*Jacques*), marquis DE BEZONS,
> Mestre-de-camp d'un régiment de cavalerie de son nom en 1675.
> Gouverneur de Carcassonne en 1677.
> Brigadier des armées du Roi en 1688.
> Inspecteur-général de la cavalerie en décembre de la même année.
> Maréchal-de-camp en 1693.

Reçu commandeur de l'ordre de Saint-Louis le 8 mai de la même année.

Directeur-général de la cavalerie en 1694.

Gouverneur de Gravelines en 1700.

Lieutenant-général des armées du Roi, janvier 1702.

Reçu grand'croix de l'ordre de Saint-Louis le 1er. juin 1704.

Gouverneur de Cambray en 1708.

Maréchal de France, mai 1709.

Conseiller au conseil de la régence en 1715.

Chevalier des ordres du Roi le 3 juin 1724.

Mort le 22 mai 1733.

DE LA FAY,
Major de Longwy.
Reçu chevalier de l'ordre de Saint-Louis en 1693.

DE L'ESTOILLE,
Lieutenant au régiment d'Orléans-cavalerie.
Reçu chevalier de l'ordre de Saint-Louis en 1693.

DE LA CHAVINIÈRE ou DE LA CHAUMIERE,
Capitaine au régiment du Roi.
Reçu chevalier de l'ordre de Saint-Louis en 1693.

LA CAZE (le comte de),
Enseigne des gardes-du-corps.
Gouverneur de Cognac.
Reçu commandeur de l'ordre de Saint-Louis en 1693.

DE SOUJON (le chevalier),
Capitaine de vaisseaux du Roi.
Reçu chevalier de l'ordre de Saint-Louis en 1693.

DE LA TREILLE,
Capitaine de vaisseaux du Roi.
Reçu chevalier de l'ordre de Saint-Louis en 1693.

DE GENSAC,
Capitaine au régiment de Navarre.
Commandant à Valence.
Reçu chevalier de l'ordre de Saint-Louis en 1693.

Du FORT,
>Lieutenant-colonel, puis mestre-de-camp du régiment de Catinat-dragons.
>Brigadier des armées du Roi en 1706.
>Reçu chevalier de l'ordre de Saint-Louis en 1693.

CADOT *(Charles-Louis)* marquis de SEBBEVILLE,
>Exempt des gardes-du-corps, compagnie de Luxembourg, en 1674.
>Sous-lieutenant de la compagnie des gendarmes de Berry à sa création, octobre 1690.
>Reçu chevalier de l'ordre de Saint-Louis en 1693.
>Capitaine-lieutenant des Chevau-Légers de la Reine, avril 1699.
>Brigadier, janvier 1702.
>Blessé à la bataille d'Holchstett, où il demeura prisonnier en 1704.
>Maréchal-de-camp en octobre, et lieutenant de Roi du château de Vincennes en la même année 1704.
>Lieutenant-général des armées du Roi en 1710.
>Mort en 1728.

LE CONTE DE NONANT *(Félix)*,
>Cornette de la compagnie Colonelle-Générale de la cavalerie, mars 1667.
>Colonel de cavalerie en décembre suivant, sur la démission du chevalier de Fourilles.
>Premier lieutenant de la compagnie des gendarmes de la garde du Roi.
>Brigadier, février 1667.
>Maréchal-de-camp, août 1668.
>Lieutenant-général des armées du Roi, mars 1693.
>Reçu chevalier de l'ordre de Saint-Louis la même année 1693.
>Mort en juillet 1698.

DE BOULOGNE,
>Capitaine de cavalerie.
>Reçu chevalier de l'ordre de Saint-Louis en 1693.

De la CAILLE,
Capitaine au régiment de Saint-Aignan-cavalerie.
Reçu chevalier de l'ordre de Saint-Louis en 1693.

De CAMPET de SAUJON,
Capitaine de vaisseaux.
Reçu chevalier de l'ordre de Saint-Louis en 1693.

De CORDAIS,
Maréchal-des-logis des gendarmes de Bourgogne.
Reçu chevalier de l'ordre de Saint-Louis en 1693.

JEHANNOT de BARTILLAT (*Nicolas*),
Capitaine au régiment Dauphin-infanterie, juin 1667.
Colonel d'un régiment de cavalerie (depuis Lusignem), janvier 1668.
Brigadier, février 1676.
Inspecteur-général de la cavalerie, octobre 1681.
Maréchal-de-camp, août 1688.
Lieutenant-général des armées du Roi, mars 1693.
Reçu chevalier de l'ordre de Saint-Louis le 1.er février 1694.
Gouverneur de Rocroy, mai 1697.
Mort le 28 septembre 1718.

De GREDER (*François-Laurent*), né le 1.er janvier 1658.
Lieutenant au régiment de Greder, suisse, en 1676.
Lieutenant de la Colonelle du même régiment au commencement de 1679.
Capitaine le 23 décembre suivant.
Colonel du régiment d'infanterie allemande (depuis Anhalt), septembre 1686.
Brigadier, avril 1690.
Reçu chevalier de l'ordre de Saint-Louis le 1.er février 1694.
Maréchal-de-camp, janvier 1696.
Lieutenant-général des armées du Roi en 1704.
Mort le 16 juillet 1716.

De GRILLET de BRISSAC (*Albert*),
Cornette au régiment de cavalerie d'Harcourt-Elbeuf (depuis Rohan) en 1645.

Lieutenant en 1646.
Capitaine en 1650.
Capitaine dans le régiment des Cuirassiers, décembre 1665.
Lieutenant de la compagnie des Gardes-du-corps (depuis Beauvau), janvier 1667.
Avec rang de mestre-de-camp, le 8 juillet suivant.
Gouverneur du fort Pecquai, juin 1673.
Major des Gardes-du-corps, juillet, même année.
Brigadier, février 1677.
Maréchal-de-camp, août 1688.
Gouverneur de Guise, janvier 1691.
Lieutenant-général des armées du Roi, mars 1693.
Reçu chevalier de l'ordre de Saint-Louis le 1.er février 1694.
Lieutenant-général du gouvernement de Saintonge et d'Angoumois, juillet 1709.
Mort le 11 février 1713.

DE SURBECK (*Jean-Jacques*),
Enseigne du régiment des Gardes-suisses en 1663.
Lieutenant en 1665.
Major, août 1682.
Colonel d'un régiment d'infanterie allemande (depuis la Marck), à la mort du comte de Konismarck, octobre 1686.
Major-général de l'infanterie en avril 1690.
Brigadier, avril 1691.
Colonel du régiment suisse Darbonnier, octobre 1692.
Reçu chevalier de l'ordre de Saint-Louis le 1.er février 1694.
Maréchal-de-camp, janvier 1696.
Lieutenant-général des armées du Roi, octobre 1704.
Mort le 5 mai 1714.

MARION (*François-Eustache*), comte DE DRUY,
Aide-de-camp des armées du Roi, avril 1672.
Capitaine, décembre 1673.
Major, novembre 1675.
Mestre-de-camp de cavalerie, en avril 1678, sur la démission du comte de Montal.

Deuxième enseigne de la compagnie écossaise des gardes-du-corps du Roi, janvier 1687.

Brigadier des armées du Roi, avril 1691.

Premier enseigne et troisième lieutenant de sa compagnie en 1693.

Reçu chevalier de l'ordre de Saint-Louis le 1.er février 1694.

Maréchal de camp, janvier 1696.

Premier lieutenant de sa compagnie en 1702.

Lieutenant-général des armées du Roi, décembre, même année.

Commandant de Luxembourg et du duché en 1706.

Mort le 11 février 1712.

De CHANLUES,

Inspecteur des compagnies franches de la marine, à Rochefort.

Reçu chevalier de l'ordre de St.-Louis le 1.er février 1694.

De LIMOGES *(Jean-Baptiste)*, *comte* DE REYNEVILLE,

Lieutenant au régiment de Coislin le 9 août 1671.

Capitaine, mars 1672.

Major de son régiment, novembre 1674.

Major de celui de Royal-cavalerie, 27 février 1677.

Enseigne le 7 octobre suivant, et successivement aide-major général et troisième lieutenant des Gardes-du-Corps, en mars 1681.

Brigadier, mars 1690.

Reçu chevalier de l'ordre de St.-Louis le 1.er février 1694.

Maréchal-de-camp, janvier 1696.

Mort le 1.er septembre 1708.

De LAURIERE,

Capitaine de galiote et d'artillerie.

Reçu chevalier de l'ordre de St.-Louis le 1.er février 1694.

De MONTLEZUN *(Antoine)*, *baron* DE BUSCA,

Capitaine dans le régiment de cavalerie de Villequier dès 1657.

Lieutenant de la compagnie de mestre-de-camp de Villequier, juillet 1660.
Exempt de de la compagnie (depuis Luxembourg), janvier 1667.
Deuxième enseigne à la création de cette charge.
Premier enseigne, juillet 1673.
Deuxième lieutenant, mars 1675.
Brigadier des armées du Roi, janvier 1678.
Premier lieutenant, mars 1681.
Maréchal-de-camp, août 1688.
Gouverneur d'Aigues-Mortes, novembre 1691.
Lieutenant général des armées du Roi, mars 1693.
Reçu chevalier de l'ordre de St.-Louis le 1.er février 1694.
Mort le 27 mai 1715.

De la JONQUIERE,
Major et capitaine au régiment de Soissonnais.
Capitaine de vaisseaux et inspecteur des compagnies franches de la marine, à Toulon.
Reçu chevalier de l'ordre de St.-Louis le 1.er février 1694.

De SÉVIGNÉ *(Jacques-Christophe)*,
Capitaine de vaisseaux du Roi.
Reçu chevalier de l'ordre de St.-Louis le 1.er février 1694.

VILLEPASSANS *(le chevalier de)*,
Lieutenant de galères.
Reçu chevalier de l'ordre de St.-Louis le 1.er février 1694.

MONESTAY *(François)*, marquis de Chazeron,
Capitaine au régiment de cavalerie de Palluau (depuis mestre-de-camp-général et Clérambault lors de sa levée), mai 1646.
Second lieutenant de la compagnie des Gardes-du-Corps (depuis Beauvau), janvier 1667.
Brigadier de cavalerie, janvier 1668.
Gouverneur de Brest en 1672.
Visiteur de la cavalerie, janvier 1675.

Maréchal-de-camp, avril suivant.

Lieutenant-général des armées du Roi, février 1677.

Lieutenant-général au gouvernement de Roussillon, avril 1681.

Nommé chevalier des ordres du Roi le 31 décembre 1688.

Reçu chevalier de l'ordre de St.-Louis le 1.er février 1694.

Mort au mois de décembre 1697.

Du CHALARD,

Capitaine de vaisseaux du Roi.

Reçu chevalier de l'ordre de St.-Louis le 1.er février 1694.

De MACHAULT (*Charles-François*), *seigneur* d'INVILLE et de CHAMBON,

Capitaine de vaisseaux du Roi.

Reçu chevalier de l'ordre de Saint-Louis le 1er. février 1694.

Lieutenant-général des îles françaises et terres fermes en Amérique en 1702.

Mort en 1709.

De VIVIERS,

Chef d'escadre des galères.

Reçu chevalier de l'ordre de St.-Louis le 1er. février 1694.

De JOUSSEAUME *(Esprit)*, *marquis* DE LA BRETÊCHE, né en 1638,

Mousquetaire en 1657.

Capitaine au régiment de cavalerie de Melin en 1658.

Colonel d'un régiment de dragons (depuis Flamarens), février 1675.

Gouverneur des ville et citadelle de Leau en mai 1678.

Gouverneur de Poitiers, en survivance de son père, en septembre suivant.

Gouverneur d'Hombourg et lieutenant-général de la Lorraine allemande, novembre 1680.

Brigadier, mars 1683.

Maréchal-de-camp, août 1688.

Lieutenant-général des armées du Roi, mars 1693.
Reçu chevalier de l'ordre de Saint-Louis le 1er. février 1694.
Mort le 27 juillet 1706.

De LENET (*Louis*), marquis de Larray,
Cornette au régiment de cavalerie de Pilloy, avril 1673.
Colonel-lieutenant du régiment d'infanterie de Conti, 1675.
Colonel du régiment d'infanterie de son nom (depuis Durfort), janvier 1681.
Brigadier d'infanterie, mars 1684.
Inspecteur-général de l'infanterie en octobre suivant.
Maréchal-de-camp, août 1688.
Commandant dans le Dauphiné en la même année.
Gouverneur de Mont-Dauphin, mars 1693.
Lieutenant-général des armées du Roi dans le même mois.
Reçu chevalier de l'ordre de Saint-Louis le 1er. février 1694.
Directeur-général de l'infanterie en décembre suivant.
Mort le 11 mars 1698.

De la FITTE de PELLEPORT (*Abraham-Antoine*), baptisé le 12 juin 1646,
Mousquetaire en 1665.
Capitaine au régiment de Picardie, juin 1666.
Capitaine au régiment de cavalerie des milices d'Alsace, novembre 1677.
Capitaine dans celui de mestre-de-camp-général-cavalerie, février 1681.
Major du même régiment, février 1686.
Reçu chevalier de l'ordre de Saint-Louis le 8 février 1694.
Mestre-de-camp du régiment de Pelleport (depuis Courcelles) le 10 du même mois.
Brigadier, février 1704.
Maréchal-de-camp, mars 1709.
Gouverneur du Mont-Louis, avril 1713.
Lieutenant-général des armées du Roi, février 1719.
Mort au mois d'août 1723.

De NANCLAS (*Isaac*),

Capitaine au régiment de Jonsac (depuis Saint-Maure et Beauvoisis), juillet 1667.

Major, avril 1678.

Major-général de l'infanterie, mars 1684.

Lieutenant-colonel de son régiment en octobre suivant.

Brigadier, mars 1690.

Reçu chevalier de l'ordre de Saint-Louis le 8 février 1694.

Inspecteur-général de l'infanterie en décembre suivant.

Maréchal-de-camp, janvier 1696.

Gouverneur du Mont-Louis, février 1701.

Lieutenant-général des armées du Roi, octobre 1704.

Mort en la même année.

VAGNER (*Maurice*),

Lieutenant de la Colonelle du régiment de Salis dès 1675.

Lieutenant au régiment des Gardes-Suisses en 1676, avec rang de capitaine en 1677, et rang de colonel en mars 1691.

Brigadier d'infanterie, mars 1693.

Reçu chevalier de l'ordre de Saint-Louis le 8 février 1694.

Colonel du régiment des Gardes-Suisses, janvier 1701.

Maréchal-de-camp, janvier 1702.

Mort le 20 juin, même année.

De LISLE (*Louis*),

Capitaine au régiment de Normandie.

Reçu chevalier de l'ordre de Saint-Louis le 8 février 1694.

De LEVIS de LOMAGNE (*Jean-Baptiste-Gaston*), marquis de Mirepoix,

Sous-lieutenant de la 2ᵉ. compagnie des Mousquetaires.

Gouverneur et lieutenant-général des pays et comté de Foix, de Donnezan et d'Andorre.

Reçu chevalier de l'ordre de Saint-Louis le 8 février 1694.

Mort le 26 juillet 1699.

De LIGNON,

Mestre-de-camp de cavalerie.

Reçu chevalier de l'ordre de Saint-Louis le 8 février 1694.

RASSENT *(Jean-François-Paul, marquis de)*,
   Capitaine de cavalerie, décembre 1667.
   Capitaine dans le régiment de Gassion (depuis Ollier), août 1671.
   Mestre-de-camp d'un régiment de cavalerie de son nom, sur la démission du sieur de Grutel, décembre 1677.
   Capitaine dans le régiment Dauphin-Étranger, octobre 1682.
   Brigadier, mars 1693.
   Reçu chevalier de l'ordre de Saint-Louis le 8 février 1694.
   Maréchal-de-camp, janvier 1702.
   Lieutenant-général des armées du Roi, octobre 1704,
   Gouverneur des ville et château d'Arques.
   Mort le 4 septembre 1718.

De VAUCIEUX,
   Colonel du régiment d'Auxerrois en 1692.
   Reçu chevalier de l'ordre de Saint-Louis le 8 février 1694.

De MORMÈS de SAINT-HILAIRE *(Armand)*,
   Lieutenant-général de l'artillerie de Flandres, septembre 1665, en survivance de son père.
   Brigadier, mars 1693.
   Reçu chevalier de l'ordre de Saint-Louis le 8 février 1694.
   Maréchal-de-camp, février 1702.
   Lieutenant-général des armées du Roi, octobre 1704.
   Commandeur le 6 février 1707.
   Grand'croix le 1er. janvier 1720.
   Gouverneur de Belle-Isle, avril 1726.
   Mort le 24 novembre 1740.

De LANDAIS du REPAIRE,
   Capitaine au régiment de Bissy, cavalerie.
   Reçu chevalier de l'ordre de Saint-Louis le 8 février 1694.

RAINIER de DROUÉ de BOISSELEAU *(Alexandre)*,
   Cadet au régiment des Gardes, 1667.
   Enseigne, février 1670.
   Sous-lieutenant, février 1674.

Lieutenant, mai 1675.
Capitaine, avril 1679.
Major-général de l'armée d'Irlande en 1689.
Brigadier en octobre de la même année.
Gouverneur de Charleroy, 1693.
Reçu chevalier de l'ordre de Saint-Louis le 8 février 1694.
Maréchal-de-camp, janvier 1696.
Mort le 8 octobre 1698.

De CASTELLAS,
Commandant au château de Dinan.
Reçu chevalier de l'ordre de Saint-Louis le 8 février 1694.

MACHET (Jean-Barthélemy),
Chevalier, commandeur de l'ordre de Saint-Lazare.
Capitaine-lieutenant de la compagnie générale des Suisses et Grisons.
Nommé chevalier de l'ordre de Saint-Louis le 8 février, et reçu par le Roi le 9 mars 1694.
Mort le 15 juin 1695.

De LONGUEVAL,
Capitaine au régiment de Thianges, cavalerie.
Reçu chevalier de l'ordre de Saint-Louis le 8 février 1694.

De VISSEC (François), comte DE GANGES,
Colonel d'un régiment de dragons.
Lieutenant de Roi de la province de Languedoc.
Reçu chevalier de l'ordre de Saint-Louis le 8 février 1694.
Mort à Avignon au mois de novembre 1741.

De VIENNE,
Mestre-de-camp du régiment de Vienne, cavalerie.
Reçu chevalier de l'ordre de Saint-Louis le 8 février 1694.

De CARVOISIN (François-Philippe), marquis D'ACHY,
Reçu chevalier de l'ordre de Saint-Louis le 8 février 1694.
Chef de brigade des Carabiniers, avec rang de mestre-de-camp, en 1704.
Mort en 1718.

VERDUSAN *(Louis, seigneur de)*,

Capitaine au régiment Dauphin, infanterie.
Colonel, commandant au fort de Nieulet, près Calais.
Reçu chevalier de l'ordre de Saint-Louis le 8 février 1694.

DE MARANS DE VARENNES,

Commissaire provincial d'artillerie.
Reçu chevalier de l'ordre de Saint-Louis le 8 février 1694.

MARCHIN *(Ferdinand, comte de)*,

Né à Malines le 10 février 1656.
Entré au service de France après la mort de son père, et pourvu de la compagnie des gendarmes de Flandres à sa création, le 12 avril 1673.
Brigadier des armées du Roi, août 1688.
Maréchal-de-camp, mars 1693.
Reçu chevalier de l'ordre de Saint-Louis le 8 février 1694.
Directeur général de la cavalerie, novembre 1695.
Lieutenant général des armées du Roi, juin 1701.
Ambassadeur extraordinaire auprès de Philippe V, au mois d'août 1701.
Chevalier des ordres du Roi le 2 février 1703.
Maréchal de France, octobre même année.
Gouverneur de Valenciennes, avril 1705.
Mort le 9 septembre 1706.

D'ESTAING *(François)*, comte DE SAILLANT,

Cadet de la compagnie de Lauzun des gardes-du-corps du Roi, en 1671.
Enseigne de la compagnie des gendarmes de la Reine, mai 1677.
Sous-lieutenant de cette compagnie, mai 1682.
Capitaine-lieutenant des gendarmes Dauphin, à la mort du marquis de Soyecourt, août 1690.
Reçu chevalier de l'ordre de Saint-Louis le 8 février 1694.
Brigadier, avril suivant.
Maréchal-de-camp, janvier 1702.

Lieutenant général des armées du Roi, février 1704.

Lieutenant général des pays, évêché et comté de Verdun, juin 1705.

Gouverneur de Châlons dans le même mois.

(Le Roi lui donna le gouvernement de Douay en 1718, vacant par la mort de M. de Pommereuil, la survivance à son fils en décembre suivant, et celle de la lieutenance générale du Verdunois en avril 1721.)

Chevalier des ordres du Roi, le 3 juin 1724.

Mort le 20 mars 1732.

De VELLE,

Capitaine de carabiniers.

Reçu chevalier de l'ordre de Saint-Louis le 8 février 1694.

De MAZELIERES, ou de la MAZELIERE,

Capitaine au régiment des Vaisseaux.

Reçu chevalier de l'ordre de Saint-Louis le 8 février 1694.

De LANÇON,

Reçu chevalier de l'ordre de Saint-Louis le 8 février 1694.

De NETTANCOURT-D'HAUSSONVILLE (Louis-Claude), comte de Vaubecourt,

Gouverneur de Châlons et lieutenant-général du pays Verdunois, en survivance de son père, en janvier 1673.

Colonel d'un régiment d'infanterie de son nom (depuis Talaru), février 1677.

Inspecteur général d'infanterie, juillet 1687.

Brigadier, août 1688.

Maréchal-de-camp, avril 1692.

Reçu chevalier de l'ordre de Saint-Louis le 8 février 1694.

Lieutenant général des armées du Roi, janvier 1696.

Tué en Italie le 17 mai 1705.

De MANIÈRES,

Lieutenant-colonel du régiment de Vivans, cavalerie.

Reçu chevalier de l'ordre de Saint-Louis le 8 février 1694.

Tom. I.

DE LYONNE *(Henri)*, *comte* DE SERVON,
Lieutenant au régiment de Piémont.
Capitaine, décembre 1652.
Capitaine dans le régiment de cavalerie d'Humières, décembre 1665.
Major, juin 1666.
Mestre-de-camp du régiment de cavalerie de Ventadour, avril 1673.
Colonel d'un régiment de cavalerie de son nom (depuis Beauvilliers), juillet 1680.
Brigadier, août 1688.
Inspecteur général de la cavalerie et des dragons en décembre suivant.
Maréchal-de-camp, mars 1693.
Reçu chevalier de l'ordre de Saint-Louis le 8 février 1694.
Mort le 23 avril 1697.

DE LA CAZE BULAGNIER,
Capitaine au régiment de Brie.
Reçu chevalier de l'ordre de Saint-Louis le 8 février 1694.

DE LORT *(Guillaume)*, *comte* DE SERIGNAN,
Lieutenant au régiment de Ventadour, mai 1667, avec rang de capitaine, le 10 décembre suivant.
Exempt des gardes du Roi en 1669.
Deuxième aide-major en 1673.
Premier aide-major, juillet 1674.
Lieutenant de Roi de Montélimart, juillet 1677, avec rang d'enseigne, le 20 septembre suivant.
Grand-bailli d'Ipres, février 1679, avec rang de lieutenant le 8 mars 1681, et rang de mestre-de-camp de cavalerie le 1.er septembre 1688.
Brigadier de cavalerie, mars 1693.
Reçu chevalier de l'ordre de Saint-Louis le 8 février 1694.
Gouverneur de Ham à la mort du comte de Watteville, avril 1697.

Maréchal-de-camp, janvier 1702.

Confirmé dans son gouvernement de Ham, quoiqu'ayant cédé la survivance au comte de Grammont.

Mort le 8 mai 1721.

DE JUSSAY,

Reçu chevalier de l'ordre de Saint-Louis le 8 février 1694.

MAUROY *(Denis-Simon, marquis de)*,

Cornette au régiment de cavalerie de Calvo.

Capitaine au régiment d'Ollier, 3 octobre 1674.

Major, 12 avril 1678.

Lieutenant-colonel du régiment de Courtebonne, décembre 1688.

Mestre-de-camp d'un régiment de cavalerie de son nom, mars 1690.

Gouverneur de Tarascon en octobre suivant.

Reçu chevalier de l'ordre de Saint-Louis le 8 février 1694.

Brigadier, janvier 1702.

Inspecteur général de la cavalerie, avril 1703.

Maréchal-général-des-logis de la cavalerie de l'armée d'Italie, même année.

Maréchal-de-camp, février 1704.

Lieutenant-général des armées du Roi, mars 1718.

Mort le 16 mai 1742.

IMBAUT *(René-Charles), seigneur* DE MARIGNY,

Commissaire provincial d'artillerie.

Nommé chevalier de l'ordre de S.-Louis le 8 février 1694.

DE MONTESQUIOU *(Joseph), comte* D'ARTAGNAN, né le 27 mars 1651.

Mousquetaire en 1668.

Enseigne au régiment des Gardes, juillet 1673.

Sous-lieutenant, février 1674.

Sous-aide-major à la création de cette charge, novembre 1679.

Lieutenant de la compagnie Colonelle en décembre suivant.

Aide-major, février 1681.

Capitaine-lieutenant de la Colonelle, novembre 1682.

Cornette de la première compagnie des Mousquetaires, juillet 1684.

Brigadier des armées du Roi, avril 1691.

Deuxième sous-lieutenant de la première compagnie des Mousquetaires, à la création de cette charge, le 1.er février 1693.

Premier sous-lieutenant de la compagnie, novembre suivant.

Reçu chevalier de l'ordre de Saint-Louis le 8 février 1694.

Maréchal-de-camp, janvier 1696.

Gouverneur du fort d'Exiles, mars 1699.

Lieutenant-général des armées du Roi, décembre 1702.

Capitaine-lieutenant de la première compagnie des Mousquetaires, février 1716.

Gouverneur des ville et château de Nîmes, avril 1719.

Reçu chevalier des ordres du Roi le 3 juin 1724.

Mort le 4 janvier 1729.

DE CERISY,

Mestre-de-camp-lieutenant du régiment de Condé, cavalerie.

Reçu chevalier de l'ordre de Saint-Louis le 8 février 1694.

VAUDREY *(Jean-Charles, comte de)*,

(D'abord chanoine de Besançon).

Capitaine de grenadiers au régiment de Mérode (depuis Tournon), octobre 1688.

Colonel du régiment d'infanterie de la Sarre, décembre 1691, vacant par la mort du comte de Braque.

Reçu chevalier de l'ordre de Saint-Louis le 8 février 1694.

Brigadier, avril suivant.

Inspecteur général de l'infanterie, décembre de la même année.

Maréchal-de-camp, septembre 1702.

Lieutenant-général des armées du Roi, octobre 1704.

Mort d'une blessure qu'il reçut à la bataille de Cassano le 16 août 1705.

De CHAMOUSSEAU,
Commandant au fort du Rhin de Strasbourg.
Reçu chevalier de l'ordre de Saint-Louis le 8 février 1694.

De VASSIGNAC (*Jean*), *marquis* d'Imecourt,
Lieutenant réformé au régiment de Turenne, 1672.
Cornette au régiment de Vins (depuis Cornas et Ruvigny), et capitaine à la mort de son oncle, octobre même année.
Capitaine au régiment de la Valette, septembre 1682.
Lieutenant-colonel du régiment de cavalerie d'Imecourt (depuis Chartres), août 1688.
Colonel du même régiment, décembre 1689, sur la démission de son père.
Brigadier, mars 1693.
Reçu chevalier de l'ordre de Saint-Louis le 8 février 1694.
Gouverneur de Montmédy à la mort de son père, juin 1697.
Maréchal-de-camp, janvier 1702.
Lieutenant-général des armées du Roi, octobre 1704.
Premier lieutenant de la compagnie des Chevau-légers de la garde, 18 juillet 1718.
Mort au mois de mars, 1745.

JARZÉ (*le marquis de*),
Colonel d'infanterie.
Reçu chevalier de l'ordre de Saint-Louis le 8 février 1694.

De FORBIN (*Joseph*), *marquis* de Janson,
Capitaine au régiment de cavalerie de Rocque-Vieille, octobre 1683.
Capitaine au régiment Royal, août 1688.
Gouverneur d'Antibes à la mort de son père, juillet 1692.
Premier enseigne de la première compagnie des Mousquetaires, février 1693, avec rang de mestre-de-camp, le 4 avril suivant.

Second sous-lieutenant de cette compagnie, le 1.er novembre de la même année.

Reçu chevalier de l'ordre de Saint-Louis le 8 février 1694.

Brigadier de cavalerie, janvier 1702.

Maréchal-de-camp, octobre 1704.

Mort au mois de janvier 1728.

De JAILLET,

Major du régiment de Chartres.

Reçu chevalier de l'ordre de Saint-Louis le 8 février 1694.

De VIGNY (*Jean-Baptiste*),

Entré très-jeune au service dans le corps de l'artillerie.

Capitaine de fusiliers, septembre 1674.

Choisi par le Roi, à la création du régiment des Bombardiers, pour en être lieutenant-colonel.

Créé lieutenant-général de l'artillerie en 1688.

Brigadier, mars 1693.

Reçu chevalier de l'ordre de Saint-Louis le 8 février 1694.

Capitaine-général des Bombardiers de France (le Roi ayant créé cette charge en sa faveur), mars 1697.

Maréchal-de-camp, janvier 1702.

Mort le 16 janvier 1707.

De VILLEDIEU,

Lieutenant de grenadiers au régiment de Vaisseaux.

Reçu chevalier de l'ordre de Saint-Louis le 8 février 1694.

De VILLARDIS de QUINSON (*Jean-Raimond*), comte de Quinson,

Capitaine au régiment d'infanterie-Étranger de M. le duc d'Anjou.

Capitaine dans celui de cavalerie de Maussay, mars 1657.

Major du régiment de Foucault, juin 1666.

Mestre-de-camp d'un régiment de cavalerie de son nom, août 1671.

Brigadier de cavalerie, février 1686.

Inspecteur général de la cavalerie, décembre 1688.
Maréchal-de-camp, mars 1690.
Lieutenant-général des armées du Roi, mars 1693.
Reçu chevalier de l'ordre de Saint-Louis le 8 février 1694.
Lieutenant-général au gouvernement de Roussillon, janvier 1698.
Mort à Perpignan, le 7 mars 1713.

MONTGOMERY (*Jean, comte de*),
Capitaine de Chevau-légers, juillet 1667.
Colonel d'un régiment de cavalerie de son nom, juillet 1675, à la mort de M. de Montgeorges.
Brigadier, mars 1690.
Reçu chevalier de l'ordre de Saint-Louis le 8 février 1694.
Inspecteur général de la cavalerie en décembre de la même année.
Maréchal-de-camp, janvier 1696.
Mort le 11 mars 1731.

DE VERGEUR DE LA GRANCHE DE COURLANDON (*Charles*),
Lieutenant au régiment de cavalerie de Schomberg, mars 1672.
Capitaine en octobre suivant, et major de son régiment en juillet 1676.
Lieutenant-colonel du régiment Dauphin-Étranger, février 1686.
Mestre-de-camp d'un régiment de cavalerie de son nom, novembre 1691.
Reçu chevalier de l'ordre de Saint-Louis le 8 février 1694.
Brigadier, janvier 1702.
Maréchal-de-camp, février 1704.
Mort au mois de février 1706.

DE LASCARIS (*Jacques*),
Chevalier honoraire de l'ordre de Malte.
Capitaine au régiment de Bourbonnais.
Commandant à Charleville et au Mont-Olympe.

Gouverneur du Fort des Bains.

Reçu chevalier de l'ordre de Saint-Louis le 8 février 1694.

Mort le 28 avril 1698.

DE LA ROCHEFOUCAUD DE ROYE (*François*), *comte* DE ROUCY, connu sous le nom de *marquis de* CHEF-BOUTONNE,

Capitaine au régiment de cavalerie de Montauger, décembre 1676.

Mestre-de-camp d'un régiment de cavalerie de son nom, sur la démission du sieur de Bulonde, février 1684.

Capitaine-lieutenant de la compagnie des Gendarmes-Écossais, mai 1692.

Brigadier, mars 1693.

Reçu chevalier de l'ordre de Saint-Louis en 1694.

Maréchal-de-camp, janvier 1696.

Lieutenant-général des armées du Roi, décembre 1702.

Gouverneur de Bapaume, février 1721.

Mort le 29 novembre de la même année.

DE RIOTOR (*François*), *marquis* DE VILLEMEUR,

Lieutenant au régiment du Roi dès 1667.

Aide-major, février 1670.

Capitaine, septembre 1674.

Capitaine des grenadiers à cheval à la mort de son frère, tué au combat de Leuse, novembre même année.

Reçu chevalier de l'ordre de Saint-Louis en 1694.

Brigadier, janvier 1702.

Maréchal-de-camp, octobre 1704.

Lieutenant-général des armées du Roi, mars 1718.

Mort le 14 octobre 1735.

DE PONTAC-BEAUTIRAN (*le chevalier*),

Capitaine de frégate.

Reçu chevalier de l'ordre de Saint-Louis en 1694.

POULET,

Capitaine au régiment de Piémont.

Reçu chevalier de l'ordre de Saint-Louis en 1694.

D'USSON DE BONNAC (*Jean*), *marquis* D'USSON,
  Capitaine au régiment d'infanterie de Turenne en 1672.
  Capitaine dans le régiment de Gassion, juillet 1674.
  Major du régiment Royal-Dragons, janvier 1677.
  Colonel du régiment d'infanterie de Touraine, septembre 1680.
  Inspecteur-général d'infanterie, décembre 1688.
  Brigadier, mars 1690.
  Maréchal-de-camp, janvier 1691.
  Reçu chevalier de l'ordre de Saint-Louis en 1694.
  Lieutenant-général des armées du Roi, janvier 1696.
  Commandeur de l'ordre de Saint-Louis le 18 février 1699.
  Mort le 24 septembre 1705.

DE SANGUION,
  Lieutenant-colonel de cavalerie.
  Reçu chevalier de l'ordre de Saint-Louis en 1694.

DE TREBON,
  Maréchal-des-logis, puis enseigne de la deuxième compagnie des Mousquetaires.
  Reçu chevalier de l'ordre de Saint-Louis en 1694.

DE FILLEY (*Pierre*),
  Ingénieur.
  Capitaine au régiment d'infanterie de Vendôme, août 1680.
  Reçu chevalier de l'ordre de Saint-Louis en 1694.
  Brigadier d'infanterie, septembre 1695.
  Maréchal-de-camp, novembre 1703.
  Tué le 9 décembre 1705, au siége de Nice.

DE MARIGNY,
  Major de Thionville.
  Reçu chevalier de l'ordre de Saint-Louis en 1694.

DES PARELLES,
  Reçu chevalier de l'ordre de Saint-Louis en 1694.

MIOLLAIS (*François-Jacques*), *seigneur* de Maurepart et de la Sauvagère,

Commissaire provincial d'artillerie.

Reçu chevalier de l'ordre de Saint-Louis en 1694.

ROUAULT (*Claude-Jean-Baptiste-Hyacinthe-Joachim*), *comte* de Cayeux, et depuis *marquis* de Gamaches,

Cornette de la compagnie Mestre-de-Camp du régiment du Mesnil-Montauban, mars 1674.

Mestre-de-camp du régiment de cavalerie de Crussol, mai 1795.

Brigadier, mars 1690.

Reçu chevalier de l'ordre de Saint-Louis en 1694.

Nommé premier gentilhomme de la chambre de monseigneur le duc d'Orléans, (alors duc de Chartres), le 26 février 1695.

Maréchal-de-camp, janvier 1696.

Menin de M. le duc de Bourgogne en 1702.

Lieutenant-général des armées du Roi en décembre suivant.

Gouverneur de Saint-Valery à la mort de son neveu, septembre 1704.

Mort le 2 décembre 1726.

De RIQUET de BONREPOS (*Pierre-Paul*), *comte* de Caraman,

Enseigne au régiment des Gardes-Françaises le 6 juillet 1666.

Lieutenant, janvier 1668.

Capitaine, février 1675.

Brigadier des armées du Roi, avril 1691.

Reçu chevalier de l'ordre de Saint-Louis en 1694.

Maréchal-de-camp, janvier 1696.

Lieutenant-général des armées du Roi, décembre 1702.

Lieutenant-colonel du régiment des Gardes, juin 1705.

Reçu grand-croix de l'ordre de Saint-Louis en la même année.

Mort le 25 mars 1730.

POLASTRON (*Denis, comte de*),
 Enseigne au régiment du Roi le 2 janvier 1663.
 Lieutenant en octobre suivant.
 Aide-major, octobre 1665.
 Capitaine, janvier 1667.
 Major, février 1676.
 Lieutenant-colonel, octobre 1678.
 Brigadier des armées du Roi, février 1686.
 Maréchal-de-camp, avril 1691.
 Gouverneur de Castillon le 27 mars 1693.
 Reçu grand'croix de l'ordre de Saint-Louis en 1694.
 Lieutenant-général des armées du Roi, janvier 1696.
 Gouverneur du Mont-Dauphin, mars 1698.
 Commandant dans les évêchés de Saint-Malo, de Dôle et de Saint-Brieux, juillet 1701.
 Mort le 28 février 1706.

De MARIGNY,
 Commissaire d'artillerie.
 Reçu chevalier de l'ordre de Saint-Louis en 1694.

De MILON,
 Lieutenant-colonel du régiment de la Châtre, infanterie.
 Reçu chevalier de l'ordre de Saint-Louis en 1694.

RICARD de GOURDON de GENOUILLAC (*François*), comte de Vaillac,
 Capitaine au régiment de cavalerie de Carcado, août 1671.
 Major le 20 novembre 1675.
 Lieutenant-colonel du régiment de Lomaria, février 1686.
 Colonel d'un régiment de cavalerie de son nom, octobre 1689.
 Reçu chevalier de l'ordre de Saint-Louis en 1694.
 Brigadier, janvier 1696.
 Maréchal-de-camp, décembre 1702.
 Lieutenant-général des armées du Roi, octobre 1704.
 Mort le 22 juin 1707.

LANNION (*Pierre, comte de*),
    Volontaire en Hongrie en 1663.
    Capitaine au régiment du Colonel-Général de la cavalerie, mars 1666.
    Sous-lieutenant des gendarmes d'Anjou (depuis Aquitaine), à la création de ce corps, janvier 1670.
    Mestre-de-camp de cavalerie, mars 1673.
    Capitaine-lieutenant des gendarmes de la Reine, mai 1677.
    Brigadier de cavalerie, août 1688.
    Maréchal-de-camp, mars 1693.
    Reçu chevalier de l'ordre de Saint-Louis en 1694.
    Lieutenant-général des armées du Roi, janvier 1702.
    Gouverneur de Saint-Malo à la mort de M. Guémadeuc.
    Mort le 26 mai 1717.

DE SALANDREF,
    Major du régiment de Toulouse, infanterie.
    Reçu chevalier de l'ordre de Saint-Louis en 1694.

DE MARNAIS DE LA BASTIE (*Joseph*), *chevalier* DE SAINT-ANDRÉ,
    Volontaire en 1685.
    Sous-lieutenant en 1686.
    Lieutenant dans le régiment de Picardie en 1688.
    Reçu chevalier de l'ordre de Saint-Louis en 1694.
    Capitaine le 17 novembre 1701.
    Major au régiment de cavalerie de Bissy le 15 novembre 1702.
    Brigadier, février 1719.
    Inspecteur général de la cavalerie et des dragons, septembre 1729.
    Lieutenant de Roi des Invalides, juin 1730.
    Maréchal-de-camp, février 1734.
    Commandeur de l'ordre de Saint-Louis le 1.er juillet 1736.
    Gouverneur de l'hôtel royal des Invalides le 11 janvier 1738.
    Mort le 18 octobre 1742.

De VALLAVOUR,
    Mestre-de-camp de cavalerie.
    Lieutenant-colonel du régiment Colonel-Général.
    Reçu chevalier de l'ordre de Saint-Louis en 1694.

MONTESSON (*Jean-Baptiste, comte de*),
    Cadet dans les Gardes-du-Corps dès 1672.
    Exempt de la compagnie (depuis Villeroy), décembre 1674.
    Troisième enseigne de sa compagnie, octobre 1684.
    Deuxième enseigne, janvier 1687, avec rang de Mestre-de-camp de cavalerie, septembre 1688.
    Premier enseigne, avril 1690.
    Lieutenant, octobre 1691.
    Second lieutenant, novembre 1693.
    Reçu chevalier de l'ordre de Saint-Louis en 1694.
    Brigadier en avril suivant.
    Maréchal-de-camp, janvier 1702.
    Lieutenant-général des armées du Roi, octobre 1704.
    Premier lieutenant de sa compagnie, mars 1705.
    Commandant la maison du Roi en juin 1709.
    Gouverneur de Saint-Quentin en octobre de la même année.
    Mort le 25 avril 1731.

De L'ISLE,
    Commandant de bataillon au régiment de Normandie.
    Reçu chevalier de l'ordre de Saint-Louis en 1694.

REYNACK (*Hubert-Adrien, comte de*),
    Capitaine au régiment d'Alsace en 1656.
    Major, janvier 1668.
    Lieutenant-colonel, janvier 1687.
    Brigadier d'infanterie, août 1688.
    Maréchal-de-camp, mars 1693.
    Reçu chevalier de l'ordre de Saint-Louis en 1694.
    Mort le 31 juillet 1696, des blessures qu'il avait reçues la veille en combattant avec la plus grande valeur.

SAINT-MAURIS (*Charles-César, marquis de*),

D'abord attaché au service d'Espagne, venu en France avec le régiment de Chevreau, fait capitaine audit régiment le 16 août 1674.

Colonel d'un régiment de cavalerie de son nom, août 1688.

Brigadier, septembre 1690.

Inspecteur de la cavalerie et des dragons, octobre 1691.

Reçu chevalier de l'ordre de Saint-Louis en 1694.

Maréchal-de-camp, janvier 1696.

Commandeur de l'ordre de Saint-Louis le 1.er octobre 1701.

Lieutenant-général des armées du Roi, décembre 1702.

Mort au mois de mai 1704.

De la TOUR du FISCQ,

Capitaine au régiment de la Châtre.

Reçu chevalier de l'ordre de Saint-Louis en 1694.

Du DEFFEND *Jean-Baptiste) marquis* DE LA LANDE,

Major au régiment de Dragons du Rancher, juillet 1676.

Colonel d'un régiment de Dragons (depuis la Ferronays), mars 1678.

Brigadier, mars 1690.

Reçu chevalier de l'ordre de Saint-Louis en 1694.

Lieutenant-général au gouvernement de l'Orléanais, juin 1695.

Maréchal-de-camp, janvier 1696.

Lieutenant-général des armées du Roi, février 1704.

Gouverneur de Neuf-Brisach en juin suivant.

Mort au mois de décembre 1728.

SAILLY (*Aimard-Louis, marquis de*), né le 27 décembre 1655.

Page du Roi en 1672.

Capitaine au régiment de la Reine-Dragons, novembre 1675, et major le 7 janvier suivant.

Mestre-de-camp d'un régiment de dragons de son nom, en 1688.

Brigadier, avril 1691.
Reçu chevalier de l'ordre de Saint-Louis en 1694.
Maréchal-de-camp, janvier 1696.
Lieutenant-général des armées du Roi, octobre 1704.
Commandeur de l'ordre de Saint-Louis, le 8 avril 1707.
Gouverneur de Saint-Venant, juin 1722.
Mort le 11 décembre 1725.

De REGNIER (*Louis*), *marquis* de Guerchy,
Mousquetaire en 1684.
Capitaine dans le régiment Dauphin, novembre 1685.
Colonel du régiment d'infanterie de Thiérache, octobre 1692.
Reçu chevalier de l'ordre de Saint-Loius en 1694.
Brigadier, janvier 1702.
Colonel-lieutenant du régiment royal des vaisseaux, août suivant.
Maréchal-de-camp, octobre 1704.
Lieutenant-général des armées du Roi, mars 1710.
Gouverneur des ville et château de Saint-Sébastien, août 1719, jusqu'en 1720 que cette place fut rendue à l'Espagne en exécution de la paix.
Gouverneur d'Huningue, mars 1733.
Chevalier des ordres du Roi, le 17 mai 1739.
Mort en février 1748.

De l'ISLE du VIGIER,
Mestre-de-camp de cavalerie.
Reçu chevalier de l'ordre de Saint-Louis en 1694.

De SAINT-MARTIN,
Capitaine de grenadiers au régiment de Piémont.
Reçu chevalier de l'ordre de Saint-Louis en 1694.
Tué au combat de Lazara en 1702.

RAVEND (*Jean-François*), *marquis* de Saint-Frémont,
Mousquetaire en 1672.
Major du régiment de la Reine-Dragons, septembre 1673, et lieutenant-colonel en septembre 1674.

Mestre-de-camp d'un régiment de dragons de son nom, août 1688.
Brigadier, mars 1690.
Maréchal-de-camp, mars 1693.
Reçu chevalier de l'ordre de Saint-Louis en 1694.
Lieutenant-général des armées du Roi, janvier 1702.
Gouverneur de Maubeuge, janvier 1706.
Mort le 17 juin 1722.

LE PRUILVETAT,
Commandant d'artillerie.
Reçu chevalier de l'ordre de Saint-Louis en 1694.

NARBONNE (*Jacques, marquis de*),
Capitaine et major dans plusieurs régimens.
Lieutenant-colonel dans celui de Saint-Germain-Beaupré (depuis Royal-Pologne), février 1686.
Colonel d'un régiment de cavalerie, septembre 1689.
Inspecteur-général de la cavalerie, novembre 1690.
Reçu chevalier de l'ordre de Saint-Louis en 1694.
Brigadier, avril 1694.
Maréchal-de-camp, janvier 1702.
Lieutenant-général des armées du Roi, octobre 1704.
Commandeur de l'ordre de Saint-Louis le 14 octobre 1705.
Mort au mois d'octobre 1711.

DE SEIGNAN,
Capitaine au régiment de Guiche.
Reçu chevalier de l'ordre de Saint-Louis en 1694.

DE REYNOLD (*François*),
Lieutenant de la compagnie de son père, au régiment des Gardes-Suisses, dès 1653.
Capitaine d'une compagnie franche en 1657.
Lieutenant-colonel du régiment des Gardes-Suisses, à la création de cette charge, janvier 1689.
Brigadier, mars 1690.

Le Roi lui donna le régiment suisse (depuis Reding) en septembre même année.

Reçu chevalier de l'ordre de Saint-Louis en 1694.

Maréchal-de-camp, janvier 1696.

Colonel du régiment des Gardes, à la mort de Maurice Warner, juin 1702.

Lieutenant-général des armées du Roi en décembre suivant.

Commandeur de l'ordre de Saint-Louis en 1714.

Membre du conseil de guerre, septembre 1715.

Grand'croix de l'ordre de Saint-Louis en 1718.

Mort le 4 septembre 1722.

DE SERRES DE COURCELLES,
Lieutenant-colonel du régiment de Vienne.
Reçu chevalier de l'ordre de Saint-Louis en 1694.

DE MASSELIER,
Reçu chevalier de l'ordre de Saint-Louis en 1694.

DE LÉE (*André*),
Lieutenant au régiment de Furstemberg-Allemand, dès 1678.
Capitaine dans le même régiment (depuis Greder), mai 1682.
Lieutenant-colonel dudit régiment, décembre 1687.
Lieutenant-colonel du régiment d'O-Brien (depuis de Clare), le 18 juin 1690.
Colonel d'infanterie le même jour.
Inspecteur-général des troupes irlandaises, octobre, même année.
Colonel du régiment de Clare, novembre 1693.
Reçu chevalier de l'ordre de Saint-Louis en 1694.
Colonel d'un régiment d'infanterie irlandaise (depuis Bulkeley), juillet de la même année.
Maréchal-de-camp, décembre 1702.
Lieutenant-général des armées du Roi, octobre 1704.
Grand'croix de l'ordre de Saint-Louis le 3 juillet 1719.
Mort le 16 février 1734.

Tom. I. 8

De MARMONT,
   Capitaine au régiment de Souvré.
   Reçu chevalier de l'ordre de Saint-Louis en 1694.

SERAUCOURT *(le chevalier de)*,
   Aide-major et lieutenant aux Gardes-Françaises.
   Reçu chevalier de l'ordre de Saint-Louis en 1694.

De SALLES,
   Capitaine de carabiniers.
   Reçu chevalier de l'ordre de Saint-Louis en 1694.

De NEUFVILLE *(François)*, *duc* de Villeroy, né le 7 avril 1644, connu sous le nom de *marquis* de Villeroy,
   Gouverneur et lieutenant-général du Lyonnais, mars 1650, en survivance de son père.
   Colonel du régiment de Lyonnais, janvier 1664.
   Brigadier d'infanterie, avril 1672.
   Pair de France, avril 1673.
   Maréchal-de-camp, février 1693.
   Lieutenant-général des armées du Roi, février 1677.
   Chevalier des ordres du Roi le 31 décembre 1688.
   Maréchal de France, mars 1693.
   Reçu chevalier de l'ordre de Saint-Louis en 1694.
   Capitaine de la première compagnie française des Gardes-du-corps du Roi, le 1er. février 1695.
   Ministre d'état et chef du conseil royal des finances, le 2 septembre 1714, à la mort du duc de Beauvilliers.
   Etabli gouverneur du Roi le 1er. avril 1716.
   Mort le 18 juillet 1730.

De SAINT-MORIS,
   Capitaine de Carabiniers.
   Reçu chevalier de l'ordre de Saint-Louis en 1694.

De PAS *(Antoine) marquis* de Feuquières, né le 16 avril 1648,
   Volontaire au régiment du Roi en 1666.
   Enseigne, mars 1667.

Lieutenant, novembre 1671.

Capitaine en juin suivant.

Aide-de-camp des armées du Roi, avril 1672.

Mestre-de-camp d'un régiment de cavalerie de son nom, juillet, même année.

Colonel du régiment Royal-la-Marine, novembre 1674, et le 4 août 1676 d'un régiment d'infanterie (depuis la Tour du Pin).

Gouverneur de Verdun, mars 1688, à la mort de son père.

Brigadier en août suivant.

Maréchal-de-camp, janvier 1689.

Lieutenant-général des armées du Roi, mars 1693.

Reçu chevalier de l'ordre de Saint-Louis en 1694.

Mort le 27 janvier 1711.

DE SAINT-AMAND,

Ingénieur.

Reçu chevalier de l'ordre de Saint-Louis en 1694.

DE MARTIGNY,

Capitaine au régiment de Fimarcon-dragons.

Reçu chevalier de l'ordre de Saint-Louis en 1692.

DE SIENNE *(Louis)*,

Enseigne des Gardes-du-corps.

Reçu chevalier de l'ordre de Saint-Louis en 1694.

VILLARS *(Claude-Louis-Hector, duc de)*, baptisé à Moulins, le 21 mai 1653, âgé de trois semaines,

Connu sous le titre de marquis de VILLARS jusqu'en 1705 qu'il fut créé duc.

Mousquetaire en 1671.

Cornette des Chevau-légers de la garde, juillet 1672.

Mestre-de-camp d'un régiment de cavalerie de son nom, août 1674.

Brigadier de cavalerie, août 1688.

Maréchal-de-camp, mars 1690.

Lieutenant-général des armées du Roi, mars 1693.

Reçu chevalier de l'ordre de Saint-Louis en 1694.
Envoyé extraordinaire à Vienne en 1698.
Maréchal de France, octobre 1702.
Chevalier des ordres du Roi le 2 février 1705.
(Le Roi le fit duc par lettres d'érection de la terre de Vaux-le-Vicomte en duché, sous le nom de Villars, enregistrées au parlement le 3 septembre de la même année 1705.)
(Le Roi érigea ce duché en pairie au mois de septembre 1709.)
Gouverneur et lieutenant-général du pays Messin et gouverneur particulier de la ville et citadelle de Metz, juillet 1710.
Gouverneur-général de la Provence, octobre 1712.
Ministre plénipotentiaire auprès de l'empereur, pour la paix de Rastadt, qui fut conclue le 6 mars 1714.
Chevalier de la Toison-d'Or le 28 du même mois.
Président du conseil de la guerre au mois de septembre 1715.
Conseiller au conseil de la régence le 15 mars 1718.
Grand d'Espagne de la première classe en juillet 1723.
Ambassadeur extraordinaire auprès du Roi de Sardaigne.
Maréchal-général des camps et armées du Roi, octobre 1733.
Mort à Turin le 17 juin 1734.

Du MESNIL-GRANDPRÉ,
Lieutenant-colonel de cavalerie.
Reçu chevalier de l'ordre de Saint-Louis en 1694.

De SAINT-GEORGES de CORMIS,
Cornette de la première compagnie des Mousquetaires.
Reçu chevalier de l'ordre de Saint-Louis en 1694.

De MIREMONT,
Capitaine de grenadiers au régiment de Normandie.
Reçu chevalier de l'ordre de Saint-Louis en 1694.

De la SALLE,
Capitaine de Carabiniers.
Reçu chevalier de l'ordre de Saint-Louis en 1694.

DE TACY,
Capitaine au régiment de Picardie.
Reçu chevalier de l'ordre de Saint-Louis en 1694.

MARMIER (*François-René, comte de*),
Capitaine de dragons.
Reçu chevalier de l'ordre de Saint-Louis en 1694.

SÉGUR (*Henri-Joseph, marquis de*),
Capitaine-lieutenant des Chevau-legers d'Anjou.
Gouverneur-lieutenant du pays de Foix et de la province de Brie.
Reçu chevalier de l'ordre de Saint-Louis en 1694, commandeur en 1701, grand'croix en 17....

DE LUSSAY,
Capitaine d'infanterie.
Reçu chevalier de l'ordre de Saint-Louis en 1694.

DE PESYR,
Major du régiment de la Sarre.
Reçu chevalier de l'ordre de Saint-Louis en 1694.

DE CHAFFREIX,
Officier au régiment du Piémont.
Reçu chevalier de l'ordre de Saint-Louis en 1694.

MARTIN DES GALIOTES,
Reçu chevalier de l'ordre de Saint-Louis en 1694.

LE VALOIS DE VILLETTE (*Philippe*), marquis DE VILLETTE-MURÇAY,
Lieutenant-général des armées navales.
Lieutenant-général de la province du Bas-Poitou.
Reçu chevalier de l'ordre de Saint-Louis en 1694, commandeur le 1er. avril 1697, grand'croix le......
Mort le 25 octobre 1707.

DE POINTIS,
Capitaine d'artillerie.
Reçu chevalier de l'ordre de Saint-Louis en 1694.

De SARTONS,
Capitaine de vaisseaux du Roi.
Reçu chevalier de l'ordre de Saint-Louis en 1694.

De MELUN,
Capitaine aux Gardes-Françaises.
Reçu chevalier de l'ordre de Saint-Louis en 1694.

De SARLANT,
Capitaine au régiment Royal-général-cavalerie.
Reçu chevalier de l'ordre de Saint-Louis en 1694.

De VILLEVIEILLE,
Lieutenant de Roi de Landrecies.
Reçu chevalier de l'ordre de Saint-Louis en 1694.

Du THEIL,
Maréchal-des-logis des Chevau-légers de la Garde.
Reçu chevalier de l'ordre de Saint-Louis en 1694.

De TOULONJAC de POMEROL,
Premier capitaine au régiment de Condé-infanterie.
Reçu chevalier de l'ordre de Saint-Louis en 1694.

Du MESNIL *(le chevalier)*,
Mestre-de-camp de cavalerie.
Reçu chevalier de l'ordre de Saint-Louis en 1694.

TRICAUT,
Lieutenant-colonel du régiment de Lyonnais.
Reçu chevalier de l'ordre de Saint-Louis en 1694.

De MONTESQUIOU *(Pierre)*, comte d'Artagnan,
Page du Roi en 1660.
Cadet à Pignerol en 1665.
Mousquetaire en 1666.
Enseigne aux Gardes-Françaises en 1668.
Sous-lieutenant, avril 1670.
Lieutenant, mars 1673.
Aide-major, septembre 1674.

Capitaine au régiment des Gardes, avril 1678.
Major (à la mort du marquis de Césan) en 1681.
Major général de l'infanterie, avril 1683.
Brigadier d'infanterie, août 1688.
Inspecteur général de l'infanterie, novembre 1689.
Maréchal-de-camp, avril 1691.
Lieutenant-général d'Artois en 1693.
Gouverneur des ville et citadelle d'Arras le 13 août de la même année (à la mort du chevalier de Monchevreuil).
Reçu chevalier de l'ordre de Saint-Louis en 1694.
Lieutenant général des armées du Roi, janvier 1696.
Maréchal de France, septembre 1709.
Conseiller du conseil de la régence, juin 1720.
Chevalier des ordres du Roi, juin 1724.
Mort en 1725.

DE SAINT-MORIS,
Premier capitaine au régiment Royal-infanterie.
Reçu chevalier de l'ordre de Saint-Louis en 1694.

DE PHELIPPEAUX *(Raimond-Balthasar)*,
Lieutenant au régiment d'infanterie de Turenne en 1672.
Cornette au régiment Dauphin-cavalerie, avril 1673.
Capitaine au régiment Royal-cavalerie, janvier 1675.
Mestre-de-camp d'un régiment de cavalerie de son nom, sur la démission du baron de Cuincy, décembre 1683.
Inspecteur général de la cavalerie et des dragons, novembre 1690.
Brigadier, avril 1691.
Mestre-de-camp-lieutenant du régiment Dauphin-Étranger, cavalerie, novembre même année.
Reçu chevalier de l'ordre de Saint-Louis en 1694.
Maréchal-de-camp, janvier 1696.
Ambassadeur extraordinaire à Turin en 1701.
Lieutenant-général des armées du Roi en décembre de la même année.
Vice-roi du Canada, janvier 1709.

Conseiller d'état d'épée.
Commandeur de l'ordre de Saint-Louis le 13 avril 1713.
Mort à la Martinique en 1713 ou 1718.

TALONIN,
Capitaine au régiment de Bretagne.
Reçu chevalier de l'ordre de Saint-Louis en 1694.

De PERRINEY ou de PERRINET *(Alexandre)*,
Capitaine de vaisseaux du Roi, et commandant la compagnie des gardes de la marine.
Reçu chevalier de l'ordre de Saint-Louis en 1694.

La TOUR *(le chevalier de)*,
Lieutenant-colonel du régiment de Fourquevaux.
Reçu chevalier de l'ordre de Saint-Louis en 1694.

La PROVENCHERE *(le marquis de)*,
Gouverneur de la citadelle d'Arras.
Reçu chevalier de l'ordre de Saint-Louis en 1694.

ZURLAUBEN *(Beat-Jacques, comte de)*,
Lieutenant au régiment d'infanterie allemande de Furstemberg, février 1668.
Capitaine au même régiment (depuis Anhalt), mars 1670.
(Le Roi lui donna en décembre 1682 une compagnie franche suisse, vacante par la mort de son oncle, et, par lettre du même jour, les terres et seigneuries de Villé et d'Ortemberg, réversibles à la couronne par la mort de son oncle.)
Brigadier, mai 1690.
Reçu chevalier de l'ordre de Saint-Louis en 1694.
Maréchal-de-camp, janvier 1696.
Créé par une promotion particulière lieutenant-général des armées du Roi le 5 juin 1702.
Mort de ses blessures à Ulm le 21 septembre 1704.

De MERY de MAGNY *(François)*,
Entré au service dans l'artillerie.

Reçu chevalier de l'ordre de Saint-Louis en 1694.
Commissaire principal d'artillerie au mois de mars suivant.
Lieutenant au département de Champagne et de Brie, avril 1695.
Lieutenant en second de l'armée d'Italie, même mois.
Lieutenant en second de l'armée de Flandres, mars 1704.
Brigadier des armées du Roi, mars 1710.
Lieutenant-général de l'artillerie au département de la Guienne, de l'Aunis et du Poitou, juillet 1718.
Mort en février 1729.

DE MONTISON,
Lieutenant de Roi de Mezières.
Reçu chevalier de l'ordre de Saint-Louis en 1694.

GRAMMONT (*Michel-Dorothée, marquis de*),
Cornette de la compagnie Colonelle du régiment de Listenois-dragons, août 1678.
Capitaine dans le même régiment (depuis Grammont).
Brigadier, mars 1693.
Reçu chevalier de l'ordre de Saint-Louis en 1694.
Maréchal-de-camp, septembre 1695.
Lieutenant-général des armées du Roi, décembre 1702.
Le Roi érigea sa terre de Villers-Sexel en marquisat, sous le nom de *Grammont*, par lettre du mois de décembre 1718, enregistrées en la même année à la chambre des comptes de Dôle.
Mort le 27 mars 1740.

DES FRANCS,
Capitaine de vaisseaux du Roi.
Reçu chevalier de l'ordre de Saint-Louis en 1694.

DE FRÊNE-COLOMBET,
Ecuyer du Roi.
Capitaine au régiment de Normandie.
Reçu chevalier de l'ordre de Saint-Louis en 1694.

ARNOLPHINY *(Jules)*, comte DE MAGNAC,
  Lieutenant dans la compagnie de son frère au régiment d'Arnolphiny, leur frère aîné, en septembre 1667.
  Capitaine en la même année.
  Major en 1675.
  Mestre-de-camp d'un régiment de cavalerie (sur la démission du sieur Boucault), mars 1676.
  Brigadier, mars 1690.
  Inspecteur-général de la cavalerie, février 1692.
  Reçu chevalier de l'ordre de Saint-Louis en 1694.
  Maréchal-de-camp en janvier suivant.
  Lieutenant-général des armées du Roi, décembre 1702.
  Gouverneur de Mont-Dauphin en 1706.
  Mort le 23 février 1712.

DE BARBERIN *(Louis)*, comte DE REIGNAC,
  Lieutenant au régiment de Navarre dès 1664.
  Capitaine en la même année.
  Major en 1680.
  Lieutenant de Roi du château de Namur, juillet 1692.
  Commandant à Huy en 1694.
  Reçu chevalier de l'ordre de Saint-Louis en la même année 1694.
  Brigadier d'infanterie, octobre 1695.
  Commandeur en 1704.
  Maréchal-de-camp et commandant du Vieux-Brisach en la même année.
  Mort au mois de juin 1719.

CHATEAUMORAND *(le marquis de)*,
  Capitaine de vaisseaux.
  Reçu chevalier de l'ordre de Saint-Louis en 1694.

D'AVIGNON,
  Capitaine au régiment de Limosin et major de Charlemont.
  Reçu chevalier de l'ordre de Saint-Louis en 1694.

CADRIEU *(Alexandre-Louis, marquis de)*,
Enseigne au régiment d'infanterie d'Orléans en 1678.
Sous-lieutenant en 1679.
Capitaine, mars 1681.
Capitaine de grenadiers, août 1693.
Major le 12 novembre suivant.
Reçu chevalier de l'ordre de Saint-Louis en 1694.
Lieutenant-colonel du régiment de fusiliers de Guilcard en 1695.
Lieutenant-colonel de celui de Gâtinois, juillet 1699.
Brigadier, février 1704.
Maréchal-de-camp, mars 1710.
Commandant à Grenoble, octobre 1711.
Lieutenant de Roi et commandant au Château-Trompette, janvier 1717.
Lieutenant-général des armées du Roi, mars 1720.
Gouverneur de Seissel en avril suivant.
Gouverneur de Longwy, février 1723.
Grand'croix de l'ordre de Saint-Louis le 1.er juillet 1739.
Mort le 24 février 1743.

DE MUYN DE VREVINS *(Michel)*,
Reçu chevalier de l'ordre de Saint-Louis en 1694.
Maréchal-de-camp en 1705.
Inspecteur-général d'infanterie.
Commandant en Poitou et au pays d'Aunis.
Mort en 1716.

DE DIENNE *(François)*, comte DE CHELADET,
Cornette au régiment royal des cuirassiers, septembre 1676.
Lieutenant, octobre 1677.
Capitaine et major du régiment de cavalerie de Druy, avril 1678.
Lieutenant-colonel du régiment de cavalerie de Noailles, décembre 1688.
Mestre-de-camp-lieutenant du régiment du Maine, juillet 1690.

Reçu chevalier de l'ordre de Saint-Louis en 1694.
Brigadier en avril, même année.
Maréchal-de-camp, janvier 1702.
Lieutenant-général des armées du Roi, octobre 1704.
Commandeur de l'ordre de Saint-Louis le 6 juillet 1715.
Gouverneur de Briançon le 16 février 1719.
Mort le 3 avril 1736.

COLBERT (*François*) seigneur DE SAINT-MARS,
Chef d'escadre des armées navales.
Reçu chevalier de l'ordre de Saint-Louis en 1694.
Grand'croix en 17...

D'ARGOUD (*Maurice*),
Chevalier-commandeur de l'ordre de Saint-Lazare.
Aide-major du régiment d'Auvergne, puis major des citadelles de Tournay et de Lille.
Gouverneur d'Annonay.
Reçu chevalier de l'ordre de Saint-Louis en 1694.

RELINGUE (*le comte de*).
Chef d'escadre des armées navales.
Reçu chevalier de l'ordre de Saint-Louis en 1694, et commandeur en 1702.

CHOART (*André*), marquis DE BUZENVAL,
Capitaine dans le régiment de cavalerie du cardinal Mazarin, commandé par le comte de la Feuillade, avril 1657.
Capitaine en second dans la compagnie de mestre-de-camp de Renel, mai 1668.
Second sous-lieutenant de la compagnie des gendarmes de la Reine, août 1675.
Brigadier, février 1677.
Maréchal-de-camp, août 1688.
Lieutenant-général des armées du Roi, mars 1693.
Reçu chevalier de l'ordre de Saint-Louis en 1694.
Premier sous-lieutenant de la compagnie des gendarmes (à la mort du comte de Nonant) le 1er. août 1698.
Mort le 19 juillet 1717.

Du REPAIRE,
　Gouverneur de Bitche.
　Reçu chevalier de l'ordre de Saint-Louis en 1694.

DE CLÉRAMBAULT *(François)*, *marquis* DE VENDEUIL,
　Officier dans le régiment de cavalerie de Grammont, dès 1652.
　Exempt dans la compagnie des gardes-du-corps (depuis Beauveau), en 1668.
　Deuxième aide-major, juillet 1674.
　Enseigne, septembre 1677.
　Troisième lieutenant, juillet 1679.
　Brigadier des armées du Roi, août 1688.
　Second sous-lieutenant de sa compagnie, septembre 1690.
　Premier lieutenant en décembre suivant.
　Gouverneur du fort Pecquay, octobre 1691.
　Maréchal-de-camp, mars 1693.
　Reçu chevalier de l'ordre de Saint-Louis le 1er février 1694.
　Lieutenant des Gardes-du-corps en 1700.
　Lieutenant-général des armées du Roi, janvier 1702.
　Mort en 1712.

Du PUICH DE MONTDRAGON *(Paul)*,
　Directeur-général des fortifications d'Artois.
　Reçu chevalier de l'ordre de Saint-Louis en 1694.

DE RAOUSSET,
　Major du régiment de Navarre.
　Reçu chevalier de l'ordre de Saint-Louis en 1694.

DE CRAY *(Jean)*,
　Brigadier des armées du Roi, mars 1693.
　Reçu chevalier de l'ordre de Saint-Louis en 1694.
　Lieutenant-général de l'artillerie de l'armée d'Italie, avril 1695 et avril 1696.
　Lieutenant-général des départemens du Dauphiné, de la Provence et du Lyonnais, août 1698.
　Maréchal-de-camp, janvier 1702.
　Mort en Italie au mois d'août suivant.

Du REPAIRE,
    Lieutenant de Roi de la province d'Artois.
    Reçu chevalier de l'ordre de Saint-Louis en 1694.

De PHILIP (*Louis*), marquis DE SAINT-VIANCE,
    Cadet dans les Gardes-du-corps dès 1663.
    Deuxième enseigne, octobre 1686.
    Troisième lieutenant, janvier 1687.
    Brigadier de cavalerie, avril 1691.
    Premier lieutenant de sa compagnie, novembre 1693.
    Reçu chevalier de l'ordre de Saint-Louis en 1694.
    Maréchal-de-camp, janvier suivant.
    Gouverneur de Coignac, janvier 1702.
    Mort le 17 février 1726.

D'ARMISSAN,
    Capitaine au régiment de Piémont.
    Reçu chevalier de l'ordre de Saint-Louis en 1694.

Du PREZ DE BOISSY (*Claude*),
    Capitaine au régiment de Champagne en 1688.
    Reçu chevalier de l'ordre de Saint-Louis en 1694.
    Tué au service le 18 juin 1703.

De LA ROCHE-LONGCHAMP,
    Lieutenant-colonel de cavalerie.
    Reçu chevalier de l'ordre de Saint-Louis en 1694.

De THEVENEAU DE LA GARDE,
    Capitaine au régiment des Bombardiers.
    Reçu chevalier de l'ordre de Saint-Louis en 1694.

HUBERT (*Anne-François*), seigneur DE FARONVILLE ET DE LANDERVILLE;
    Major du régiment de Berry.
    Lieutenant-colonel de celui de Conty cavalerie.
    Reçu chevalier de l'ordre de Saint-Louis en 1694.
    Commandeur en........
    Mort au mois d'octobre 1705.

QUARRÉ (*Pierre*), baron D'ALIGNY,
Mousquetaire en 1667.
Maréchal-des-logis de sa compagnie en octobre 1676.
Gouverneur de Pierrechatel en la même année.
Capitaine de cavalerie, mars 1677.
Colonel d'un régiment de milice de la généralité de Dijon, janvier 1689.
Brigadier, mars 1693.
Reçu chevalier de l'ordre de Saint-Louis en 1694.
Bailli-d'Epée de Charolais, mai 1696.
Gouverneur d'Autun en la même année.
Mort le 27 février 1730.

ROANNES, ou DE ROANEZ (*le chevalier de*),
Capitaine de galères.
Reçu chevalier de l'ordre de Saint-Louis en 1694.

DE CLÉRY,
Capitaine au régiment de Cabulau-cavalerie.
Reçu chevalier de l'ordre de Saint-Louis en 1694.

DES NOS (*Gilles*), comte DE CHAMPMESLIN,
Reçu chevalier de l'ordre de Saint-Louis en 1694.
Lieutenant-général des armées navales en 1724.
Commandant de la marine à Brest.
Gouverneur des îles du Levant et du Ponant.

DE COLINS (*Antoine-François-Gaspard*), comte DE MORTAGNE,
Capitaine-lieutenant des gendarmes de Bourgogne.
Chevalier d'honneur et premier écuyer de madame la duchesse d'Orléans.
Reçu chevalier de l'ordre de Saint-Louis en 1694.

DE VILLAINCOURT (*Thimoléon*),
Aide-major au régiment de Schulemberg, novembre 1666.
Capitaine, novembre 1667.
Capitaine de grenadiers, août 1678.
Major de son régiment, juillet 1682.
Lieutenant-colonel du même régiment, juin 1686.

Reçu chevalier de l'ordre de Saint-Louis en 1694.
Brigadier des armées du Roi, janvier 1696.
Mort en février 1697.

DE RATOUIN,
Lieutenant-colonel du régiment de Brice-infanterie.
Reçu chevalier de l'ordre de Saint-Louis en 1694.

BLANCHARD DE SAINT-MARTIN (*André*),
Entré au service en 1638.
Capitaine de Chevau-légers au régiment de Clerambault en 1640.
Maréchal-de-camp, et maréchal-général-des-logis de la cavalerie le 22 février 1656.
Gouverneur des Invalides le 28 novembre 1678.
Reçu commandeur de l'ordre de Saint-Louis en 1694.
Mort le 18 février 1694.

DE ROUSSEREAU,
Lieutenant aux Gardes-Françaises.
Reçu chevalier de l'ordre de Saint-Louis en 1694.

D'ANDIGNÉ DU HALLAY (*Jean*),
Capitaine au régiment de Seaux.
Reçu chevalier de l'ordre de Saint-Louis en 1694.

DE CORNUEL VILLEPION (*Claude-Léon*),
Cornette au régiment de cavalerie de Sourdis, mai 1665.
Capitaine, août 1667.
Major, novembre 1675.
Mestre-de-camp d'un régiment de cavalerie de son nom, janvier 1678.
Brigadier, mars 1690.
Reçu chevalier de l'ordre de Saint-Louis en 1694.
Inspecteur-général de la cavalerie et des dragons en décembre suivant.
Maréchal-de-camp, janvier 1696.
Mort le 24 mars 1728.

DE GRANGES DE SURGERES (*François*), *marquis* DE PUIGUYON,

Cornette au régiment de cavalerie de Gassion, mars 1672.
Lieutenant-colonel du régiment de Vaillac, octobre 1689.
Mestre-de-camp d'un régiment de cavalerie de son nom, mars 1691.
Reçu chevalier de l'ordre de Saint-Louis en 1694.
Brigadier, janvier 1696.
Maréchal-de-camp, février 1704.
Lieutenant-général des armées du Roi, juin 1708.
Commandeur de l'ordre de Saint-Louis le 29 octobre 1720.
Mort le 21 février 1723.

Du ROZEL,
Mestre-de-camp des Carabiniers.
Brigadier des armées du Roi.
Reçu chevalier de l'ordre de Saint-Louis en 1694.

DE COLOMBET (*André*), seigneur DE BOURG-BAUDOUIN, *vicomte* DE PENY,
Chambellan du duc de Berri,
Lieutenant-colonel du régiment de Beringhen,
Mestre-de-camp de cavalerie.
Reçu chevalier de l'ordre de Saint-Louis en 1694.

D'AVOLLE,
Major, puis maréchal-des-logis des gendarmes de la Garde.
Reçu chevalier de l'ordre de Saint-Louis en 1694.

ROUSSELOT,
Ingénieur.
Capitaine d'infanterie.
Major de Collioure.
Reçu chevalier de l'ordre de Saint-Louis en 1694.

D'AVIGNON,
Capitaine d'infanterie.
Reçu chevalier de l'ordre de Saint-Louis en 1694.

DE COMBES,
Ingénieur.
Reçu chevalier de l'ordre de Saint-Louis en 1694.

D'ELIZAGARNI de .... (*Bernard*),
   Lieutenant-général des armées du Roi.
   Reçu chevalier de l'ordre de Saint-Louis en 1694, et grand'croix en 1718.
   Mort le 30 septembre 1729.

De PAS (*le comte*),
   Colonel de Milice.
   Reçu chevalier de l'ordre de Saint-Louis en 1694.

De NOVION,
   Major.
   Reçu chevalier de l'ordre de Saint-Louis en 1694.

De SIFFREDY (*Charles*),
   Enseigne au régiment de Piémont dès 1656.
   Lieutenant, février 1657, et réformé en 1661.
   Rentré lieutenant dans le régiment de la Ferté en avril 1663.
   Capitaine, juin de la même année.
   Major de son régiment, mars 1674.
   Lieutenant-colonel, mars 1675.
   Lieutenant de Roi de la citadelle d'Arras, août 1680.
   Commandant de la citadelle de Strasbourg, octobre 1693.
   Reçu chevalier de l'ordre de Saint-Louis en 1694.
   Brigadier des armées du Roi, novembre 1696.
   Mort à la citadelle de Strasbourg.

De L'ARBOULERIE,
   Lieutenant-colonel du régiment d'Hautefort-dragons.
   Reçu chevalier de l'ordre de Saint-Louis en 1694.

Des PARTES,
   Major du régiment des Vaisseaux.
   Reçu chevalier de l'ordre de Saint-Louis en 1694.

De BOTEMONT,
   Lieutenant de Roi d'Exiles.
   Reçu chevalier de l'ordre de Saint-Louis en 1694.

De COMBES,
>Maréchal-des-logis de la seconde compagnie des Mousquetaires.
>Reçu chevalier de l'ordre Saint-Louis en 1694.

Du PONT (*Joseph*),
>Capitaine au régiment de Navarre, juillet 1674.
>Capitaine de grenadiers, décembre 1693.
>Reçu chevalier de l'ordre de Saint-Louis en 1694.
>Commandant à Pampelune en 1703.
>Brigadier des armées du Roi, janvier 1706.
>Commandant à Toulon en 1716.
>Mort en septembre 1733.

De CREUZEL,
>Maréchal-des-logis des Mousquetaires.
>Reçu chevalier de l'ordre de Saint-Louis en 1694.

De la CROPTE de SAINT-ABRE,
>Lieutenant de vaisseaux du Roi.
>Reçu chevalier de l'ordre de Saint-Louis en 1694.

D'ALIGRE de SAINT-LIÉ (*Philippe-François*), marquis d'Aligre,
>Lieutenant-général des armées navales, commandant la marine à Toulon.
>Reçu chevalier de l'ordre de Saint-Louis en 1694, depuis commandeur et grand'croix.
>Mort en 1719.

Du BOURG (*Emmanuel*), marquis du Bourg,
>Cornette au régiment de cavalerie de l'Allier en 1656.
>Capitaine au même régiment, mars 1657.
>Major de cavalerie de Pilloy, avril 1668.
>Maréchal-général-des-logis de la cavalerie, mars 1676.
>Mestre-de-camp de cavalerie, janvier 1677.
>Chevalier de l'ordre de Saint-Lazare, le 8 mars 1681.
>Brigadier de cavalerie, 1686.
>Maréchal-de-camp, avril 1691.

Reçu chevalier de l'ordre de Saint-Louis en 1694.
Mort au mois de décembre de la même année.

De ROUX,
Capitaine au régiment de Champagne.
Reçu chevalier de l'ordre de Saint-Louis en 1694.

MESGRIGNY (*Jean, comte de*),
Lieutenant-général des armées du Roi.
Directeur général des fortifications de Flandre et de Hainault.
Bailli de Troyes.
Gouverneur de la citadelle de Tournay.
Reçu chevalier de l'ordre de Saint-Louis en 1694, et commandeur en 1695.
Mort en 1720.

De CURLY,
Exempt des Gardes-du-Corps.
Reçu chevalier de l'ordre de Saint-Louis en 1694.

CUR de CHÊNE,
Capitaine de grenadiers au régiment de Navarre.
Reçu chevalier de l'ordre de Saint-Louis en 1694.
Lieutenant-colonel du régiment de Normandie en 1707.

De CHAUMOUSSEAU,
Reçu chevalier de l'ordre de Saint-Louis en 1694.

DIDIER,
Major du régiment de Clermont.
Reçu chevalier de l'ordre de Saint-Louis en 1694.

De DONCOURT,
Lieutenant au régiment de Praslin-cavalerie.
Reçu chevalier de l'ordre de Saint-Louis en 1694.

De FORTIA (*Alphonse*), marquis de FORVILLE.
Chef d'escadre des Galères.
Lieutenant de Roi en Provence.

Gouverneur et viguier de Marseille.

Reçu chevalier de l'ordre de Saint-Louis en 1694.

DESSEMONT,

Aide-Major du régiment du Roi.

Reçu chevalier de l'ordre de Saint-Louis en 1694.

DE FRICAUD,

Major du régiment de Lyonnais.

Reçu chevalier de l'ordre de Saint-Louis en 1694.

DU BLÉ (*Nicolas*), *marquis* D'HUXELLES, baptisé le 24 janvier 1652, d'abord comte de TÉNARE (destiné à l'état ecclesiastique, abbé de Bussières).

Marquis d'HUXELLES à la mort de son frère, le 20 août 1669.

Enseigne de la Colonelle du régiment Dauphin-infanterie, le 15 octobre 1671.

Capitaine en 1672.

Exempt des Gardes du Roi en 1673.

Colonel d'un régiment de son nom (depuis d'Aumont), octobre de la même année.

Lieutenant-colonel du régiment Dauphin, juin 1674.

Brigadier d'infanterie, février 1677.

Inspecteur général d'infanterie, novembre 1681.

Maréchal-de-camp, mars 1683.

Lieutenant-général des armées du Roi, août 1688.

Chevalier de ses ordres le 31 décembre suivant.

Commandant dans le duché de Luxembourg en l'absence du maréchal Catinat, mars 1690.

Commandant en Alsace, avril même année.

Directeur général de l'infanterie à la création en décembre même année.

Reçu chevalier de l'ordre de Saint-Louis en 1694.

Maréchal de France, janvier 1703.

Ministre plénipotentiaire, avec le cardinal de Polignac, aux conférences de Gertruidenberg, en 1710.

Ministre plénipotentiaire pour les conférences d'Utrecht le 4 mars 1713.

Gouverneur général d'Alsace à la mort du duc de Mazarin, novembre suivant.

Gouverneur de Strasbourg à la mort du marquis de Chamilly, janvier 1715.

Président du conseil des affaires étrangères au mois de septembre de la même année.

Conseiller au conseil de la régence le 19 mars 1718.

Ministre d'état le 25 septembre 1726.

Mort le 10 avril 1730.

DES ROSIERS,
Aide-major du fort près d'Huningue.
Reçu chevalier de l'ordre de Saint-Louis en 1694.

DE PONTBRIANT,
Capitaine de cavalerie.
Reçu chevalier de l'ordre de Saint-Louis en 1694.

DE SAINT-SIMON (*François*), comte DE SAUDRICOURT,
Lieutenant-colonel du regiment de Picardie.
Brigadier des armées du Roi.
Commandant à Manheim.
Gouverneur de Nismes.
Reçu chevalier de l'ordre de Saint-Louis en 1694.
Mort le 3 octobre 1717.

DU PLESSIS,
Capitaine au régiment d'Orléans, cavalerie.
Reçu chevalier de l'ordre de Saint-Louis en 1694.

DE ROZE (*François*), marquis DE PROVENCHÈRE,
Maréchal-de-camp.
Gouverneur de Philippeville et de la citadelle d'Arras.
Reçu chevalier de l'ordre de Saint-Louis en 1694.

DE MORNAY (*Henri*), seigneur DE PONCHON,
Reçu chevalier de l'ordre de Saint-Louis en 1694.
Capitaine au régiment de Piémont et major de Dieppe en 1696.
Mort le 30 juin 1711.

De ROSMADEC (*le chevalier*),
　Capitaine de vaisseaux du Roi.
　Reçu chevalier de l'ordre de Saint-Louis en 1694.
　Chef d'escadre des armées navales.

LOUPIAC DE LA DEVEZE (*François*),
　Sous-lieutenant dans le régiment des fusiliers du Roi (depuis Royal-Artillerie) en 1673.
　Lieutenant en 1675.
　Capitaine, août 1676.
　Major, septembre 1679.
　Reçu chevalier de l'ordre de Saint-Louis en 1694.
　Lieutenant-colonel dudit régiment Royal-Artillerie, octobre 1704.
　Brigadier, mars 1710.
　Maréchal-de-camp, février 1719.
　Commandeur de l'ordre de Saint-Louis le 1er janvier 1720.
　Mort le 2 décembre 1742.

De NIERT,
　Capitaine au régiment de Thiérache.
　Reçu chevalier de l'ordre de Saint-Louis en 1694.

ROUVROY (*Jean-Baptiste, marquis de*),
　Lieutenant-général des armées navales.
　Reçu chevalier de l'ordre de Saint-Louis en 1694, et commandeur le 27 mars 1728.
　Mort le 23 mars 1744.

De NOYELLES,
　Capitaine de frégates.
　Reçu chevalier de l'ordre de Saint-Louis en 1694.

NESMOND (*André, marquis de*),
　Chevalier de la Toison-d'Or.
　Lieutenant-général des armées navales.
　Reçu chevalier de l'ordre de Saint-Louis en 1694, commandeur en 1700, et grand'croix en 17....
　Mort en 1702.

RESSON (*le chevalier de*),
  Capitaine de vaisseaux.
  Reçu chevalier de l'ordre de Saint-Louis en 1694.

Des NOYERS,
  Commandant d'artillerie.
  Reçu chevalier de l'ordre de Saint-Louis en 1694.

De la MOTTE la PEIROUSE,
  Lieutenant de Roi de Maubeuge.
  Reçu chevalier de l'ordre de Saint-Louis en 1694.

De la MOTTE CHABANNE,
  Lieutenant de vaisseaux du Roi.
  Reçu chevalier de l'ordre de Saint-Louis en 1694.

VERPEL (*Alexandre, le chevalier de*),
  Entré au service dans le régiment de Navarre dès 1673.
  Capitaine, janvier 1677.
  Ingénieur.
  Reçu chevalier de l'ordre de Saint-Louis en 1694.
  Brigadier des armées du Roi, janvier 1696.
  Mort au mois de mars 1714.

De NOLLET,
  Lieutenant-colonel.
  Reçu chevalier de l'ordre de Saint-Louis en 1694.

De MONTAUSÉE,
  Sous-lieutenant des Chevau-légers d'Orléans.
  Reçu chevalier de l'ordre de Saint-Louis en 1694.

De NORIOU,
  Major du régiment de Léty-cavalerie.
  Reçu chevalier de l'ordre de Saint-Louis en 1694.

De MONTCLAR,
  Capitaine au régiment de Puységur-cavalerie.
  Reçu chevalier de l'ordre de Saint-Louis en 1694.

D'ONCOURT,
   Lieutenant de cavalerie.
   Reçu chevalier de l'ordre de Saint-Louis en 1694.

DE BOHAM *(Jean-Antoine-François)*,
   Lieutenant au régiment d'infanterie de Turenne (depuis du Maine) dès 1660.
   Capitaine, juin 1664.
   Major, mai 1677.
   Lieutenant-colonel, janvier 1691.
   Reçu chevalier de l'ordre de Saint-Louis en 1694.
   Brigadier d'infanterie en la même année.
   Maréchal-de-camp en 1704.
   Gouverneur de Longwy en 1705.
   Mort le 25 septembre 1722.

DE MONTIGNY,
   Capitaine de dragons.
   Reçu chevalier de l'ordre de Saint-Louis en 1694.

LA CHÂTRE (*Louis-Charles-Edme, marquis de*),
   Enseigne de la Colonelle du régiment du Roi, mai 1680.
   Capitaine, juillet 1782.
   Colonel d'un régiment d'infanterie (depuis Montrevel), mai 1684.
   Brigadier, mars 1693.
   Reçu chevalier de l'ordre de Saint-Louis en 1694.
   Maréchal-de-camp, janvier 1702.
   Lieutenant-général des armées du Roi, octobre 1704.
   Gouverneur du fort Pecquay le 12 avril 1712.
   Mort à Paris le 10 ou le 22 septembre 1730.

DE MONTALAN,
   Lieutenant-cololel du régiment Royal-infanterie.
   Reçu chevalier de l'ordre de Saint-Louis en 1694.

PALIERES (*le baron de*),
   Capitaine au régiment du Roi.
   Reçu chevalier de l'ordre de Saint-Louis en 1694.

DE CRUZEL,
Maréchal-des-logis de la première compagnie des Mousquetaires.
Reçu chevalier de l'ordre de Saint-Louis en 1694.

DE CHAUNES,
Capitaine aide-major au régiment de Vaubecourt.
Capitaine de vaisseaux.
Inspecteur des troupes de la marine.
Reçu chevalier de l'ordre de Saint-Louis en 1694.

DE MONTESQUIOU *(Pierre-Paul)*, *comte* D'ARTAGNAN,
Cadet à Besançon en 1686.
Enseigne au régiment des Gardes-Françaises, février 1689.
Enseigne de grenadiers, juin 1691.
Sous-lieutenant, septembre 1693.
Reçu chevalier de l'ordre de Saint-Louis en 1694.
Sous-aide-major du régiment des Gardes, août 1699.
Colonel d'un régiment d'infanterie de son nom, mars 1704.
Prisonnier à la bataille de Ramillies en 1706, échangé en 1710.
Brigadier des armées du Roi le 1.er février 1719, et employé en Bretagne sous le maréchal de Montesquiou.
Mort le 25 novembre 1751.

DU CHATEAU DE LA BARRE *(Antoine)*,
Premier maréchal-des-logis de la première compagnie des Mousquetaires.
Capitaine-lieutenant aux Gardes-Françaises, janvier 1686.
Reçu chevalier de l'ordre de Saint-Louis en 1694, et commandeur en janvier 1702.
Brigadier d'infanterie le 29 du même mois.
Maréchal-de-camp, octobre 1704.
Mort au mois de février 1707.

DE BETHISY *(Eugène-Marie)*, *marquis* DE MEZIERES, né le 10 mai 1656.
Cornette au régiment de cavalerie de Foix le 18 février 1674.

Capitaine au régiment (alors Birón), mars 1676.
Capitaine à celui de Royal-Étranger, février 1686.
Sous-Lieutenant de la compagnie des Chevau-légers de Bourgogne à sa création, octobre 1690.
Capitaine-lieutenant de la même compagnie, janvier 1692.
Capitaine-lieutenant des gendarmes anglais, novembre 1693.
Reçu chevalier de l'ordre de Saint-Louis en 1694.
Brigadier, janvier 1696.
Maréchal-de-camp, octobre 1704.
Gouverneur des ville et citadelle d'Amiens.
Prisonnier à la bataille de Ramillies, où il combattit avec la plus grande valeur.
Échangé en 1709.
Lieutenant-général des armées du Roi, mars 1710.
Mort le 24 avril 1721.

D'HUMONT,
Capitaine au régiment de Provence.
Reçu chevalier de l'ordre de Saint-Louis en 1694.

De la CAFFINIERE,
Capitaine de vaisseaux du Roi.
Reçu chevalier de l'ordre de Saint-Louis en 1694.

De FENOUIL,
Capitaine au régiment de Coetquen-cavalerie.
Reçu chevalier de l'ordre de Saint-Louis en 1694.

CAILLIERES *(le chevalier de)*,
Capitaine de vaisseaux.
Gouverneur général de la Nouvelle-France et de Quebec.
Reçu chevalier de l'ordre de Saint-Louis en 1694.

COETLOGON *(Alain-Emmanuel, marquis de)*,
Né en 1656.
D'abord enseigne au régiment Dauphin-infanterie en 1668.
Enseigne de vaisseaux en 1670.
Lieutenant de vaisseaux, 1672.
Capitaine de vaisseaux, janvier 1675.

Chef d'escadre, mai 1689.

Reçu chevalier de l'ordre de Saint-Louis en 1694.

Capitaine-général, pour le Roi d'Espagne, de toutes les armées et de toutes les flottes d'Espagne aux Indes, en l'absence du comte de Château-Regnaud, par pouvoir donné à Buen-Retiro, mars 1701.

Lieutenant-général des armées navales du Roi le 1.er juin suivant.

Commandeur de l'ordre de Saint-Louis le 1.er novembre 1705.

Vice-amiral du Levant à la mort du maréchal Château-Regnaud, novembre 1716.

Grand'croix de l'ordre de Saint-Louis le même jour.

Chevalier des ordres du Roi le 3 juin 1724.

Maréchal de France, juin 1730.

Mort le 7 du même mois.

BERNARD,

Capitaine, puis lieutenant-colonel du régiment Dauphin-dragons.

Reçu chevalier de l'ordre de Saint-Louis en 1694.

DE SAILLY *(Louis)*,

Lieutenant au régiment d'Auvergne.

Capitaine le 16 octobre 1665.

Lieutenant-colonel de son régiment, novembre 1687.

Brigadier des armées du Roi, mars 1693.

Reçu chevalier de l'ordre de Saint-Louis en 1694.

Mort au mois de mars 1700.

D'ARENNES,

Major-général de l'armée d'Italie.

Brigadier des armées du Roi en 1693.

Reçu chevalier de l'ordre de Saint-Louis en 1694.

DES FONTAINES,

Maréchal-des-logis des Gendarmes.

Reçu chevalier de l'ordre de Saint-Louis en 1694.

Le CORNU *(François)*, *marquis* DE BALIVIÈRE,
 Cornette au régiment de cavalerie de Bouillon le 2 avril 1675.
 Capitaine au même régiment, mars 1677.
 Capitaine dans celui de Bulonde, mars 1682.
 Major du régiment Royal-cavalerie, janvier 1689.
 Successivement troisième, deuxième et premier enseigne de la compagnie des Gardes-du-Corps (depuis Luxembourg).
 Reçu chevalier de l'ordre de Saint-Louis en 1694.
 Brigadier, janvier 1702.
 Maréchal-de-camp, octobre 1704.
 Lieutenant-général des armées du Roi, mars 1710.
 Gouverneur de Rocroy, octobre 1718.
 Grand'croix de l'ordre de Saint-Louis, février 1728.
 Mort le 18 juin 1730.

D'ECHE ou D'ECK,
 Commandant de bataillon au régiment d'Alsace.
 Reçu chevalier de l'ordre de Saint-Louis en 1694.

DE BEAUJEU,
 Capitaine de vaisseaux du Roi.
 Reçu chevalier de l'ordre de Saint-Louis en 1694.

DE HARLUS *(Louis)*, *comte* DE VERTILLY,
 Cornette de la compagnie du comte du Plessis-Praslin le 29 décembre 1663.
 Capitaine au régiment de cavalerie de Bligny, août 1667.
 Colonel d'un régiment de cavalerie de son nom (vacant par la mort du comte de Catheux), août 1675.
 Brigadier de cavalerie, mars 1690.
 Reçu chevalier de l'ordre de Saint-Louis en 1694.
 Maréchal-de-camp, janvier 1696.
 Tué à la bataille d'Hochstett le 13 août 1704.

CADOT *(Jacques)*, *comte* DE SEBBEVILLE,
 Chef d'escadre des armées navales.
 Reçu chevalier de l'ordre de Saint-Louis en 1694.
 Mort au siège de Toulon en 1707.

De CHASTENET *(Jacques)*, marquis DE Puységur, baptisé le 13 août 1656.
  Lieutenant au régiment du Roi en 1677.
  Capitaine, décembre 1679.
  Aide-major en 1682.
  Major en 1693.
  Lieutenant-colonel du même régiment, novembre suivant.
  Reçu chevalier de l'ordre de Saint-Louis en 1694.
  Brigadier, janvier, même année.
  Gentilhomme de la Manche de M. le duc de Bourgogne, juin 1698.
  Maréchal-de-camp, janvier 1702.
  Chevalier des ordres du Roi le 17 mai 1704.
  Lieutenant-général des armées du Roi, octobre 1739.
  Gouverneur de Bergues, mars 1743.
  Mort le 15 août de la même année.

De BERTHIN,
  Capitaine de grenadiers.
  Reçu chevalier de l'ordre de Saint-Louis en 1694.

CALIGNY (*le chevalier de*),
  Ingénieur et directeur des fortifications des places et ports de Normandie.
  Reçu chevalier de l'ordre de Saint-Louis en 1694.

Des AIDES,
  Lieutenant-colonel du régiment d'Asfeld, dragons-étrangers et depuis colonel.
  Reçu chevalier de l'ordre de Saint-Louis en 1694.

De COULOMBE,
  Capitaine de vaisseaux du Roi.
  Reçu chevalier de l'ordre de Saint-Louis en 1694.

Du COUDRAY (*Gaspard*),
  Enseigne au régiment de la Ferté le 3 janvier 1668.
  Capitaine au régiment Royal-la-Marine, décembre 1669.
  Lieutenant de Roi de Casal, février 1682.
  Reçu chevalier de l'ordre de Saint-Louis en 1694.

Lieutenant de Roi de Dunkerque en octobre 1695.
Brigadier des armées du Roi, septembre 1706.
Mort à Dunkerque le 16 décembre 1708.

HARCOURT (*Henri, duc d'*), né le 2 avril 1654.
Cornette de la compagnie de Mestre-de-Camp de cavalerie de Thury le 2 août 1673.
Colonel d'un régiment d'infanterie de son nom (depuis Montrevel) sur la démission du marquis de Sourches, février 1675.
Colonel du régiment de Picardie à la mort du marquis de Bourlemont, mars 1677.
Lieutenant-général au gouvernement de Normandie, mai 1678.
Inspecteur-général de l'infanterie, décembre 1682.
Brigadier d'infanterie, mars 1683.
Maréchal-de-camp, août 1688.
Lieutenant-général des armées du Roi, mars 1693.
Gouverneur de Tournay à la mort du marquis de Maulevrier, juin 1693.
Reçu chevalier de l'ordre de Saint-Louis en 1694.
Ambassadeur en Espagne, septembre 1697.
Créé duc, par lettres données à Versailles au mois de novembre 1700, enregistrées au Parlement de Paris le 19 mars 1701, et au Parlement de Rouen le 30 juillet suivant.
Maréchal de France, janvier 1703.
Chevalier des ordres du Roi le 2 février 1705.
Pair de France par lettres données à Versailles en novembre 1709.
Lieutenant-général de la Franche-Comté à la mort du marquis de Renty, septembre 1710.
Conseiller au conseil de la Régence, septembre 1715.
(Destiné par Louis XIV pour être gouverneur de Louis XV.)
Mort le 19 octobre 1718 (sans avoir eu cet honneur).

De CHÉVIGNY,
  Colonel d'infanterie.
  Reçu chevalier de l'ordre de Saint-Louis en 1694.

De BOISSY,
  Officier au régiment de Champagne.
  Reçu chevalier de l'ordre de Saint-Louis en 1694.

De BOMBELLES (*Charles*),
  Major et inspecteur des troupes des Galères.
  Reçu chevalier de l'ordre de Saint-Louis en 1694.

De COURBON (*Charles*), *comte* De BLENAC,
  Capitaine d'une compagnie franche, octobre 1651.
  Sénéchal de Saintonge.
  Premier chambellan de MONSIEUR.
  Maréchal-de-camp, janvier 1656.
  Créé lieutenant-général des armées navales à son entrée dans la marine.
  Nommé gouverneur général des îles françaises de l'Amérique, mai 1667.
  Reçu chevalier de l'ordre de Saint-Louis en 1694.
  Mort le 10 juin 1696.

BARTH (*Jean*),
  Chef d'escadre des armées navales.
  Reçu chevalier de l'ordre de Saint-Louis en 1694.

FARVET,
  Officier au régiment de Bressay.
  Reçu chevalier de l'ordre de Saint-Louis en 1694.

Des CHIENS De RESSONS,
  Capitaine de vaisseaux du Roi.
  Lieutenant-général d'artillerie.
  Reçu chevalier de l'ordre de Saint-Louis en 1694, et commandeur en 1730.

DE FRANQUETOT (*Robert-Jean-Antoine*), comte DE COIGNY,
 Mousquetaire en 1667.
  Cornette de la Colonelle-Générale de cavalerie, décembre même année.
  Volontaire dans l'armée du Roi en 1672.
  Mestre-de-camp-lieutenant du régiment Royal-Étranger, février 1673.
  Gouverneur de Caen, janvier 1680.
  Grand-Bailli de cette ville le 20 du même mois, sur la démission du sieur la Croisette.
  Inspecteur-général de cavalerie, octobre 1681.
  Brigadier de cavalerie, février 1686.
  Maréchal-de-camp, mars 1690.
  Lieutenant-général des armées du Roi, mars 1693.
  Reçu chevalier de l'ordre de Saint-Louis en 1694.
  Directeur-général de la cavalerie à la création des charges, décembre même année.
  Gouverneur de Barcelone, août 1697.
  Mort le 10 octobre 1704.

DE PERRIN (*Pierre-Alias-Michel*), chevalier DE LA BESSIÈRE,
  Lieutenant-colonel du régiment de Rouergue.
  Gouverneur de Puymirol en Agenois.
  Lieutenant de Roi de Ville-Franche, de Conflans.
  Brigadier des armées du Roi.
  Reçu chevalier de l'ordre de Saint-Louis en 1694.
  Mort en 1735.

DE GOMBAULT,
  Capitaine de galiote et d'artillerie.
  Reçu chevalier de l'ordre de Saint-Louis en 1694.

DE BIDAUD,
  Capitaine de vaisseaux du Roi.
  Reçu chevalier de l'ordre de Saint-Louis en 1694.

CAPPON,
  Maréchal-des-logis des Chevau-Légers de la garde.

Mestre-de-camp de cavalerie.
Reçu chevalier de l'ordre de Saint-Louis en 1694.

FROTIER (*Bonaventure*), marquis DE LA MESSELIÈRE,
Page du Roi en 1672.
Cadet dans les Gardes-du-Corps en 1675.
Exempt de la compagnie de Noailles, novembre 1678.
Capitaine de cavalerie, août 1688.
Sous-lieutenant dans la compagine des Chevau-Légers, avec rang de mestre-de-camp, janvier 1692.
Reçu chevalier de l'ordre de Saint-Louis en 1694.
Brigadier de cavalerie, janvier 1702.
Maréchal-de-camp, octobre 1704.
Mort le 14 septembre 1711.

DE BOISJOLY,
Lieutenant de vaisseaux du Roi.
Reçu chevalier de l'ordre de Saint-Louis en 1694.

DES ESSARS,
Capitaine de canonniers.
Reçu chevalier de l'ordre de Saint-Louis en 1694.

BOUTET DE FRANCONVILLE,
Capitaine au régiment de Navarre.
Reçu chevalier de l'ordre de Saint-Louis en 1694.

DE BEAULIEU (*Jérôme-Augustin*), seigneur de BARNEVILLE,
Capitaine de port et de vaisseaux du Roi.
Reçu chevalier de l'ordre de Saint-Louis en 1694.

D'ARBOIS DE ROMMERY (*Claude*),
Lieutenant des Gardes-du-Corps.
Brigadier des armées du Roi.
Reçu chevalier de l'Ordre de Saint-Louis en 1694.
Mort en 1698.

HESSY (*Gabriel*),
Cadet au régiment des Gardes-Suisses, mai 1665.
Enseigne en 1666.

Lieutenant, juillet 1667.
Capitaine au régiment de Stuppa à sa création, février 1672.
Lieutenant-colonel au même régiment, janvier 1677.
Colonel d'un régiment suisse (depuis Castellas), 20 décemb. 1684.
Brigadier, mars 1693.
Reçu chevalier de l'ordre de Saint-Louis en 1694.
Maréchal-de-camp, décembre 1702.
Lieutenant-général des armées du Roi, octobre 1704.
Mort le 21 novembre 1729.

DE BOUTHILLIER (*Armand-Victor*), *comte* DE CHAVIGNY,
Capitaine de vaisseaux du Roi.
Reçu chevalier de l'ordre de Saint-Louis en 1694.
Mort le 6 août 1729.

Du BOIS-DESPERCHES,
Capitaine-aide-major du régiment Dauphin-infanterie.
Reçu chevalier de l'ordre de Saint-Louis en 1694.

Du FOUR DE LONGUERUE (*Charles-Louis*),
Garde-du-Corps dès 1674.
Exempt de sa compagnie (depuis Luxembourg) en 1682.
Troisième enseigne de sa compagnie, avec rang de mestre-de-camp.
Reçu chevalier de l'ordre de Saint-Louis en 1694.
Deuxième enseigne de sa compagnie, juin 1698.
Premier enseigne, juin 1699.
Gouverneur de Fougères, août 1701.
Brigadier de cavalerie, janvier 1702.
Troisième lieutenant de sa compagnie, février 1703.
Deuxième lieutenant le 5 mai suivant.
Maréchal-de-camp, octobre 1704.
Tué à la bataille de Ramillies le 23 mai de la même année.

DES GRANGES,
Lieutenant de vaisseaux du Roi.
Reçu chevalier de l'ordre de Saint-Louis en 1694.

De BOLHEN,
Lieutenant-colonel.
Reçu chevalier de l'ordre de Saint-Louis en 1694.

De GRANGES de SURGERES (*Gilles-Charles*), marquis de la Flocelliere et de Mauléon,
Capitaine de vaisseaux du Roi.
Commandant de la marine aux Sables-d'Olonne.
Reçu chevalier de l'ordre de Saint-Louis en 1694.
Mort en 1727.

De FENOUIL,
Capitaine au régiment de Guiche-infanterie.
Reçu chevalier de l'ordre de Saint-Louis en 1694.

De BRUYS,
Officier au régiment de Navarre.
Reçu chevalier de l'ordre de Saint-Louis en 1694.

De HARLUS *(René)*, comte de Vertilly,
Page de la chambre de M. le duc d'Orléans.
Mousquetaire en 1678.
Ecuyer du Roi.
Capitaine dans le régiment de cavalerie de Grignan, février 1681.
Major du régiment de cavalerie du Roi, février 1686.
Lieutenant-colonel du même régiment, septembre 1688.
Mestre-de-camp de cavalerie, avril 1691.
Major de la gendarmerie, novembre 1693.
Reçu chevalier de l'ordre de Saint-Louis en 1694.
Brigadier de cavalerie, janvier 1696.
Capitaine-lieutenant de la compagnie des Gendarmes de la Reine, novembre 1702.
Maréchal-de-camp, octobre 1704.
Mort le 29 avril 1729.

De LA BUSSIERE,
Lieutenant-colonel du régiment de Sauzay.
Reçu chevalier de l'ordre de Saint-Louis en 1694.

De BROGLIE *(Charles-Amédée)*, *comte* DE REVEL,

Fait très-jeune (en 1654) colonel d'un régiment d'infanterie (vacant par la mort du sieur de Maisonneuve), licencié en 1659.

Parvenu à l'âge de servir, fait guidon de Gendarmes écossais, juin 1666.

Mestre-de-camp-lieutenant du régiment Royal des cuirassiers, juin 1668.

Brigadier, mars 1675.

Maréchal-de-camp, janvier 1678.

Lieutenant-général des armées du Roi, août 1688.

Reçu chevalier de l'ordre de Saint-Louis en 1694.

Gouverneur de Condé (à la mort du marquis de Crenan), mars 1702.

Chevalier des ordres du Roi, mai 1703.

Mort le 25 octobre 1707.

Du FEUILLAGE,

Capitaine de grenadiers au régiment de Catinat.

Reçu chevalier de l'ordre de Saint-Louis en 1694.

De BELVEZE,

Lieutenant-colonel du régiment Dauphin-Étranger-cavalerie.

Reçu chevalier de l'ordre de Saint-Louis en 1694.

De LA FERTÉ,

Officier au régiment Royal.

Reçu chevalier de l'ordre de Saint-Louis en 1694.

D'ALPHONSE *(Raymond)*,

Capitaine au régiment du Roi.

Lieutenant de Roi de Dinan.

Reçu chevalier de l'ordre de Saint-Louis en 1694.

De LA BARRE,

Capitaine-lieutenant, commandant la Colonelle du régiment des Gardes-Françaises.

Brigadier des armées du Roi.

Reçu chevalier de l'ordre de Saint-Louis en 1694, commandeur en 1702.

FERRAND,
Major-général en Roussillon.
Reçu chevalier de l'ordre de Saint-Louis en 1694.

DE BROYARD,
Sous-aide-major de la Gendarmerie.
Reçu chevalier de l'ordre de Saint-Louis en 1694.

DE FAHONNET,
Lieutenant-colonel du régiment de Bretagne-dragons.
Reçu chevalier de l'ordre de Saint-Louis en 1694.

DE LA HAYE DE MONTBAUT (*Antoine*),
Capitaine de vaisseaux du Roi.
Reçu chevalier de l'ordre de Saint-Louis en 1694.

LE BREUIL,
Lieutenant d'artillerie.
Reçu chevalier de l'ordre de Saint-Louis en 1694.

DE SAINT-ANDRÉ (*Henri*),
Brigadier des armées du Roi en 1677.
Gouverneur de Vienne.
Reçu chevalier de l'ordre de Saint-Louis en 1694.

D'HOSTUN (*Camille*), duc DE TALLART, baptisé le 4 février 1652 (d'abord connu sous le nom de *comte* DE TALLART),
Guidon des Gendarmes anglais le 29 novembre 1667.
Mestre-de-camp-lieutenant du régiment Royal-Cravates (sur la démission du comte de Vivonne), janvier 1669.
Lieutenant-général au gouvernement du Dauphiné (à la mort du marquis de Ragny), avril 1675.
Brigadier de cavalerie, février 1677.
Colonel d'un régiment de son nom (depuis la Rochefoucauld), octobre 1682.

Maréchal-de-camp, août 1688.
Lieutenant-général des armées du Roi, mars 1693.
Reçu chevalier de l'ordre de Saint-Louis en 1694.
Ambassadeur extraordinaire en Angleterre en 1698.
Gouverneur et lieutenant-général des comté et pays de Foix.
Sénéchal de Carcassonne (à la mort du marquis de Mirepoix), avril 1701.
Chevalier des ordres du Roi le 15 mai, même année.
Maréchal de France, janvier 1703.

(Le Roi le créa duc d'Hostun par lettres d'érection du marquisat de la Baume-d'Hostun en duché, données à Versailles au mois de mars 1712, registrées au parlement le 14 avril suivant; ce duché, érigé en pairie par lettres du mois de mars 1714, registrées au parlement le 25 juillet 1715).

Conseiller au conseil de régence et au conseil royal.
Ministre d'État le 25 septembre 1726.
Mort le 30 mars 1728.

DE BARRIN (*Roland*), *comte* DE LA GALISSONNIÈRE,
Lieutenant-général des armées navales.
Reçu chevalier de l'ordre de Saint-Louis en 1694.

HAUTEFORT, (*François-Marie, comte d'*),
Né le 16 août 1654.
Cadet dans les Gardes-du-Corps en 1673.
Aide-de-camp des armées du Roi, janvier 1674.
Lieutenant-colonel du régiment d'Anjou (depuis Aquitaine-infanterie), vacant par la démission du comte de Saint-Géran, avril 1681.
Brigadier, janvier 1691.
Reçu chevalier de l'ordre de Saint-Louis en 1694.
Maréchal-de-camp, janvier 1696.
Lieutenant-général des armées du Roi, décembre 1702.
Chevalier de ses ordres le 3 juin 1724.
Mort le 8 juillet 1727.

GUISCARD (*Louis, comte de*), né le 27 septembre 1651,
   Colonel du régiment Royal-Vaisseaux, août 1671.
   Colonel du régiment de Normandie, mars 1674.
   Brigadier d'infanterie, février 1689.
   Inspecteur-général de l'infanterie le 16 du même mois.
   Maréchal-de-camp, octobre 1690.
   Gouverneur de la principauté de Sédan (sur la démission de son père), mai 1692.
   Lieutenant-général des armées du Roi, mars 1693.
   Reçu chevalier de l'ordre de Saint-Louis en 1694.
   Colonel d'un régiment de fusiliers de son nom, août 1695.
   Chevalier des ordres du Roi le 1.er janvier 1696.
   Ambassadeur extraordinaire en Suède le 2 août 1698.
   Mort le 10 décembre 1720.

BERCHIN,
   Chef de bataillon au régiment de Vermandois.
   Reçu chevalier de l'ordre de Saint-Louis en 1694.

D'HERPIN,
   Capitaine de vaisseaux et de port à Brest.
   Reçu chevalier de l'ordre de Saint-Louis en 1694.

D'HUMERMONT,
   Capitaine au régiment de Souvré-cavalerie.
   Reçu chevalier de l'ordre de Saint-Louis en 1694.

D'AUDEGARD (*Antoine*), seigneur d'Hubersan ou d'Humbersan,
   Lieutenant-colonel du régiment de Roquepine-cavalerie, avec rang de mestre-de-camp.
   Reçu chevalier de l'ordre de Saint-Louis en 1694.

BOYVEAU ou BOISVEAU (*Alexandre*),
   Capitaine au régiment de Bourgogne.
   Reçu chevalier de l'ordre de Saint-Louis en 1694.

Du FOSSÉ (*Jacques*), seigneur de la Motte-Vatteville,
   Lieutenant des Gardes-du-Corps.

Lieutenant de la grande vénerie.
Gouverneur de Fécamp.
Brigadier des armées du Roi.
Reçu chevalier de l'ordre de Saint-Louis en 1694.
Mort en 1702.

DE LARTIGUE-DE-BASSABAT (*Joseph-Herman*),
Lieutenant-colonel du régiment de la marine.
Major de la citadelle de Valenciennes.
Brigadier des armées du Roi.
Reçu chevalier de l'ordre de Saint-Louis en 1694.
Mort à Rocroy en 1700.

ESPINAC (*Georges-Anne-Louis, comte d'*),
Sous-lieutenant des Gendarmes-Dauphin.
Brigadier des armées du Roi.
Reçu chevalier de l'ordre de Saint-Louis en 1694.

DE BEAUJEU,
Capitaine-lieutenant des Gendarmes d'Anjou.
Brigadier des armées du Roi.
Reçu chevalier de l'ordre de Saint-Louis en 1694.

DU LIGONDÈS (*Gaspard*), seigneur DE CHATEAUBODEAU,
Colonel d'un régiment de cavalerie.
Brigadier des armées du Roi.
Lieutenant de Roi des provinces de Saintonge et d'Angoumois.
Reçu chevalier de l'ordre de Saint-Louis en 1694.
Mort en 1709.

DE PUJOL (*Pierre-Jean*),
Chevalier de Saint-Lazare.
Major de brigade des Carabiniers.
Mestre-de-camp de cavalerie.
Brigadier des armées du Roi.
Reçu chevalier de l'ordre de Saint-Louis en 1694.
Mort à Valenciennes le 13 novembre 1727.

De MARINS ou MARIN *(Louis)*, *seigneur* de Mouilleron,
Lieutenant des Gardes-du-Corps.
Brigadier des armées du Roi.
Reçu chevalier de l'ordre de Saint-Louis en 1694.

De LESTRADE,
Lieutenant des Gardes-du-Corps.
Brigadier des armées du Roi.
Reçu chevalier de l'ordre de Saint-Louis en 1694.

Du BOSC d'AIGREBERT *(Nicolas)*,
Cornette de la première compagnie des Mousquetaires.
Brigadier des armées du Roi.
Reçu chevalier de l'ordre de Saint-Louis en 1694.

NICOLAY de PRESLE (*Nicolas, marquis de*),
Capitaine au régiment d'infanterie de Broglie, novembre 1667, et dans celui d'Anjou en décembre 1671.
Colonel du régiment d'Auvergne-infanterie, avril 1680.
Brigadier des armées du Roi, mars 1693.
Reçu chevalier de l'ordre de Saint-Louis en 1694.
Mort le 25 juin 1718.

D'HAUTEFORT *(François-Louis)*, comte de Marquessac,
Sous-lieutenant au régiment d'Anjou-infanterie en 1680.
Capitaine au même régiment, mars 1688.
Colonel du régiment d'infanterie de Périgueux, décembre 1693.
Reçu chevalier de l'ordre de Saint-Louis en 1694.
Colonel du régiment de Cambrésis, février 1702.
Brigadier des armées du Roi, décembre même année.
Mort le 4 avril 1747.

De CHARTREIX *(Georges)*,
Officier au régiment de Piémont dès 1669.
Capitaine en 1672.
Capitaine de grenadiers en 1692.
Reçu chevalier de l'ordre de Saint-Louis en 1694.

Commandant de bataillon dans ledit régiment de Piémont en 1695.

Lieutenant-colonel, septembre 1702.

Lieutenant de Roi de Charlemont en quittant le régiment de Piémont en 1704.

Commandant à Givet, juin 1705.

Brigadier, novembre 1706.

Lieutenant de Roi de la ville d'Arras, où il est mort au mois d'août 1731.

DE DAMAS *(Claude-Henri-Philibert)*, *marquis* DE THIANGES,
Mousquetaire pendant quelques années.

Aide-de-camp de Monsiegneur le 16 septembre 1688.

Colonel d'un régiment d'infanterie (depuis Cambis), à la mort du maréchal de Vivonne, le 25 du même mois.

Brigadier, mars 1693.

Reçu chevalier de l'ordre de Saint-Louis en 1694.

Maréchal-de-camp, janvier 1702.

Mort le 4 janvier 1708.

DE MELUN *(Louis)*, *marquis* DE MAUPERTUIS,
Capitaine (après avoir servi plusieurs années dans les Mousquetaires) au régiment de cavalerie du cardinal Mazarin, commandé par le comte de la Feuillade, avril 1657.

Réformé en 1661, suivit le Roi à Nantes.

Accompagna M. d'Artagnan lorsqu'il arrêta M. Fouquet, en rendit compte au Roi qui le fit maréchal-des-logis de la première compagnie des Mousquetaires en novembre 1661.

Cornette de la même compagnie, février 1667.

Enseigne, mars 1672.

Sous-lieutenant, juillet même année.

Brigadier des armées du Roi, mars 1677.

Grand-bailli de Bergues, janvier 1682.

Capitaine-lieutenant de la première compagnie des Mousquetaires à la mort du bailli de Forbin.

Maréchal-de-camp, août 1688.

Gouverneur de Saint-Quentin, juillet 1690.

Lieutenant-général des armées du Roi, mars 1693.

Gouverneur et lieutenant-général de Toul et pays Toulois.

Reçu chevalier de l'ordre de Saint-Louis en 1694, et grand'croix en juillet 1706.

Mort le 18 avril 1721.

D'ESPALUNGUE DE LA BADIE *(Charles)*,

Capitaine au régiment de Louvigny (depuis Montmorin) dès 1672.

Major, janvier 1691.

Lieutenant-colonel, août de la même année.

Reçu chevalier de l'ordre de Saint-Louis en 1694.

Brigadier des armées du Roi, avril suivant.

Inspecteur-général de l'infanterie, novembre 1695.

Maréchal-de-camp, janvier 1702.

Lieutenant-général des armées du Roi, octobre 1704.

Gouverneur de la citadelle de Lille à la mort du maréchal de Vauban, avril 1707.

Mort le 23 février 1724.

DE CHERISEY *(Louis)*,

Lieutenant à la suite du régiment de cavalerie de Tilladet, février 1688.

Capitaine dans celui de Boufflers (depuis d'Ourches), août de la même année.

Reçu chevalier de l'ordre de Saint-Louis en 1694.

Mestre-de-camp de son régiment, sur la démission du comte d'Ourches, mars 1705.

Brigadier des armées du Roi, février 1719.

Premier lieutenant de la compagnie des Gardes-du-Corps (Villeroy), février 1727.

Maréchal-de-camp, février 1734.

Commandeur de l'ordre de Saint-Louis le 16 mars 1743, et grand'croix le 25 juillet suivant.

Mort le 19 février 1750.

D'ESCOSSOIS *(François)*,
 Officier au régiment de Normandie dès 1663.
 Capitaine de grenadiers en 1681.
 Lieutenant-colonel dudit régiment, avril 1688.
 Reçu chevalier de l'ordre de Saint-Louis en 1694.
 Gouverneur de Dunkerque jusqu'en 1712 qu'on donna ce port à garder aux Anglais et qu'il se retira chez lui, où il mourut quelques années après.

De COURLANDON,
 Mestre-de-camp et brigadier des armées du Roi.
 Reçu chevalier de l'ordre de Saint-Louis en 1694.

RESIGNY (*le marquis de*),
 Mestre-de-camp du régiment des Carabiniers.
 Brigadier des armées du Roi.
 Reçu chevalier de l'ordre de Saint-Louis en 1694.

De la DEVEZE,
 Capitaine au régiment de Royal-infanterie.
 Reçu chevalier de l'ordre de Saint-Louis en 1694.

De BARZUN,
 Lieutenant des Gardes-du-Corps.
 Reçu chevalier de l'ordre de Saint-Louis en 1694.
 Brigadier des armées du Roi en 1696.

De GUISLAIN de la VIERUE (*Claude* ou *Claude-Alexandre*),
 Cornette au régiment de cavalerie de Bulonde, mars 1672.
 Lieutenant audit régiment la même année.
 Inspecteur-général de la cavalerie en novembre suivant, jusqu'à la suppression de cette charge en la même année.
 Reçu chevalier de l'ordre de Saint-Louis en 1694.
 (A la mort de M. de Saint-Martin, ayant acheté la charge de major-général-des-logis de la cavalerie, en fut pourvu le 28 février 1696.

(A sa mort, son fils en fut aussi pourvu).
Brigadier en novembre 1702.
Maréchal-de-camp, mars 1709.
Lieutenant-général des armées du Roi, février 1719.
Mort la même année, 1719, le 14 avril.

De la HARTELOIRE,
Lieutenant-général des armées navales.
Reçu chevalier de l'ordre de Saint-Louis en 1694.

De CHERMONT *(Alexandre)*,
Soldat au régiment de Normandie en 1664, pendant un an.
Enseigne au régiment de Champagne en 1665.
Lieutenant en 1671.
Capitaine en 1675.
Ingénieur en 1676.
Brigadier des ingénieurs dans la campagne de 1689, à la suite de M. de Vauban, conduisit plusieurs directions en cette qualité, de 1693 à 1706.
Reçu chevalier de l'ordre de Saint-Louis en 1694.
Brigadier des armées du Roi en février 1719.
Mort le 1er août 1721.

De la CHASSAGNE *(Pierre)*,
Enseigne au régiment de Bretagne, avril 1664.
Capitaine le 20 novembre, même année.
Major, août 1678.
Lieutenant-colonel, mars 1682.
Brigadier des armées du Roi, mars 1693.
Reçu chevalier de l'ordre de Saint-Louis en 1694.
Tué au combat de Chiary le 1.er septembre 1701.

D'ESTAING *(Jean-Philippe)*, comte de SAILLANT,
Page du Roi.
Cadet dans les Gardes-du-Corps pendant quatre ans.
Enseigne au régiment des Gardes-Françaises, octobre 1663.

Lieutenant de la compagnie de Chevau-Légers de son frère aîné, juillet 1667.

Sous-lieutenant aux Gardes-Françaises, février 1674.

Pourvu de la troisième lieutenance de la compagnie Colonelle, à sa création, mai 1675.

Capitaine de la compagnie vacante par la mort de M. de Villedieu, juin 1678.

Pourvu de la seconde compagnie de grenadiers à la création de ces compagnies, février 1689.

Reçu chevalier de l'ordre de Saint-Louis en 1694.

Brigadier des armées du Roi, avril de la même année.

Maréchal-de-camp, janvier 1702.

Lieutenant-général des armées du Roi, octobre 1704.

Lieutenant-colonel du régiment des Gardes-Françaises, février 1710.

Gouverneur et lieutenant-général des pays et évêché de Metz et Verdun, et gouverneur particulier des ville et citadelle de Metz, octobre 1712.

Mort à Metz le 23 juillet 1723.

D'AVIGNON *(Guillaume)*,

Garde du Roi en 1672.

Sous-brigadier en 1674.

Brigadier, février 1677.

Aide-major de la compagnie de Duras (depuis Beauvau), janvier 1678.

Troisième enseigne de ladite compagnie, mars 1691, avec rang de mestre-de-camp de cavalerie le 10 avril.

Second enseigne le 18 octobre, et premier enseigne le 18 novembre de la même année.

Gouverneur du pont de Larches, novembre 1692.

Reçu chevalier de l'ordre de Saint-Louis en 1694.

Brigadier des armées du Roi le 29 janvier 1702.

Premier aide-major des Gardes-du-Corps le 14 mars, avec rang de lieutenant.

Maréchal-de-camp, octobre 1704.

Major des Gardes-du-Corps, sur la démission du marquis de Brissac, son oncle, avril 1708.

Gouverneur de Salins, mars 1710.

Lieutenant-général des armées du Roi le 29 du même mois.

Commandeur de l'ordre de Saint-Louis le 8 janvier 1715.

Obtint, le 20 juillet 1716, la permission de porter la grand'croix en quittant la majorité des Gardes-du-Corps, et obtint encore la majorité de Senlis le 6 novembre 1719.

Mort le 29 février 1724.

D'ASTORG D'OLTHON *(Bernard)*, comte D'AUBARÈDE,

Officier au régiment Royal-Vaisseaux dès 1641.

Major, avril 1658.

Lieutenant-colonel dudit régiment, décembre 1670.

Mestre-de-camp de la garnison de Metz, sur la démission de son oncle, septembre 1671.

Brigadier des armées du Roi, mars 1675.

Gouverneur de Saint-Guislain, mars 1675, puis de Salins, ensuite de l'île de Ré, le 12 janvier 1684.

Maréchal-de-camp, août 1688.

Reçu chevalier de l'ordre de Saint-Louis en 1694.

Lieutenant-général des armées du Roi, janvier 1696.

Mort dans l'île de Ré, au mois d'avril 1710.

D'AIX DE LA CHAISE *(Antoine)*, comte DE SOUTERNON,

Mousquetaire en 1673.

Capitaine au régiment de Vins, mars 1674.

Capitaine au régiment de Villeroy (depuis Conti) en 1681.

Lieutenant-colonel de son régiment, février 1686.

Mestre-de-camp d'un régiment de son nom, mars 1691.

Inspecteur-général de la cavalerie et des dragons, novembre 1692.

Mestre-de-camp-lieutenant du régiment de cavalerie de Toulouse, novembre 1693.

Reçu chevalier de l'ordre de Saint-Louis en 1694.

Brigadier, avril même année.

Maréchal-de-camp, janvier 1702.
Lieutenant-général des armées du Roi, octobre 1704.
Mort le 26 juillet 1720.

BAZAN *(Jean-René)*, *marquis* DE FLAMANVILLE,
Lieutenant au régiment de cavalerie de Joyeuse, juin 1666.
Capitaine au régiment de Deffournaux (depuis Varennes), août 1671.
Sous-lieutenant de la compagnie des Gendarmes écossais, avril 1676.
Capitaine-lieutenant de la compagnie des Gendarmes bourguignons, sur la démission du comte de Broglie, janvier 1683.
Brigadier des armées du Roi, mars 1693.
Reçu chevalier de l'ordre de Saint-Louis en 1694.
Maréchal-de-camp, janvier 1702.
Lieutenant-général des armées du Roi, octobre 1704.
Mort le 14 avril 1715.

CADOT *(Bernardin)*, *marquis* DE SEBBEVILLE,
Cornette, puis capitaine de cavalerie au service de l'électeur de Mayence en 1664.
De retour en France, Mestre-de-camp d'un régiment de cavalerie allemande, août 1667.
Sous-lieutenant de la compagnie des Chevau-Légers de Bourgogne, juin 1668.
Capitaine-lieutenant de la compagnie des Chevau-Légers de la Reine, avril 1676.
Brigadier des armées du Roi, janvier 1678.
Envoyé extraordinaire auprès de l'empereur en 1680.
Maréchal-de-camp, août 1688.
Reçu chevalier de l'ordre de Saint-Louis en 1694.
Mort le 11 novembre 1712.

DE LA FARE *(Charles-Auguste)*, *comte* DE LA FARE SOUS-TELLE,
Cornette dans un régiment de cavalerie le 10 mars 1684.
Mousquetaire en 1685.

TOM. I.

Capitaine au régiment du Roi-cavalerie, août 1688.
Reçu chevalier de l'ordre de Saint-Louis en 1694.
Colonel d'un régiment d'infanterie de son nom, mai 1701.
Brigadier d'infanterie, décembre 1705.
Maréchal-de-camp, mars 1718.
Mort le 3 juin même année.

De GRÉSIGNY (*Moreau*),
Lieutenant au régiment d'infanterie d'Artois en 1672.
Aide-major, janvier 1684.
Capitaine, mai de la même année.
Major, mars 1693.
Reçu chevalier de l'ordre de Saint-Louis en 1694.
Lieutenant-colonel de son régiment, octobre 1706.
Prisonnier à la bataille d'Hochstett.
Lieutenant-de-Roi de Gironne, février 1711.
Brigadier des armées du Roi, janvier 1713.
Mort quelques années après.

De la BERANGE,
Gouverneur de Fougères.
Brigadier des armées du Roi.
Sous-lieutenant des Gendarmes de Bourgogne.
Reçu chevalier de l'ordre de Saint-Louis en 1694.

De BELLEVEZE,
Lieutenant-colonel de cavalerie.
Reçu chevalier de l'ordre de Saint-Louis en 1694.

De MONCEAU de TRAVERSONE (*Claude*),
Major du régiment des Gardes-Françaises.
Brigadier des armées du Roi.
Reçu chevalier de l'ordre de Saint-Louis en 1694.

Du MOULIN (*le chevalier*),
Lieutenant-colonel d'un régiment de Dragons.
Reçu chevalier de l'ordre de Saint-Louis en 1694.
Brigadier des armées du Roi en 1723.

D'ARCY,
   Commandant à Hubertsbourg.
   Reçu chevalier de l'ordre de Saint-Louis en 1694.

BAILLEUL *(Claude-Alexis, comte de)*,
   Colonel du régiment d'Orléans-infanterie.
   Brigadier des armées du Roi.
   Reçu chevalier de l'ordre de Saint-Louis en 1694.
   Mort le 29 mai 1699.

D'HAUTEFORT *(Louis-Charles)*, *marquis* DE SURVILLE,
   (Connu d'abord sous le nom de *chevalier* D'HAUTEFORT),
   Page du Roi en 1673.
   A sa sortie des pages, Volontaire aux siéges de Condé, Bouchain, suivit le Roi à Vesel, où il fut fait enseigne de la Colonelle du régiment du Roi le 4 juillet 1678, et capitaine en novembre suivant.
   Colonel-lieutenant du régiment d'infanterie de Toulouse (depuis Penthièvre) à la formation de ce régiment, février 1684.
   Prit le nom de marquis de Surville lors de son mariage, le 25 juin 1686.
   Brigadier des armées du Roi, mars 1693.
   Colonel-lieutenant du régiment du Roi, avril même année.
   Reçu chevalier de l'ordre de Saint-Louis en 1695.
   Maréchal-de-camp, janvier 1696.
   Lieutenant-général des armées du Roi, décembre 1702.
   Mort le 19 décembre 1721.

DE VILLETTE DE LA VAISSE *(Pierre)*, *frère de* M. DE NAVES,
   Lieutenant au régiment de Silly (depuis Bourbonnais) en 1658.
   Capitaine, octobre 1665.
   Capitaine de Grenadiers, juin 1684.
   Lieutenant-colonel dudit régiment, mai 1688.
   Brigadier des armées du Roi, mars 1690.

Reçu chevalier de l'ordre de Saint-Louis en 1695.

Maréchal-de-camp, janvier 1696.

Gouverneur du Fort-Louis, du Rhin, en novembre suivant.

Lieutenant-général des armées du Roi, octobre 1704.

Mort le 7 mars 1712.

OGER DE CAVOYE (*Gilbert*),

Capitaine au régiment du Roi-infanterie lors de sa création, le 2 janvier 1663.

Major du même régiment, août 1672.

Lieutenant-colonel du régiment des Fusiliers du Roi, avril 1677.

Colonel d'un régiment de milice de la généralité d'Amiens qui porta son nom, janvier 1689.

Brigadier des armées du Roi, janvier 1691.

Reçu chevalier de l'ordre de Saint-Louis en 1695.

Maréchal-de-camp, janvier 1696.

Mort au mois de septembre 1702, d'une blessure qu'il avait reçue le mois précédent à la bataille de Luzzara.

GRIMALDY (*Louis, baron de*), né à Monaco,

Entra au service de France.

Lieutenant du régiment Piémontais de Ducal en 1674.

Aide-major au régiment de Saint-Laurent (depuis Nice), juillet 1679.

Major, février 1689.

Lieutenant-colonel du même régiment, février 1695, avec rang de colonel d'infanterie le 30 octobre de la même année.

Reçu chevalier de l'ordre de Saint-Louis en ladite année 1695.

Brigadier d'infanterie, octobre 1704.

Maréchal-de-camp, novembre 1710.

Commandant à Ypres en la même année, et à Saint-Omer en 1712.

Mort en 1715.

D'ILLIERS DE BALSAC (*Jacques, marquis*),
Mousquetaire en 1685.
Guidon de la compagnie des Gendarmes de Flandres, janvier 1689.
Enseigne de la compagnie des Gendarmes de Bretagne, octobre 1690.
Sous-lieutenant de la compagnie des Chevau-Légers de Berri, novembre 1693.
Reçu chevalier de l'ordre de Saint-Louis en 1695.
Capitaine-lieutenant de la compagnie des Chevau-Légers de Berri, juin 1703.
Brigadier des armées du Roi, février 1704.
Maréchal-de-camp, mars 1709.
Mort au mois d'août 1733.

MASSOL DE SERVILLE (*Guillaume*),
Mousquetaire.
Capitaine dans le régiment de dragons du marquis de Grammont, août 1688.
Reçu chevalier de l'ordre de Saint-Louis en 1695.
Colonel d'un régiment d'infanterie de son nom en décembre de la même année.
Colonel à la suite du régiment de Poitou, son régiment ayant été réformé en 1698.
Colonel à la suite du régiment de Médoc, 1704.
Brigadier des armées du Roi le 26 octobre même année.
Colonel à la suite du régiment de Charost, avril 1707.
Maréchal-de-camp, novembre 1708.
Lieutenant-général des armées du Roi le 30 mars 1720.
Mort en 1731.

DE MONESTAY (*François-Amable*), marquis DE CHAZERON,
Cadet dans les Gardes-du-Corps et aide-de-camp de son père en 1674.
Exempt de la compagnie de Duras (depuis Beauvau).
Capitaine au régiment de cavalerie de Saint-Sylvestre, 1676.

Gouverneur de Brest sur la démission de son père, août 1688.

Mestre-de-camp de cavalerie, décembre 1690.

Reçu chevalier de l'ordre de Saint-Louis en 1695.

Brigadier des armées du Roi, janvier 1696.

Maréchal-de-camp, janvier 1704.

Lieutenant-général des armées du Roi, mars 1710.

Premier lieutenant de sa compagnie le 21 avril suivant.

Mort le 28 décembre 1719.

D'ERBOSSE DE LA MOTTE *(François-Rousseau)*,

Major de Lille en 1688.

Lieutenant-de-Roi de la citadelle de cette ville, mai 1691.

Reçu chevalier de l'ordre de Saint-Louis en 1695.

Brigadier des armées du Roi au mois de janvier 1707.

Mort en 1722.

DE BALLORE (*Claude*), comte DE LA RODE,

Sous-lieutenant au régiment de Berri dès 1685.

Lieutenant, 1686.

Aide-major, février 1690.

Capitaine, juillet 1692.

Major, avril 1695.

Reçu chevalier de l'ordre de Saint-Louis en la même année.

Brigadier des armées du Roi, avril 1711.

Commandant à Abbeville.

Mort le 4 juillet 1721.

LE COMTE *(Jacques)*, sieur DE BEAUVAIS,

Entré au service en 1656, dans le régiment d'Espagny (depuis Guyenne).

Capitaine dans ce régiment en 1665.

Capitaine de grenadiers, juin 1689.

Major, mars 1690.

Lieutenant-colonel, septembre 1692.

Reçu chevalier de l'ordre de Saint-Louis en 1695.

Commandant à Sarrelouis en 1698.

Brigadier des armées du Roi, avril 1703.
Commandant à Antibes, juin 1707.
Mort au mois de décembre 1719.

De FERRERO (*Jean-Baptiste*), *marquis* de Saint-Laurent,
Entré au service de France en 1657.
Lieutenant-colonel du régiment Royal-Roussillon, mars 1672.
Colonel d'un régiment d'infanterie de son nom, décembre 1678.
Brigadier des armées du Roi, août 1688.
Maréchal-de-camp, septembre 1695.
Reçu chevalier de l'ordre de Saint-Louis en la même année.
Lieutenant-général des armées du Roi, février 1704.

De la MARRE,
Colonel d'un régiment d'infanterie étrangère.
Reçu chevalier de l'ordre de Saint-Louis en 1695.

De MARIGNY,
Major du château de Namur.
Reçu chevalier de l'ordre de Saint-Louis en 1695.

De MEUVILLE,
Capitaine au régiment de Cossé-cavalerie.
Reçu chevalier de l'ordre de Saint-Louis en 1695.

De MONTAREL *ou* de MONTARET,
Capitaine au régiment de Granges-dragons.
Reçu chevalier de l'ordre de Saint-Louis en 1695.

De PARGADE,
Capitaine-aide-major au régiment de Bugey.
Reçu chevalier de l'ordre de Saint-Louis en 1695.

Le NOIR de BENDY,
Ingénieur.
Reçu chevalier de l'ordre de Saint-Louis en 1695.

De la NEUVILLE,
    Lieutenant-de-Roi de Dunkerque.
    Reçu chevalier de l'ordre de Saint-Louis en 1695.

Du PLESSIS,
    Capitaine au régiment de Bourgogne.
    Mestre-de-camp de cavalerie.
    Brigadier des armées du Roi.
    Reçu chevalier de l'ordre de Saint-Louis en 1695.

Du QUESNEL,
    Ingénieur.
    Reçu chevalier de l'ordre de Saint-Louis en 1695.

De RIVIÈRE,
    Commandant de bataillon au régiment de Navarre.
    Reçu chevalier de l'ordre de Saint-Louis en 1695.

De la ROQUETTE,
    Capitaine au régiment d'Asfeld-dragons-étrangers.
    Reçu chevalier de l'ordre de Saint-Louis en 1695.

De SAINT-MICHEL,
    Lieutenant au régiment de Broglie-cavalerie.
    Reçu chevalier de l'ordre de Saint-Louis en 1695.

De SARRAULT,
    Commandant d'artillerie.
    Reçu chevalier de l'ordre de Saint-Louis en 1695.

De TRACY (Jean-Louis),
    Enseigne des Gardes-du-Corps.
    Reçu chevalier de l'ordre de Saint-Louis en 1695.

De VANDEUVRE,
    Ancien officier de cavalerie et brigadier des armées du Roi.
    Reçu chevalier de l'ordre de Saint-Louis en 1695.

De VAUGLISSAN,
    Commissaire-provincial d'artillerie.
    Reçu chevalier de l'ordre de Saint-Louis en 1695.

DE VILLEFORT,
>Major du régiment de Sainte-Hermine-dragons.
>Reçu chevalier de l'ordre de Saint-Louis en 1695.

DE VILLE,
>Capitaine des Gardes du maréchal de Boufflers.
>Reçu chevalier de l'ordre de Saint-Louis en 1695.

DE VILLARS,
>Lieutenant-colonel du régiment d'infanterie étrangère.
>Reçu chevalier de l'ordre de Saint-Louis en 1695.

D'ORGEMONT,
>Capitaine aux Gardes-Françaises.
>Reçu chevalier de l'ordre de Saint-Louis en 1695.
>Tué à la bataille de Ramillies en 1706.

DE LA CHAMBRE,
>Lieutenant au régiment de la Feuillade.
>Reçu chevalier de l'ordre de Saint-Louis en 1695.

DE LA LANDE,
>Commandant de bataillon au régiment de Royal-artillerie.
>Reçu chevalier de l'ordre de Saint-Louis en 1695.

DE LAGNY,
>Mestre-de-camp de cavalerie.
>Brigadier des armées du Roi en 1694.
>Reçu chevalier de l'ordre de Saint-Louis en 1695.

LASSIVE ou DE LASSIME (*le chevalier de*),
>Capitaine au régiment de Beauvoisis.
>Reçu chevalier de l'ordre de Saint-Louis en 1695.

LESGONTAIL,
>Ingénieur.
>Major de Ham.
>Reçu chevalier de l'ordre de Saint-Louis en 1695.

LEROMOY,
>Chevau-léger de la garde du Roi.
>Reçu chevalier de l'ordre de Saint-Louis en 1695.

De LERETTE (*Marie-Antoine, chevalier*),
Ingénieur en chef des fortifications de Philippeville.
Commandant ordinaire d'artillerie.
Reçu chevalier de l'ordre de Saint-Louis en 1695.

De MARANCHE,
Capitaine au régiment de Grammont-dragons.
Reçu chevalier de l'ordre de Saint-Louis en 1695.

Le FERRON,
Sous-aide-major, puis Capitaine aux Gardes-Françaises.
Reçu chevalier de l'ordre de Saint-Louis en 1695.

De COURCELLES,
Commandant à Toulon.
Reçu chevalier de l'ordre de Saint-Louis en 1695.

De GRANCOMBE,
Ingénieur.
Reçu chevalier de l'ordre de Saint-Louis en 1695.

De GRANDVAL,
Mestre-de-camp d'un régiment de dragons.
Reçu chevalier de l'ordre de Saint-Louis en 1695.

De GRANDMAISON,
Capitaine au régiment de Picardie.
Reçu chevalier de l'ordre de Saint-Louis en 1695.

De CISTERNAY du FAY,
Capitaine aux Gardes-Françaises.
Reçu chevalier de l'ordre de Saint-Louis en 1695.

De la COCHARDIÈRE,
Capitaine de dragons.
Reçu chevalier de l'ordre de Saint-Louis en 1695.

De CONCHES,
Capitaine au régiment Dauphin-infanterie.
Reçu chevalier de l'ordre de Saint-Louis en 1695.

CIBOURG,
    Mestre-de-camp de cavalerie.
    Brigadier des armées du Roi.
    Reçu chevalier de l'ordre de Saint-Louis en 1695.

DE CHAUNES,
    Lieutenant au régiment de la Feuillade.
    Reçu chevalier de l'ordre de Saint-Louis en 1695.

DE LA GOEME,
    Gendarme du Roi.
    Reçu chevalier de l'ordre de Saint-Louis en 1695.

DE LA BROUE,
    Gouverneur de Bastogne.
    Reçu chevalier de l'ordre de Saint-Louis en 1695.

DE LA BUSSIÈRE,
    Commandant de bataillon au régiment de Piémont.
    Reçu chevalier de l'ordre de Saint-Louis en 1695.

DE CAMP,
    Capitaine au régiment de Lautrec-dragons.
    Reçu chevalier de l'ordre de Saint-Louis en 1695.

DE BREMOI,
    Brigadier des Chevau-Légers de la garde.
    Reçu chevalier de l'ordre de Saint-Louis en 1695.

DE BECAINE,
    Lieutenant d'artillerie.
    Reçu chevalier de l'ordre de Saint-Louis en 1695.

DE BONNET,
    Capitaine au régiment de Zeddes-dragons.
    Reçu chevalier de l'ordre de Saint-Louis en 1695.

DE BEAUVAIS,
    Lieutenant-colonel du régiment de Vaubecourt.
    Reçu chevalier de l'ordre de Saint-Louis en 1695.

De BÉARNEZ,
    Lieutenant-colonel du régiment de Maulevrier-infanterie.
    Gouverneur de Joux et de Pontarlier.
    Reçu chevalier de l'ordre de Saint-Louis en 1695.

De la BASTIE,
    Lieutenant-de-Roi de Strasbourg.
    Reçu chevalier de l'ordre de Saint-Louis en 1695.

D'ANJOU,
    Capitaine de cavalerie.
    Reçu chevalier de l'ordre de Saint-Louis en 1695.

D'ALTERA,
    Chevau-léger de la garde du Roi.
    Reçu chevalier de l'ordre de Saint-Louis en 1695.

D'ALESME (*Joseph*),
    Sous-brigadier des Chevau-Légers de la garde.
    Reçu chevalier de l'ordre de Saint-Louis en 1695.

D'AIGUEVILLE de MILLANCOURT (*Charles*),
    Lieutenant-de-Roi des citadelles de Cambrai et de Namur.
    Reçu chevalier de l'ordre de Saint-Louis en 1695.

DROSSANGE,
    Gendarme du Roi.
    Reçu chevalier de l'ordre de Saint-Louis en 1695.

De FONTLOGNE,
    Commandant de bataillon au régiment Dauphin.
    Reçu chevalier de l'ordre de Saint-Louis en 1695.

De REGNAC,
    Brigadier d'infanterie.
    Reçu chevalier de l'ordre de Saint-Louis en 1695.

De PERRIEN (*Pierre*), marquis de Crenant,
    Enseigne au régiment du Roi, avril 1668.
    Capitaine, juin 1671.

Colonel-lieutenant du régiment d'infanterie de la Reine, janvier 1675.

Inspecteur-général de l'infanterie, décembre 1682.

Brigadier d'infanterie, mars 1683.

Gouverneur de Casal, juillet 1687.

Maréchal-de-camp, août 1688. Il fit arrêter, dans son gouvernement de Casal, où il résidait, le comte de Fassaty, gouverneur de la ville pour le duc de Mantoue, et par sa prudence dissipa la conjuration.

Colonel d'un régiment d'infanterie italienne, janvier 1692.

Lieutenant-général des armées du Roi, mars 1693.

Reçu chevalier de l'ordre de Saint-Louis en 1695.

Gouverneur de Condé, janvier 1697.

Directeur-général de l'infanterie, mai 1699.

Mort le 9 février 1702.

DE SAINT-MICHEL,

Lieutenant au régiment de Broglie-cavalerie.

Reçu chevalier de l'ordre de Saint-Louis en 1696.

DE MONS (*Balthasar*),

Lieutenant-colonel et brigadier des armées du Roi en 1690.

Reçu chevalier de l'ordre de Saint-Louis en 1696.

Tué à la bataille de Cassano en 1704.

DE SAILLIBRAY,

Capitaine au régiment de Roquépine.

Reçu chevalier de l'ordre de Saint-Louis en 1696.

DESCOTTIERES,

Lieutenant au régiment d'Orléans dès 1669.

Capitaine au même régiment, août 1673.

Major de son régiment, avril 1684.

Major de Bergues, juillet 1696.

Reçu chevalier de l'ordre de Saint-Louis en 1697.

Lieutenant-de-Roi de Bergues, juin 1706.

Brigadier des armées du Roi le 30 octobre même année.

Mort à Bergues le 22 novembre 1723.

Dr MAGNIER,
    Gendarme de la garde.
    Reçu chevalier de l'ordre de Saint-Louis en 1697.

Du CASSE *(Jean-Baptiste)*,
    Lieutenant-général des armées navales.
    Gouverneur des îles de Saint-Domingue et de la Tortue.
    Reçu chevalier de l'ordre de Saint-Louis en 1697, et de la Toison-d'Or en 1712.

QUINSON,
    Lieutenant au régiment du Breuil-dragons.
    Reçu chevalier de l'ordre de Saint-Louis en 1697.

De MARIGNY,
    Capitaine au régiment d'Humières.
    Reçu chevalier de l'ordre de Saint-Louis en 1697.

JURQUET *(le chevalier de)*,
    Capitaine au régiment de Piémont.
    Reçu chevalier de l'ordre de Saint-Louis en 1697.

De la FITTE,
    Capitaine au régiment Royal-Artillerie.
    Reçu chevalier de l'ordre de Saint-Louis en 1697.

DROUARD,
    Reçu chevalier de l'ordre de Saint-Louis en 1697.
    Capitaine de vaisseaux du Roi en 1705.

De BUADE-PALLUAU *(Louis)*, *comte* de Frontenac,
    Volontaire au siége d'Hesdin, 1639, et à celui d'Arras, 1640.
    Mestre-de-camp du régiment de Normandie, février 1644.
    Maréchal-de-camp, août 1646.
    Gouverneur-général de la Nouvelle-France, mai 1672; il y fit bâtir le fort de Cataracouy ou de Frontenac.
    Reçu chevalier de l'ordre de Saint-Louis en 1697.
    Mort le 28 novembre 1698.

De MONTJOUR,
   Lieutenant au régiment de Royal-Dragons.
   Reçu chevalier de l'ordre de Saint-Louis en 1697.

De COURTADE (*Jean*),
   Cornette dans Royal-Étranger, 1673.
   Lieutenant dans le même régiment, 1678.
   Capitaine de cavalerie au régiment de Florensac, mai 1682.
   Major du régiment de Bellegarde-cavalerie (depuis Melun), décembre 1688.
   Lieutenant-colonel de son régiment, novembre 1693.
   Reçu chevalier de l'ordre de Saint-Louis en 1697.
   Brigadier des armées du Roi, mars 1706.
   Maréchal-de-camp, mars 1718.
   Commandant du fort des Bains et de la ville d'Arles en Roussillon.
   Mort à Paris au mois de mars 1721.

FONDRIER-de-BOISRIVAUX (*Isaac*),
   Lieutenant-général d'artillerie.
   Reçu chevalier de l'ordre de Saint-Louis en 1697.

De PARLANT,
   Lieutenant de vaisseaux du Roi.
   Reçu chevalier de l'ordre de Saint-Louis en 1697.

De COENY,
   Capitaine au régiment de la Couronne.
   Reçu chevalier de l'ordre de Saint-Louis en 1697.

OLIVIER,
   Capitaine au régiment de Beauce.
   Reçu chevalier de l'ordre de Saint-Louis en 1697.

THIÉBAULT (*le chevalier de*),
   Capitaine au régiment de Choisinet-infanterie.
   Reçu chevalier de l'ordre de Saint-Louis en 1697.

DE BORDEAUX,
    Lieutenant au régiment de Mauroy-cavalerie.
    Reçu chevalier de l'ordre de Saint-Louis en 1697.

DU QUÊNE-MONIER,
    Capitaine de vaisseaux du Roi.
    Reçu chevalier de l'ordre de Saint-Louis en 1697.

DE GIROVILLE,
    Capitaine de canonniers.
    Reçu chevalier de l'ordre de Saint-Louis en 1697.

DE LA ROQUE,
    Capitaine de frégates.
    Reçu chevalier de l'ordre de Saint-Louis en 1697.

CANY (*le chevalier de*),
    Capitaine au régiment de la Couronne.
    Reçu chevalier de l'ordre de Saint-Louis en 1697.

DE VILLIERS,
    Aide-major d'Hombourg.
    Reçu chevalier de l'ordre de Saint-Louis en 1697.

DE ROUSSEL,
    Lieutenant d'artillerie.
    Reçu chevalier de l'ordre de Saint-Louis en 1697.

DE LA CHESNAYE-DU-GUÉ-DES-PINS,
    Gendarme de la Garde.
    Reçu chevalier de l'ordre de Saint-Louis en 1697.

D'ANTY,
    Lieutenant d'artillerie.
    Reçu chevalier de l'ordre de Saint-Louis en 1697.

DE LA CROIX,
    Colonel d'infanterie.
    Reçu chevalier de l'ordre de Saint-Louis en 1697.

Du THEIL,
    Commandant de bataillon au régiment du Maine.
    Reçu chevalier de l'ordre de Saint-Louis en 1697.

De LA BRIE,
    Capitaine au régiment de Beauvoisis.
    Reçu chevalier de l'ordre de Saint-Louis en 1697.

TURQUET (*le chevalier de*),
    Capitaine d'une compagnie franche de Piémont.
    Reçu chevalier de l'ordre de Saint-Louis en 1697.

De RIGAUD (*Philippe*), marquis DE VAUDREUIL,
    Capitaine de vaisseaux du Roi.
    Gouverneur du Canada.
    Reçu chevalier de l'ordre de Saint-Louis le 1er mai 1698.
    Commandeur le 18 juin 1712.
    Grand'croix le 24 avril 1721.
    Mort à Québec le 10 septembre 1725.

De GRISAFY-DE-GRIMALDI,
    Commandant un régiment d'infanterie au combat de Messine.
    Lieutenant-de-Roi de Montréal en Canada.
    Reçu chevalier de l'ordre de Saint-Louis en 1698.

De CHARITTE,
    Capitaine de frégate.
    Lieutenant-de-Roi de l'île Sainte-Croix.
    Reçu chevalier de l'ordre de Saint-Louis en 1698.

De SURGÈRES,
    Capitaine de frégate.
    Reçu chevalier de l'ordre de Saint-Louis en 1698.

De BROUILLAND,
    Gouverneur du Fort-Louis de Plaisance dans l'île de Terre-Neuve.
    Reçu chevalier de l'ordre de Saint-Louis en 1698.

VILLARS (*Armand, comte de*), frère du maréchal de ce nom,
    D'abord enseigne, lieutenant et capitaine de vaisseaux.
    Reçu chevalier de l'ordre de Saint-Louis en 1699.
    Brigadier d'infanterie, avril 1703.
    Maréchal-de-camp, octobre 1704.
    Chef d'escadre, octobre 1705.
    Lieutenant-général des armées du Roi, juin 1708.
    Gouverneur de Gravelines, octobre 1709.
    Mort de maladie au siége de Douay le 19 août 1712.

DE PALLAS (*Joseph*),
    Capitaine de vaisseaux du Roi.
    Reçu chevalier de l'ordre de Saint-Louis en 1699.

ROUSSELET (*Dreux*), marquis DE CHATEAURENAUD,
    Capitaine de vaisseaux du Roi.
    Reçu chevalier de l'ordre de Saint-Louis en 1699.
    Mort des blessures qu'il reçut au combat de Malaga en 1704.

DE LA ROCHEFOUCAUD (*François*), marquis DE SURGÈRES,
    Reçu chevalier de l'ordre de Saint-Louis en 1699.
    Capitaine de vaisseaux du Roi en 1708.

FORBIN DE GARDANE (*Claude, comte de*),
    Chef d'escadre des armées navales.
    Grand-amiral et généralissime des troupes du Roi de Siam.
    Reçu chevalier de l'ordre de Saint-Louis en 1699, et commandeur en 171...
    Mort à Marseille le 2 mars 1733.

DE BRIQUEVILLE (*François*), comte DE LA LUZERNE,
    Vice-amiral de France.
    Reçu chevalier de l'ordre de Saint-Louis en 1699.
    Chevalier des ordres du Roi en 1739.
    Mort le 29 septembre 1746.

DE CUERS (*Jean-François*), *seigneur* DE COGOLIN, dit le
marquis DE COGOLIN,
Capitaine de vaisseaux du Roi en 1693 dès l'âge de 27 ans.
Reçu chevalier de l'ordre de Saint-Louis en 1699.

DE CUERS-DE-COGOLIN (*Joseph-Magdelon*),
Capitaine de vaisseaux du Roi.
Reçu chevalier de l'ordre de Saint-Louis en 1699.

DE FRIAMBAULT,
Capitaine de vaisseaux.
Reçu chevalier de l'ordre de Saint-Louis en 1699.

DE BELLEISLERARD,
Capitaine de vaisseaux du Roi.
Reçu chevalier de l'ordre de Saint-Louis en 1699.

DE COURBON (*Louis*), *comte* DE BLENAC,
Capitaine de vaisseaux du Roi.
Gouverneur de l'île de la Tortue et de la côte de Saint-Domingue.
Reçu chevalier de l'ordre de Saint-Louis en 1699.
Mort à Rochefort le 3 juillet 1722.

ROUSSELET (*François-Louis-Ignace*), *marquis* DE CHATEAURENAUD,
Capitaine de vaisseaux du Roi.
Reçu chevalier de l'ordre de Saint-Louis en 1699.
Tué au combat de Malaga en 1704.

DE CASTELLAS (*François-Nicolas-Albert*),
Lieutenant de la compagnie de Suippa au régiment des Gardes-Suisses, décembre 1674.
Commanda ladite compagnie avec rang de capitaine, mars 1684.
Major du régiment des Gardes-Suisses, avril 1690.
Capitaine au régiment de Monnin, décembre même année,

eut, le 26 mars 1691, en sa qualité de capitaine aux Gardes, rang de colonel.

Capitaine d'une demi-compagnie au régiment des Gardes-Suisses, février 1696.

Reçu chevalier de l'ordre de Saint-Louis le 20 février 1700.

Lieutenant-colonel dudit régiment des Gardes, janvier 1701.

Brigadier des armées du Roi, janvier 1702.

Colonel du régiment Suisse (depuis Reding), juin suivant.

Maréchal-de-camp, octobre 1704.

Lieutenant-général des armées du Roi, mars 1710.

Mort le 11 juin 1722.

BRENDLÉ (*Jost*),

Cadet au régiment des Gardes-Suisses en janvier 1663.

Enseigne, janvier 1665.

Lieutenant de la compagnie franche suisse de son frère aîné en 1668.

Capitaine, octobre 1671.

Lieutenant-colonel du régiment de Stuppa (depuis Boccard), novembre 1692.

Reçu chevalier de l'ordre de Saint-Louis le 20 février 1700.

Colonel dudit régiment de Stuppa, janvier 1701.

Brigadier des armées du Roi, janvier 1702.

Maréchal-de-camp, mars 1709.

Lieutenant-général des armées du Roi, juillet 1710.

Mort à Paris le 3 avril 1738, âgé de 96 ans, n'ayant jamais reçu la moindre blessure, et s'étant pourtant trouvé à toutes les batailles et à tous les siéges pendant trente-une campagnes.

DE COURTEN (*Melchior*),

Cadet dans la compagnie franche de son père, janvier 1670.

Enseigne en 1671.

Lieutenant en 1672.

Capitaine au mois de septembre 1673, à la mort de son père.

Lieutenant-colonel du régiment de Courten, à sa création, février 1690.

Reçu chevalier de l'ordre de Saint-Louis le 20 février 1700.

Eut rang de colonel en mars 1702.

Brigadier des armées du Roi, février 1704.

Maréchal-de-camp, mars 1718.

Colonel du régiment de Courten, mars 1723.

Mort en 1728.

De TRAVERS-D'ORTENSTEIN (*Jean-Simon*, baron),
Lieutenant-colonel du régiment de Salis - Suisse.
Colonel d'infanterie.
Capitaine aux Gardes-Suisses.
Reçu chevalier de l'ordre de Saint-Louis le 20 février 1700.
Mort au mois de décembre 1715.

De COURTEN (*Jean-Etienne*),
Enseigne dans la compagnie de son père au régiment des Gardes-Suisses, avril 1668.
Lieutenant dans la compagnie franche de Courten, juin suivant.
Capitaine de cette compagnie en 1671.
Second-major du régiment des Gardes - Suisses, avec rang de capitaine, octobre 1686.
Colonel d'un régiment d'infanterie Valaisanne, février 1690.
Brigadier des armées du Roi, 3 janvier 1696.
Reçu chevalier de l'ordre de Saint-Louis le 20 février 1700.
Maréchal-de-camp, octobre 1704.
Lieutenant-général des armées du Roi, février 1721.
Mort le 26 février 1723.

De BÉZIADE (*Claude-Théophile*), marquis D'AVARAY, baptisé le 2 mai 1655,
Cornette au régiment de cavalerie de Sourdis, octobre 1672.
Capitaine au même régiment, septembre 1675.

Mestre-de-camp d'un régiment de dragons de son nom, août 1688.

Brigadier des armées du Roi, avril 1694.

Reçu chevalier de l'ordre de Saint-Louis le 3 mars 1700.

Maréchal-de-camp, janvier 1702.

Lieutenant-général des armées du Roi, 10 février 1704.

Ambassadeur en Suisse en 1715.

Lieutenant-général du gouvernement de Picardie au département de Santerre, et gouverneur particulier de Péronne, Roye et Montdidier, décembre 1718.

Nommé chevalier des ordres du Roi le 2 février 1739, et reçu le 7 mai suivant.

Mort le 6 avril 1745.

DE GAFFART,

Mestre-de-camp de dragons, et gouverneur de Garfagnane.

Reçu chevalier de l'ordre de Saint-Louis le 3 mars 1700.

LE BARON,

Maréchal-des-logis de la deuxième compagnie des Mousquetaires.

Reçu chevalier de l'ordre de Saint-Louis le 3 mars 1700.

DU FRÊNE.

Gouverneur de la citadelle de Cambrai.

Reçu chevalier de l'ordre de Saint-Louis le 3 mars 1700.

DE GONLARD (*François*,) marquis DE L'ÉOUSSAN,

Sous-lieutenant de la deuxième compagnie des Mousquetaires.

Brigadier des armées du Roi.

Gouverneur de Ribemont.

Reçu chevalier de l'ordre de Saint-Louis le 3 mars 1700.

D'ALANZY,

Mestre-de-camp de cavalerie.

Reçu chevalier de l'ordre de Saint-Louis le 3 mars 1700.

DU DEFFAND-DE-BRENY,

Lieutenant-colonel de cavalerie.

Reçu chevalier de l'ordre de Saint-Louis le 3 mars 1700.

DE LA MAMIE DE CLAIRAC,
Lieutenant-de-Roi de Bonn.
Reçu chevalier de l'ordre de Saint-Louis le 3 mars 1700.

DE LA FOSSE,
Lieutenant-colonel du régiment Dauphin-dragons.
Reçu chevalier de l'ordre de Saint-Louis le 3 mars 1700.

DU CAMBONT (*Jacques, marquis*) *comte* DE CARNEIL,
Mestre-de-camp d'un régiment de dragons.
Brigadier des armées du Roi.
Inspecteur-général de la cavalerie et des dragons dans l'armée de Catalogne.
Gouverneur de l'île de Rhuis et du château de Succinio.
Reçu chevalier de l'ordre de Saint-Louis le 3 mars 1700.
Tué au combat de Carpi en 1701.

BÉRAULT-DE-VILLIERS-LE-MORHIER (*Etienne*),
Cornette au régiment de Catheux en 1667.
Capitaine au même régiment (depuis Harlus), juillet 1671.
Lieutenant-colonel du régiment de Florensac, février 1686.
Mestre-de-camp d'un régiment de cavalerie de son nom, mars 1693.
Reçu chevalier de l'ordre de Saint-Louis le 3 mars 1700.
Brigadier de cavalerie, janvier 1702.
Maréchal-de-camp, octobre 1704.
Mort en 1708.

DE FAY-DE-PEIRAUD (*Pierre-Bazile*),
Capitaine au régiment Royal artillerie.
Reçu chevalier de l'ordre de Saint-Louis le 3 mars 1700.

DE LA LANDE,
Major du régiment Colonel-général-cavalerie.
Reçu chevalier de l'ordre de Saint-Louis le 3 mars 1700.

DE MENONVILLE,
Lieutenant-de-Roi de la citadelle de Marseille.
Reçu chevalier de l'ordre de Saint-Louis le 3 mars 1700.

De GIRVAL,
  Ingénieur.
  Reçu chevalier de l'ordre de Saint-Louis le 3 mars 1700.

D'ASSY,
  Capitaine aux Gardes-Françaises.
  Reçu chevalier de l'ordre de Saint-Louis le 3 mars 1700.

De MAZEL,
  Lieutenant-colonel.
  Brigadier des armées du Roi.
  Reçu chevalier de l'ordre de Saint-Louis le 3 mars 1700.

De TOURVILLE,
  Lieutenant-colonel du régiment d'Anjou.
  Reçu chevalier de l'ordre de Saint-Louis le 3 mars 1700.

De BUZELET, (*Charles-Jacques*, *comte*),
  Major, puis lieutenant-colonel du régiment Dauphin-dragons.
  Brigadier des armées du Roi.
  Reçu chevalier de l'ordre de Saint-Louis le 3 mars 1700.

Du CHÂTELET de CLÉMONT (*Antoine-Charles*, *marquis*),
  Cornette de la Mestre-de-camp du régiment de cavalerie d'Aumont en 1676.
  Capitaine au régiment de la Roquevieille, avril 1681.
  Colonel d'un régiment de cavalerie de son nom, avril 1689.
  Brigadier des armées du Roi, janvier 1696.
  Reçu chevalier de l'ordre de Saint-Louis le 3 mars 1700.
  Maréchal-de-camp, décembre 1702.
  Lieutenant-général des armées du Roi, octobre 1704.
  Gouverneur de Vincennes, août 1710.
  Mort au mois de septembre 1720.

De GONT,
  Commandant au château de Filz.
  Reçu chevalier de l'ordre de Saint-Louis le 3 mars 1700.

De LANGLÉE,
   Capitaine de cavalerie.
   Reçu chevalier de l'ordre de Saint-Louis le 3 mars 1700.

De VIVIERES (*le baron*),
   Lieutenant-colonel du régiment Royal-cavalerie.
   Reçu chevalier de l'ordre de Saint-Louis le 3 mars 1700.

D'ARNAUD,
   Major du régiment de Belle-Isle.
   Reçu chevalier de l'ordre de Saint-Louis le 3 mars 1700.

De LOZE,
   Lieutenant-colonel du régiment de Hainaut.
   Reçu chevalier de l'ordre de Saint-Louis le 3 mars 1700.

De BRESSEY (*Jean-Claude*), comte de Belfrey,
   Ingénieur au service d'Espagne.
   Passé au service de France en 1691.
   Maréchal-de-camp, avril 1692.
   Colonel d'un régiment d'infanterie de son nom, juillet suivant.
   Gouverneur de Bar-sur-Aube, novembre 1693.
   Lieutenant-général des armées du Roi, janvier 1696.
   Reçu chevalier de l'ordre de Saint-Louis le 3 mars 1700.
   Mort au mois de février 1704.

De LUPPÉ (*Pierre*),
   Capitaine de vaisseaux du Roi.
   Reçu chevalier de l'ordre de Saint-Louis le 3 mars 1700.
   Mort à la Rochelle en 1706.

De CALONNE (*Jacques-Louis,*) marquis de Courtbonne,
   Cornette au régiment de Sourdis-cavalerie, octobre 1672.
   Mestre-de-camp d'un régiment de cavalerie de son nom, janvier 1677.
   Gouverneur d'Hesdin, sur la démission du duc de Créquy, janvier 1687.
   Nommé pour commander à ladite place d'Hesdin, en l'absence de son père qui commandait en Artois, avril 1689.

Inspecteur-général de la cavalerie, avril 1690.
Brigadier des armées du Roi, avril 1691.
Lieutenant en Artois, après la mort de son père, octobre 1695.
Reçu chevalier de l'ordre de Saint-Louis le 3 mars 1700.
Lieutenant-général des armées du Roi, décembre 1702.
Directeur-général de la cavalerie, décembre 1703.
Mort le 17 février 1705.

DE LA BRETÈCHE,
Lieutenant-colonel des Cuirassiers.
Reçu chevalier de l'ordre de Saint-Louis le 3 mars 1700.
Mestre-de-camp en 1704.

DE MOYSSET,
Capitaine de vaisseaux du Roi.
Reçu chevalier de l'ordre de Saint-Louis le 3 mars 1700.

DE LA FAURIÈRE,
Capitaine au régiment de Bourbonnais.
Reçu chevalier de l'ordre de Saint-Louis le 3 mars 1700.

NESLE (*le chevalier de*),
Major du régiment Mestre-de-camp-général-cavalerie.
Major de l'île de Ré.
Reçu chevalier de l'ordre de Saint-Louis le 3 mars 1700.

DE CUVILLY,
Lieutenant - colonel, puis colonel du régiment Royal-étranger.
Reçu chevalier de l'ordre de Saint-Louis le 3 mars 1700.

DE BOURGUET,
Lieutenant-colonel du régiment de Champagne.
Brigadier des armées du Roi.
Reçu chevalier de l'ordre de Saint-Louis le 3 mars 1700.
Mort à Paris en 1707.

DE MACQUEVILLE,
Enseigne des Gardes-du-Corps.
Reçu chevalier de l'ordre de Saint-Louis le 3 mars 1700.

De BURKEVAL, ou de BURKERVAL,
Major du régiment de Rosen-cavalerie.
Reçu chevalier de l'ordre de Saint-Louis le 3 mars 1700.

De CRESNAY,
Maréchal-des-logis de la première compagnie des Mousquetaires.
Reçu chevalier de l'ordre de Saint-Louis le 3 mars 1700.

De la FOND,
Capitaine aux Gardes-Françaises.
Reçu chevalier de l'ordre de Saint-Louis le 3 mars 1700.

De BONY,
Capitaine d'infanterie.
Reçu chevalier de l'ordre de Saint-Louis le 3 mars 1700.

De VILLEBROSSE,
Mestre-de-camp de dragons.
Reçu chevalier de l'ordre de Saint-Louis le 3 mars 1700.

De JOLLY,
Lieutenant-colonel du régiment de la Reine-dragons.
Reçu chevalier de l'ordre de Saint-Louis le 3 mars 1700.

BEAUVERGER de CORDEBŒUF (Jean-François), marquis de Montgon,
Cornette de la compagnie du Colonel-général de la cavalerie, mars 1674.
Sous-lieutenant de la compagnie des Gendarmes Bourguignons, février 1677.
Mestre-de-camp-lieutenant du régiment Royal des Cuirassiers, août 1678.
Inspecteur-général de la cavalerie et des dragons, en novembre 1690, jusqu'en 1693, qu'on supprima ces charges.
Brigadier des armées du Roi, avril 1691.
Maréchal-de-camp, janvier 1696.
Reçu chevalier de l'ordre de Saint-Louis le 3 mars 1700.

Directeur-général de la cavalerie et des dragons, octobre même année.
Lieutenant-général des armées du Roi, décembre 1702.
Mort le 7 mai 1730.

FERRAND,
Lieutenant-colonel du régiment de Ganges-dragons.
Reçu chevalier de l'ordre de Saint-Louis le 3 mars 1700.

De CHAMLIN,
Mestre-de-camp de cavalerie.
Reçu chevalier de l'ordre de Saint-Louis le 3 mars 1700.

De JOUBERT,
Premier capitaine au régiment de Flandres.
Lieutenant-de-Roi de Meunin.
Reçu chevalier de l'ordre de Saint-Louis le 3 mars 1700.

De BOUCHARDIÈRE,
Lieutenant-colonel du régiment d'Estrade-dragons.
Reçu chevalier de l'ordre de Saint-Louis le 3 mars 1700.

De la LANDE,
Ingénieur.
Lieutenant-de-Roi de la citadelle de Metz.
Reçu chevalier de l'ordre de Saint-Louis le 3 mars 1700.

De BLANCHEFORT (*François-Joseph*), *marquis* De Créquy,
Capitaine au régiment de cavalerie de Biran, novembre 1674.
Colonel du régiment d'infanterie de la Fère, juillet 1677.
Colonel-lieutenant du régiment Royal-infanterie, à la mort du marquis de Pierrefite, le 6 mai 1680.
Brigadier des armées du Roi, mars 1690.
Maréchal-de-camp, avril 1691.
Lieutenant-général des armées du Roi, janvier 1696.
Reçu chevalier de l'ordre de Saint-Louis le 3 mars 1700.
Directeur-général de l'infanterie, mars 1702.

Blessé à mort à la bataille de Luzarra au commencement de l'action ; mourut le lendemain 16 août 1702.

De SUARTZ,
Lieutenant-colonel du régiment d'Alsace.
Reçu chevalier de l'ordre de Saint-Louis le 3 mars 1700.

De BOISFERMÉ,
Lieutenant de galiote.
Gouverneur de Marie-Gallande.
Reçu chevalier de l'ordre de Saint-Louis le 3 mars 1700.

De LUCAN,
Commandant de bataillon au régiment de Roussillon.
Reçu chevalier de l'ordre de Saint-Louis le 3 mars 1700.

De la BOULAYE,
Lieutenant-colonel du régiment de cavalerie de Duras.
Reçu chevalier de l'ordre de Saint-Louis le 3 mars 1700.

D'OLIVE,
Lieutenant-colonel du régiment de Languedoc-infanterie.
Reçu chevalier de l'ordre de Saint-Louis le 3 mars 1700.

De la MOTTE,
Lieutenant-colonel du régiment de Saint-Hermine-dragons.
Reçu chevalier de l'ordre de Saint-Louis le 3 mars 1700.

Du BOCQUET,
Chef de bataillon au régiment de la Reine.
Reçu chevalier de l'ordre de Saint-Louis le 3 mars 1700.

De LATHER,
Lieutenant-colonel du régiment de Witts-cavalerie.
Reçu chevalier de l'ordre de Saint-Louis le 3 mars 1700.

De BOULEVILLE,
Lieutenant-colonel des Cuirassiers.
Mestre-de-camp de cavalerie.
Reçu chevalier de l'ordre de Saint-Louis le 3 mars 1700.

De FENESTRANGE,
    Capitaine au régiment du Roi-infanterie.
    Reçu chevalier de l'ordre de Saint-Louis le 3 mars 1700.

De MARCHAND,
    Capitaine de brûlots.
    Reçu chevalier de l'ordre de Saint-Louis le 3 mars 1700.

De BOURNEUF,
    Lieutenant-colonel du régiment de Gaubert.
    Reçu chevalier de l'ordre de Saint-Louis le 3 mars 1700.
    Mestre-de-camp du régiment de Bourneuf-dragons en 1703.

De BARA,
    Premier brigadier des Chevau-Légers de la garde.
    Reçu chevalier de l'ordre de Saint-Louis le 3 mars 1700.

D'HOUDREVILLE,
    Lieutenant-colonel du régiment de Zurlauben.
    Reçu chevalier de l'ordre de Saint-Louis le 3 mars 1700.

De BOISOT,
    Capitaine au régiment de Cossé-cavalerie.
    Reçu chevalier de l'ordre de Saint-Louis le 3 mars 1700.

De FRANCE,
    Maréchal-des-logis de la première compagnie des Mousquetaires.
    Reçu chevalier de l'ordre de Saint-Louis le 3 mars 1700.

De BAUDOT,
    Lieutenant-colonel du régiment de Grammont-dragons, avec rang de mestre-de-camp.
    Reçu chevalier de l'ordre de Saint-Louis le 3 mars 1700.

De BRICONNET,
    Lieutenant aux Gardes-Françaises.
    Reçu chevalier de l'ordre de Saint-Louis le 3 mars 1700.

D'ARQUET,
Lieutenant-de-Roi de Philisbourg.
Reçu chevalier de l'ordre de Saint-Louis le 3 mars 1700.

DE CAIXON (*Jean*),
Capitaine au régiment Royal-la-marine.
Colonel du régiment de Caixon.
Brigadier des armées du Roi.
Reçu chevalier de l'ordre de Saint-Louis le 3 mars 1700.

DE BULLION (*Jean-Claude*), marquis DE BONNELLES,
Colonel du régiment Royal-Roussillon.
Brigadier des armées du Roi.
Lieutenant-général du pays Chartrain.
Reçu chevalier de l'ordre de Saint-Louis le 3 mars 1700.
Mort des blessures qu'il reçut au siége de Turin en 1706.

LABBÉ,
Lieutenant-de-Roi de Calais.
Reçu chevalier de l'ordre de Saint-Louis le 3 mars 1700.

DE BIAUDOS (*Jean-François*), marquis DE CASTEJA,
Mousquetaire dès 1694.
Capitaine au régiment Royal-cavalerie, avril 1696.
Reçu chevalier de l'ordre de Saint-Louis le 3 mars 1700.
Colonel d'un régiment d'infanterie de son nom, septembre 1702.
Colonel de celui de Tournaisis, mars 1705.
Gouverneur de Toul, février 1718, et de Saint-Dizier le 21 du même mois.
Brigadier des armées du Roi, février 1719.
Maréchal-de-camp, février 1734.
Mort à Toul le 27 mai 1740.

GAUDECHART DE BACHEVILLIERS (*Alexandre*), comte D'ESSEVILLE,
Cornette de la compagnie de son frère au régiment de Choiseul le 24 décembre 1667.
Lieutenant au régiment du chevalier Duc, mars 1674.

Capitaine au régiment de cavalerie de Lumbres, décembre 1683.

Major du régiment de Villepion, décembre 1688.

Colonel d'un régiment de cavalerie de son nom, sur la démission du marquis de Bachevilliers son frère, juin 1692.

Reçu chevalier de l'ordre de Saint-Louis en 1700.

Troisième enseigne de la compagnie de Noailles des Gardes-du-Corps du Roi.

Brigadier des armées du Roi, janvier 1702.

Maréchal-de-camp, octobre 1704.

Lieutenant-général au gouvernement de Champagne, au département de Troyes, vacans depuis la mort du marquis de Praslins, octobre 1707.

Lieutenant-général des armées du Roi, mars 1710.

Premier lieutenant de la compagnie de Noailles des Gardes-du-Corps du Roi, mai suivant.

Gouverneur du fort Barraux, sur la démission de son frère, octobre 1718.

Grand-croix de l'ordre de Saint-Louis le 18 avril 1721.

Mort le 1er janvier 1730.

DE GALLIFFET *(Joseph)*,

Capitaine d'une compagnie franche de la marine.

Commandant de l'île de la Tortue et des colonies françaises, côte de Saint-Domingue, et gouverneur de l'île de Sainte-Croix.

Reçu chevalier de l'ordre de Saint-Louis en 1700.

Mort à Paris le 26 mai 1706.

DE GOUT,

Reçu chevalier de l'ordre de Saint-Louis en 1700.

DE GRANDVILLIERS,

Capitaine au régiment Royal-Roussillon-cavalerie.

Reçu chevalier de l'ordre de Saint-Louis en 1700.

MAURIC,

Capitaine au régiment d'Estrades.

Reçu chevalier de l'ordre de Saint-Louis en 1700.

Des MOULINS (*Louis*), *comte* de l'Isle,
  Lieutenant-colonel du régiment d'infanterie de Limoges à sa création, mai 1689.
  Colonel du régiment d'infanterie de Barrois (depuis Conti), octobre 1692.
  Reçu chevalier de l'ordre de Saint-Louis en 1700.
  Brigadier des armées du Roi, janvier 1702.
  Maréchal-de-camp, octobre 1704.
  Commandant dans Lille et sa châtellenie, mai 1713, conserva ce commandement jusqu'à sa mort.
  Lieutenant-général des armées du Roi, février 1719.
  Nommé commandeur de l'ordre de Saint-Louis, avec permission d'en porter les honneurs, le 29 octobre 1720.
  Mort le 5 mai 1728 avant d'être reçu commandeur.

De MURAT,
  Maréchal-des-logis des Chevau-Légers de la garde.
  Reçu chevalier de l'ordre de Saint-Louis en 1700.

De NECLE,
  Mestre-de-camp des Carabiniers.
  Reçu chevalier de l'ordre de Saint-Louis en 1700.

NIQUET,
  Ingénieur.
  Reçu chevalier de l'ordre de Saint-Louis en 1700.

De la NOUE (*Jacques*), *comte* de Vair,
  Mestre-de-camp d'un régiment de cavalerie.
  Brigadier des armées du Roi.
  Reçu chevalier de l'ordre de Saint-Louis en 1700.

OSMONT,
  Mestre-de-camp de cavalerie.
  Reçu chevalier de l'ordre de Saint-Louis en 1700.

De PAS de FEUQUIERE (*François*),
  Capitaine de vaisseaux du Roi.
  Reçu chevalier de l'ordre de Saint-Louis en 1700.

PERY (*Jean-Baptiste, marquis de*),
    Capitaine au régiment d'infanterie corse, levé par son père, juin 1674.
    Servit en Sicile jusqu'au mois de mars 1678 qu'il rentra en France.
    Incorporé, au licenciement de ce régiment, en août 1682, avec sa compagnie, dans le régiment Royal-Roussillon.
    Colonel d'un régiment d'infanterie étrangère, septembre 1690.
    Reçu chevalier de l'ordre de Saint-Louis en 1700.
    Brigadier des armées du Roi, janvier 1702.
    Maréchal-de-camp, octobre 1704.
    Lieutenant-général des armées du Roi, octobre 1705.
    Mort le 4 mars 1721.

DOLET (*Renaud*),
    Lieutenant au régiment de Navarre dès 1671.
    Capitaine, mars 1676.
    Capitaine de Grenadiers au même régiment, janvier 1689.
    Major de Phalsbourg en avril 1695, et de la citadelle de Tournai en décembre suivant.
    Reçu chevalier de l'ordre Saint-Louis en 1700.
    Lieutenant-de-Roi de la ville de Tournai, mars 1703.
    Brigadier des armées du Roi, juillet 1706.
    Maréchal-de-camp, mai 1709.
    Gouverneur du Mont-Louis, septembre même année.
    Mort au Mont-Louis en avril 1713.

De VILLARS,
    Lieutenant-colonel du régiment d'Artois.
    Reçu chevalier de l'ordre de Saint-Louis en 1700.

De LA FERRIÈRE (*Hervé*), seigneur de Carrolles,
    Brigadier des armées du Roi.
    Gouverneur de Bellisle et de Granville.
    Reçu chevalier de l'ordre de Saint-Louis en 1700.

LE TONNELLIER de BRETEUIL, (*Louis, chevalier*),
Chevalier de Malte le 12 février 1660.
Lieutenant au régiment de Piémont, juin 1662.
Capitaine au même régiment, mai 1667.
Capitaine aux Gardes-Françaises, février 1686.
Reçu chevalier de l'ordre de Saint-Louis le 3 mars 1700.
Brigadier d'infanterie, janvier 1702.
Maréchal-de-camp, octobre 1704.
Mort le 12 septembre 1712, étant commandeur de l'ordre de Malte.

De BELSANCE (*Armand*), marquis de Castelmoron,
Reçu chevalier de l'ordre de Saint-Louis en 1700.
Colonel du régiment de Nivernois en 1701.
Capitaine-lieutenant des Gendarmes de Bourgogne.
Brigadier des armées du Roi en 1709.
Mort le 18 juillet 1712 de ses blessures, en Flandres, où il commandait la gendarmerie.

Du BARRAIL,
Capitaine au régiment du Roi-infanterie.
Reçu chevalier de l'ordre de Saint-Louis en 1700.

TOURNEMINE (*Henri, comte de*),
Enseigne au régiment de la Marine dès le 15 novembre 1660.
Capitaine, novembre 1671.
Chef de bataillon, mai 1689.
Major, décembre 1690.
Lieutenant-colonel du même régiment, février 1694.
Reçu chevalier de l'ordre de Saint-Louis le 3 mars 1700.
Brigadier, octobre 1702.
Maréchal-de-camp, octobre 1704.

De MARCÉ (*François*), *seigneur* de Champereux,
Enseigne au régiment de Picardie dès le 15 février 1659.
Lieutenant, juin 1662 (fit la campagne de Gigery, en Afrique, en 1664).
Lieutenant de la Colonelle, mars 1665.

Capitaine au même régiment, octobre 1670.
Major, novembre 1687.
Lieutenant-de-Roi de Valenciennes, décembre 1688.
Reçu chevalier de l'ordre de Saint-Louis le 3 mars 1700.
Brigadier des armées du Roi, septembre 1706.
Mort le 6 février 1721.

DE SAUVESTRE (*Anne-Bernard,*) comte DE CLISSON,
Volontaire dans les Gardes-du-Corps du Roi en 1675.
Sous-lieutenant aux Gardes-Françaises, avril 1677.
Sous-aide-major, mai 1681.
Lieutenant, février 1689.
Lieutenant de grenadiers, décembre 1692.
Reçu chevalier de l'ordre de Saint-Louis le 3 mars 1700.
Obtint une commission pour tenir rang de colonel, mars 1704.
Capitaine aux Gardes-Françaises, juin 1706.
Brigadier des armées du Roi, février 1719.
Commandait encore, à sa mort, le 21 février 1729, la troisième compagnie de grenadiers dudit régiment.

DE BEAUJEU (*Eugène*),
Servait depuis 1676.
Capitaine de cavalerie au régiment du Plessis, août 1688.
Major de ce régiment (depuis Merinville), avril 1691.
Reçu chevalier de l'ordre de Saint-Louis en 1700.
Colonel d'un régiment de cavalerie de son nom, juillet 1705.
Brigadier des armées du Roi, janvier 1709.
Commandeur de l'ordre de Saint-Louis le 30 juillet 1715.
Gouverneur des Invalides à la mort de M. de Boiveau, avril 1721.
Mort le 26 mai 1730.

DU MONTET (*François, chevalier*),
Cadet aux Gardes-Françaises en 1662 (fit la campagne de Gigery en Afrique); à son retour en 1664, entra dans les Mousquetaires.

Lieutenant au régiment de Beauvais (depuis Jonsac), juillet 1767.
Capitaine, juillet 1671.
Major, octobre 1684.
Lieutenant-colonel, janvier 1691.
Reçu chevalier de l'ordre de Saint-Louis le 3 mars 1700.
Brigadier des armées du Roi, janvier 1702.
Mort en 1719.

SUSERON DE LA SAVIE DE RICHAUME *(Antoine)*,
Lieutenant-colonel du régiment de Listenois-dragons.
Lieutenant-de-Roi des Invalides.
Reçu chevalier de l'ordre de Saint-Louis le 3 mars 1700, et depuis commandeur et grand'croix.

L'ÉCUYER *(Jérôme-François)*, *comte* DE MURET,
Aide-de-camp du comte d'Auvergne en 1683.
Lieutenant au régiment Dauphin en 1686.
Capitaine dans le même régiment, août 1689.
Colonel du régiment d'infanterie d'Albigeois, octobre 1690.
Colonel de celui de Beauvoisis, mai 1699.
Reçu chevalier de l'ordre de Saint-Louis en 1700.
Brigadier des armées du Roi, janvier 1702.
Maréchal-de-camp, octobre 1704.
Commandeur de l'ordre de Saint-Louis le 1.er janvier 1708.
Lieutenant-général des armées du Roi, mars 1710.
Grand'croix de l'ordre de Saint-Louis le 1.er janvier 1730.
Gouverneur de Thionville à la mort de M. de Brilhac en octobre 1731.
Mort le 30 septembre 1741.

DE CHARTOGNE *(Philippe-François)*,
Enseigne au régiment d'Herbouville (depuis Artois), décembre 1663.
Lieutenant, novembre 1665.
Capitaine de grenadiers, avril 1675.
Major, octobre 1683.

Lieutenant-colonel du même régiment, juin 1690.
Brigadier des armées du Roi, mars 1693.
Inspecteur-général de l'infanterie, décembre 1694.
Lieutenant-de-Roi de Barcelonne, août 1697.
Reçu chevalier de l'ordre de Saint-Louis en 1700.
Maréchal-de-camp, janvier 1702.
Directeur-général de l'infanterie, septembre même année.
Lieutenant-général des armées du Roi, octobre 1704.
Tué au siége de Verue le 26 décembre 1704.

BAJOLET,
Major des Dragons-Dauphin.
Reçu chevalier de l'ordre de Saint-Louis en 1700.

DE SAINT-VICTOR,
Lieutenant-colonel du régiment d'Uzès-cavalerie.
Reçu chevalier de l'ordre de Saint-Louis le 3 mars 1700.

PENNE DE SAINT-LOUIS (*Pierre*),
Ingénieur, directeur des fortifications de Bourgogne.
Capitaine réformé à la suite du régiment Dauphin-infanterie, janvier 1679.
Capitaine réformé à la suite du régiment de la Marine, avril 1685.
Brigadier des armées du Roi.
Reçu chevalier de l'ordre de Saint-Louis le 3 mars 1700.
Mort en 1715.

BOCHART DE CHAMPIGNY (*Antoine*),
Lieutenant-général des armées navales.
Conseiller du conseil de la Marine.
Reçu chevalier de l'ordre de Saint-Louis en 1700, et ensuite commandeur dudit ordre.
Mort le 23 octobre 1720.

DE FONTVIELLE (*Hilaire*),
Officier depuis long-temps au régiment de Bretagne, en fut nommé lieutenant-colonel, février 1696.
Reçu chevalier de l'ordre de Saint-Louis le 3 mars 1700.

Commandant à Fontarabie, octobre 1704.
Brigadier des armées du Roi, octobre 1706.
Mort en 1720.

BERNARD,
Major du régiment de la Feuillade.
Reçu chevalier de l'ordre de Saint-Louis en 1700.

DE SELVE (*Jean-Pierre*),
Lieutenant au régiment de Picardie dès 1667.
Capitaine, février 1672.
Lieutenant-colonel du même régiment, novembre 1698.
Reçu chevalier de l'ordre de Saint-Louis le 3 mars 1700.
Brigadier d'infanterie, février 1704.
Commandant à Béthune en 1708, à Saint-Venant en 1709.
Gouverneur de cette dernière place en avril 1710.
Maréchal-de-camp, novembre suivant.
Mort à Saint-Venant le 27 mars 1721.

DE NAGU (*Joseph-Alexandre*), marquis DE VARENNES,
Lieutenant au régiment de Jonsac (depuis Beauvoisis) en 1667.
Capitaine, juillet même année.
Mestre-de-camp d'un régiment de cavalerie de son nom, sur la démission du sieur des Fourneaux, février 1674.
Brigadier des armées du Roi, août 1688.
Inspecteur-général de la cavalerie, dans l'électorat de Cologne, décembre de la même année.
Maréchal-de-camp, mars 1693.
Reçu chevalier de l'ordre de Saint-Louis le 3 mars 1700.
Lieutenant-général des armées du Roi, janvier 1702.
Leva un régiment d'infanterie de son nom en mai suivant.
Gouverneur de Bouchain, octobre 1704.
Mort le 6 juin 1723, étant conseiller d'honneur au parlement de Dijon et sénéchal de la ville de Lyon.

MOREL DE LA MOTTE (*François*), chevalier DE GENNES,
Enseigne au régiment de Lorraine le 20 novembre 1667 (fit la campagne de Candie).

Capitaine au régiment Dauphin-infanterie, décembre 1673.
Capitaine de grenadiers au régiment de la Fère, mars 1678.
Major, janvier 1688.
Lieutenant-colonel du même régiment, février 1691.
Reçu chevalier de l'ordre de Saint-Louis le 3 mars 1700.
Brigadier des armées du Roi, janvier 1702.
Mort en Italie au mois de mai 1703.

De FERRY,
Ingénieur.
Reçu chevalier de l'ordre de Saint-Louis le 3 mars 1700.

De BOULENNE,
Lieutenant-colonel du régiment Royal-Piémont.
Reçu chevalier de l'ordre de Saint-Louis en 1700.

D'AYGUINES (*le baron*),
Lieutenant-de-Roi du Pont-Saint-Esprit.
Reçu chevalier de l'ordre de Saint-Louis en 1700.

D'AURIAC,
Mestre-de-camp d'un régiment de cavalerie.
Brigadier des armées du Roi en 1696.
Reçu chevalier de l'ordre de Saint-Louis en 1700.

De CASTELLAS (*Jean-Antoine*),
Lieutenant-colonel du régiment de Hessy-Suisse, avec rang de colonel.
Reçu chevalier de l'ordre de Saint-Louis en 1700.

De L'ISLE (*Hardouin*), marquis DE MARIVAUX,
Capitaine au régiment du colonel-général de la cavalerie, octobre 1672.
Mestre-de-camp d'un régiment de cavalerie, mars 1676.
Brigadier des armées du Roi, mars 1693.
Reçu chevalier de l'ordre de Saint-Louis le 3 mars 1700.
Maréchal-de-camp, janvier 1702.
Lieutenant-général des armées du Roi, février 1704.
Mort à Paris le 15 décembre 1709.

De VILLARS,
Servait depuis 1671.
Colonel d'un régiment de milice de la généralité de Moulins, décembre 1690.
A la réforme de ce régiment, Colonel à la suite du régiment du Perche, octobre 1698.
Reçu chevalier de l'ordre de Saint-Louis le 3 mars 1700.
Brigadier des armées du Roi, avril 1703.
Mort en 1706 d'une blessure qu'il avait reçue au siége de Turin.

De DIENNE (*François*), seigneur DE LA SOUCHE DE CHAILADET,
Capitaine, puis Lieutenant-colonel du régiment de cavalerie de Tournelle.
Mestre-de-camp de celui de la Feuillade.
Reçu chevalier de l'ordre de Saint-Louis en 1700.

Du FOUR *ou* **DU FAUR** (*Jean*), DE VALEILLES,
Capitaine au régiment de Piémont, octobre 1663.
Major du même régiment en 1687.
Major de Dinant en 1690.
Lieutenant-de-Roi de la même ville le 2 juillet 1692, commanda cette place jusqu'à la paix de 1698.
Reçu chevalier de l'ordre de Saint-Louis en 1700.
Lieutenant-de-Roi de Venloo, juillet 1701.
Brigadier d'infanterie, juin 1702.
Commandeur de l'ordre de Saint-Louis le 31 octobre suivant.
Maréchal-de-camp, octobre 1704.
Commandant à Nancy, novembre 1707.
Mort le 6 janvier 1715.

De MARESCOT,
Lieutenant-colonel du régiment Royal-Etranger-cavalerie.
Maréchal-général-des-logis de la cavalerie.
Reçu chevalier de l'ordre de Saint-Louis le 3 mars 1700.

De GIBAUDIÈRE (*Louis-François-René*),
 Lieutenant réformé au régiment de Normandie dès 1667.
 Capitaine réformé à la suite du même régiment, août 1669.
 Capitaine en pied, août 1671.
 Capitaine de grenadiers, août 1691.
 Lieutenant-de-Roi de Bayonne, juin 1694.
 Commandant du pays de Labour, juillet 1699.
 Reçu chevalier de l'ordre de Saint-Louis le 3 mars 1700.
 Brigadier des armées du Roi, septembre 1706.
 Mort à Bayonne au mois d'octobre 1715.

Du JONCAS,
 Exempt des Gardes-du-Corps du Roi.
 Reçu chevalier de l'ordre de Saint-Louis le 3 mars 1700.
 Mort subitement à la Bastille, dont il était lieutenant-de-Roi.

DEVERNY (*Aloph*), *seigneur* DE GRANDVILLIERS-AU-BOIS,
 Capitaine au régiment Royal-Roussillon-cavalerie.
 Reçu chevalier de l'ordre de Saint-Louis le 3 mars 1700.

DESCARTES,
 Capitaine de vaisseaux du Roi.
 Reçu chevalier de l'ordre de Saint-Louis en 1700.

De la MOUSSAYE,
 Lieutenant de vaisseaux du Roi.
 Reçu chevalier de l'ordre de Saint-Louis le 3 mars 1700.

DESVARD,
 Lieutenant-colonel du régiment d'Alsace.
 Reçu chevalier de l'ordre de Saint-Louis en 1700.

La MOTHE HOUDANCOURT (*Charles, comte de*),
 Capitaine au régiment de cavalerie de Condé, déc. 1663.
 Mestre-de-camp d'un régiment de cavalerie de son nom, mars 1676.
 Sous-lieutenant de la compagnie des Chevau-Légers de la garde du Roi, avril 1681.

Brigadier des armées du Roi, août 1688.
Maréchal-de-camp, mars 1693.
Reçu chevalier de l'ordre de Saint-Louis le 3 mars 1700.
Lieutenant-général des armées du Roi, janvier 1702.
Mort le 24 mars 1728.

De CANCER *(Louis-Armand)*, baron de Pignau,
Enseigne des Gardes-du-Corps du Roi.
Mestre-de-camp de cavalerie.
Reçu chevalier de l'ordre de Saint-Louis en 1700.

De GRAVESON *(Henri)*,
Lieutenant au régiment de la Marine en 1662.
Capitaine le 1.er mai 1666.
Passé avec sa compagnie au régiment Royal-la-Marine lors de sa création, décembre 1669.
Lieutenant-colonel dudit régiment, mai 1676.
Inspecteur-général de l'infanterie, novembre 1691.
Brigadier des armées du Roi, mars 1693.
Visiteur de l'infanterie, depuis Sedan jusqu'à la Sarre (à la suppression des charges d'inspecteurs), avec une gratification de 1000 livres.
Reçu chevalier de l'ordre de Saint-Louis le 3 mars 1700.
Mort le 1.er mars 1701.

De WERT,
Capitaine au régiment de Surbeck-Suisse.
Reçu chevalier de l'ordre de Saint-Louis le 3 mars 1700.

De COULANGES,
Lieutenant-colonel du régiment Mestre-de-camp-général.
Reçu chevalier de l'ordre de Saint-Louis en 1700.

De CLAYES,
Lieutenant-colonel de carabiniers.
Reçu chevalier de l'ordre de Saint-Louis en 1700.

Du BOQUET,
   Chef de bataillon au régiment de la Reine,
   Reçu chevalier de l'ordre de Saint-Louis en 1700.

WAQUET *(François-Laurent)*, *marquis* du Tot,
   Servait depuis long-temps dans le régiment de la Reine lorsqu'il fut fait capitaine de grenadiers en mai 1685.
   Lieutenant-colonel du même régiment en janvier 1689.
   Brigadier d'infanterie, janvier 1696.
   Reçu chevalier de l'ordre de Saint-Louis le 3 mars 1700.
   Maréchal-de-camp, octobre 1704.
   Commanda à Namur, où il resta jusqu'à la paix de 1713.

De MONTPLACÉ,
   Commandant d'artillerie.
   Reçu chevalier de l'ordre de Saint-Louis le 3 mars 1700.

FURY,
   Capitaine au régiment Royal-artillerie.
   Reçu chevalier de l'ordre de Saint-Louis en 1700.

De PEYRAT,
   Lieutenant-colonel du régiment de Toulouse-infanterie.
   Reçu chevalier de l'ordre de Saint-Louis en 1700.

De PEYRAT,
   Capitaine au régiment du Roi-infanterie.
   Reçu chevalier de l'ordre de Saint-Louis en 1700.

De GABARET,
   Capitaine de vaisseaux du Roi, Gouverneur de la Martinique.
   Reçu chevalier de l'ordre de Saint-Louis en 1700.

BIGOT *(Abel)*, *seigneur* d'Ormoy,
   Major du régiment du Roi-cavalerie.
   Major de la Gendarmerie.
   Brigadier des armées du Roi.

Gouverneur de Seyssel.

Reçu chevalier de l'ordre de Saint-Louis le 3 mars 1700.

Tué à la bataille d'Hochstett en 1704.

De MARTIGNICOURT,

Capitaine au régiment de la Châtre.

Reçu chevalier de l'ordre de Saint-Louis le 3 mars 1700.

De GRÉDER *(Louis)*, né le 14 septembre 1659.

Entré de bonne heure dans le régiment de son père.

Major dudit régiment en 1684.

Colonel de ce régiment, sur la démission de son père, janvier 1691.

Brigadier des armées du Roi, janvier 1696.

Reçu chevalier de l'ordre de Saint-Louis le 3 mars 1700.

Mort le 27 janvier 1703.

VALOILLE,

Reçu chevalier de l'ordre de Saint-Louis en 1700.

De BRAGELONGNE de VERSIGNY *(Étienne)*,

Cornette dès l'âge de quatorze ans.

Enseigne aux Gardes-Françaises le 9 septembre 1675.

Sous-lieutenant, novembre 1677.

Capitaine, octobre 1689.

Inspecteur-général de l'infanterie, novembre 1692.

Major-général de l'infanterie, avril 1695.

Brigadier des armées du Roi, octobre même année.

Reçu chevalier de l'ordre de Saint-Louis le 3 mars 1700.

Mort le 1.er février 1714.

Le DANOIS (*François*), marquis de Geoffreville,

Lieutenant de la Mestre-de-camp-générale de la cavalerie, mai 1679.

Obtint ce régiment à la mort du sieur de Longueval, novembre 1689.

Brigadier des armées du Roi, janvier 1696.

Reçu chevalier de l'ordre de Saint-Louis le 3 mars 1700.

Maréchal-de-camp, décembre 1702.
Lieutenant-général des armées du Roi, octobre 1704.
Gouverneur de Bapeaume, mars 1712.
Mort le 15 février 1721.

DE CASTILLON *(Jean)*, *comte* DE MOUCHAN,
Mousquetaire en 1671, et s'étant distingué au siége de Maestricht en 1673, il fut fait sous-brigadier en février 1674.
Capitaine au régiment de Bourbonnais, juillet 1687.
Capitaine de la compagnie de Grenadiers du même régiment en 1692, dont il se démit en 1700, qu'il passa avec le roi d'Espagne à Naples.
Reçu chevalier de l'ordre de Saint-Louis le 3 mars de la même année.
Rentré en France, obtint, le 7 janvier 1703, une commission de colonel réformé à la suite du régiment de Bourbonnais.
Major-général de l'infanterie de l'armée d'Espagne, oct. 1704.
Colonel réformé à la suite du régiment d'Orléans, avril 1705.
Major-général au siége de Gibraltar et à celui de Barcelone.
Brigadier des armées du Roi, même année 1705.
Nommé colonel d'un régiment d'infanterie de son nom le 11 mai 1707 ; il continua de remplir les fonctions de major-général au siége de Lérida en la même année.
Tué au siége de Tortose le 25 juin 1708.

D'ESTANIOL DE MONTAGNAC *(Louis)*,
Reçu chevalier de l'ordre de Saint-Louis le 3 mars 1700.
Cornette au régiment de cavalerie de son père, septembre 1704.
Lieutenant, février 1705.
Capitaine, novembre 1707.
Major, janvier 1710.
Colonel dudit régiment, sur la démission de son père, décembre même année.

Brigadier des armées du Roi, février 1734.
Maréchal-de-camp, mars 1738.

PUCELLE D'ORGEMONT (*Omer*),
Neveu de M. de Catinat.
Mousquetaire, octobre 1673.
Lieutenant au régiment de Piémont, novembre 1675.
Capitaine au même régiment, janvier 1676.
Major du régiment de dragons de Catinat, lors de sa levée, août 1688.
Colonel du régiment de Tournaisis, juillet 1691.
Brigadier d'infanterie, janvier 1696.
Reçu chevalier de l'ordre de Saint-Louis en 1700.
Maréchal-de-camp, octobre 1704.
Mort le 28 février 1731.

Des BERANGERIES,
Maréchal-des-logis des Gendarmes de la garde.
Reçu chevalier de l'ordre de Saint-Louis le 3 mars 1700.

RAUDOT,
Major des Carabiniers.
Reçu chevalier de l'ordre de Saint-Louis en 1700.

BIGOT DES FOURNEAUX (*Joseph-Bertrand*),
Garde-du-Corps du Roi en 1670.
Exempt de la compagnie (depuis Luxembourg), février 1675.
Troisième enseigne de sa compagnie, juin 1698, avec rang de mestre-de-camp de cavalerie le 6 juillet suivant.
Reçu chevalier de l'ordre de Saint-Louis le 3 mars 1700.
Brigadier des armées du Roi, février 1704.
Deuxième lieutenant de ladite compagnie, juin 1706.
Maréchal-de-camp, mars 1709.
Gouverneur de Belle-Isle en quittant les Gardes-du-Corps, juillet 1716.
Lieutenant-général des armées du Roi, février 1719.
Mort le 8 janvier 1722.

De RAFFIN d'HAUTERIVE *(Jean-Louis)*,
   Officier au régiment d'infanterie d'Anjou, à sa formation, en 1670.
   Capitaine au même régiment en 1672.
   Capitaine de grenadiers, avril 1682.
   Major dudit régiment, février 1686.
   Lieutenant-de-Roi de Sedan, janvier 1687.
   Reçu chevalier de l'ordre de Saint-Louis en 1700.
   Mort le 4 août 1715.

Du QUÊNE,
   Capitaine de vaisseaux.
   Reçu chevalier de l'ordre de Saint-Louis en 1700.

PREVOST *(Louis)*, *marquis* du Barail,
   Cadet au régiment du Roi en 1679.
   Sous-lieutenant, décembre même année.
   Lieutenant, février 1680.
   Capitaine, septembre 1684.
   Capitaine de grenadiers, octobre 1692.
   Reçu chevalier de l'ordre de Saint-Louis en 1700.
   Lieutenant-colonel, mars 1703.
   Colonel-lieutenant du même régiment, janvier 1706.
   Maréchal-de-camp, janvier 1711.
   Gouverneur de Landrecies le même jour.
   Lieutenant-général des armées du Roi, mars 1720.
   Mort au mois de novembre 1734.

PREVOST *(François)*, *seigneur* de Traversay,
   Capitaine au régiment de la Reine-cavalerie.
   Lieutenant-colonel de celui de la Rochefoucaud.
   Reçu chevalier de l'ordre de Saint-Louis en 1700.

Du MESNIL,
   Exempt des Gardes-du-Corps.
   Gouverneur de Neufchâtel.
   Reçu chevalier de l'ordre de Saint-Louis le 3 mars 1700.

GALLANT DE CHEVANNES (*Philippe*),
Officier au régiment de Poitou dès 1671.
Capitaine de Grenadiers, janvier 1686.
Major, avril 1687.
Lieutenant-colonel du même régiment, janvier 1691.
Reçu chevalier de l'ordre de Saint-Louis, le 3 mars 1700.
Brigadier des armées du Roi, janvier 1702.
Tué à la bataille de Frédélingen, à la tête de la brigade de Poitou, le 14 octobre même année.

BELSUNCE (*Élie, comte de*),
Officier au régiment de la Marine en 1667.
Capitaine en 1670.
Major, août 1675.
Lieutenant-colonel du régiment de Nivernois à sa création, septembre 1684.
Colonel de ce régiment, octobre 1689.
Brigadier des armées du Roi, avril 1694.
Reçu chevalier de l'ordre de Saint-Louis le 3 mars 1700.
Se démit de son régiment en faveur de son neveu, mars 1701.
Mort vers 1729.

DE PLANQUE (*Barthélemi*),
Entré très-jeune dans le régiment de Rouergue.
Enseigne de la compagnie de son père en 1672.
Lieutenant de la Lieutenance-colonelle, mai 1675.
Capitaine en 1676.
Major, décembre 1678.
Lieutenant-colonel dudit régiment, novembre 1693.
Reçu chevalier de l'ordre de Saint-Louis en 1700.
Brigadier des armées du Roi, janvier 1702.
Inspecteur-général de l'infanterie, mars 1703.
Servit au siège de Gironne, et vint, le 4 février 1711, apprendre la prise de cette place au Roi, qui le créa Maréchal-de-camp le 14 du même mois.
Mort au mois de février 1713.

Tom. I.   14

Son père avoit été créé lieutenant-colonel du régiment de Rouergue le 20 novembre 1667 (ENNOBLI en considération de ses services le 1er. avril 1670), et fait lieutenant-de-Roi de Bayonne au mois de novembre 1680.

DE VILLERABLON,

Premier Capitaine au régiment Royal-infanterie.
Reçu chevalier de l'ordre de Saint-Louis le 3 mars 1700.

XIMÈNES (*Joseph, comte de*),

Capitaine au régiment Catalan du duc de Mazarin, lors de la levée de ce régiment (depuis Royal-Roussillon), mai 1657.
Major, novembre 1667.
Lieutenant-colonel en 1671.
Colonel-lieutenant de ce régiment à la mort du baron de Caramani, mars 1672.
Brigadier des armées du Roi, février 1677.
Maréchal-de-camp, août 1688.
Gouverneur de Maubeuge à la mort du comte de Gournay, août 1690.
Commandant à Mons et dans le Hainaut en 1692.
Lieutenant-général des armées du Roi, mars 1693.
Colonel d'un régiment de Fusiliers, août 1695.
Reçu chevalier de l'ordre de Saint-Louis le 3 mars 1700.
Se démit, en faveur de son fils, du régiment Royal-Roussillon, et eut le gouvernement général entre la Sambre et la Meuse, en juin 1701.
Mort au mois de janvier 1706.

GUERIN DES ARENNES (*Pierre*),

Enseigne au régiment Royal-infanterie, décembre 1663.
(Fit la campagne de Gigery, en Afrique, en 1684.)
Lieutenant en novembre 1665, aux siéges de Douai et de Lille en 1667 et 1668.
Obtint, le 8 février 1671, en considération des services de son père, une compagnie dans le régiment de Vermandois, vacante par la mort de ce dernier.

Major dudit régiment en 1682.

Reçu chevalier de l'ordre de Saint-Louis le 3 mars 1700.

Nommé, le 17 février 1705, pour commander à Saint-Sébastien en quittant le régiment de Vermandois.

Brigadier des armés du Roi, novembre 1706.

Commandant à Saint-Quentin, février 1710.

Lieutenant-de-Roi de Condé, octobre 1715.

Mort le 30 août 1722.

Le père avoit servi avec tant de distinction dans le régiment Royal, que le Roi lui accorda des LETTRES DE NOBLESSE le 3 janvier 1668. Il passa à une compagnie et à la majorité du régiment de Vermandois à sa création, le 14 décembre 1669.

De CHOISEUL (*Jean-Baptiste-Gaston*), *marquis* DE PRASLIN,

D'abord connu sous le nom de comte d'Hostel.

Volontaire sous le duc de Luxembourg en 1676.

Lieutenant au régiment du Roi en 1677.

(Prit le nom de marquis de Praslin lors de son mariage, en 1683, avec l'héritière de ce marquisat.)

Capitaine au régiment de cavalerie du Roi, mars 1684.

Lieutenant-général du Gouvernement de Champagne et Gouverneur de Troyes, avril 1686.

Mestre-de-camp d'un régiment de cavalerie de son nom, juin 1688.

Brigadier des armées du Roi, avril 1694.

Reçu chevalier de l'ordre de Saint-Louis en 1700.

Maréchal-de-camp, janvier 1702.

Lieutenant-général des armées du Roi, février même année.

Mort le 23 octobre 1705 d'une blessure qu'il reçut à la bataille de Cassano au mois d'août précédent.

De VANTELET,

Lieutenant-colonel du régiment de Rohan-cavalerie,

Reçu chevalier de l'ordre de Saint-Louis en 1700.

De FROULAY (*Philibert-Emmanuel*), *chevalier* DE TESSÉ, *baron* D'AMBRIARS.

Enseigne au régiment Royal-la-Marine, décembre 1669.

Lieutenant de la Mestre-de-camp du régiment de cavalerie de Vivans, août 1671.
Aide-de-camp des armées du Roi en 1672.
Major du régiment des Dragons de Tessé, mars 1674.
Mestre-de-camp d'un régiment de Dragons (depuis Nicolaï), août 1681.
Brigadier des armées du Roi, mars 1690.
Maréchal-de-camp, janvier 1691.
Lieutenant-général des armées du Roi, janvier 1696.
Reçu chevalier de l'ordre de Saint-Louis en 1700.
Mort à Crémone le 20 août 1701.

De VANDEUIL,
Mestre-de-camp de cavalerie.
Reçu chevalier de l'ordre de Saint-Louis en 1700.
Brigadier des armées du Roi en 1702.

De PERRIERES de SAINT-MARS,
Maréchal-des-logis des Chevau-Légers de la garde,
Reçu chevalier de l'ordre de Saint-Louis en 1700.

Des MARETS,
Capitaine,
Lieutenant-colonel du régiment du Roi-cavalerie.
Reçu chevalier de l'ordre de Saint-Louis le 3 mars 1700.

MONTOLIEU (*Louis, marquis de*),
Chef-d'escadre des galères,
Maréchal-de-camp.
Reçu chevalier de l'ordre de Saint-Louis le 3 mars 1700.

De PUYROBERT,
D'abord Capitaine, puis Lieutenant-colonel du régiment Royal-Roussillon-cavalerie.
Reçu chevalier de l'ordre de Saint-Louis en 1700.

De MONTBRISON,
Lieutenant-colonel du régiment de Montalet-dragons.
Mestre-de-camp d'un régiment.
Reçu chevalier de l'ordre de Saint-Louis le 3 mars 1700.

De BAR (*Alexandre*),
Officier au régiment de Bourgogne à sa création en 1668.
Major, mars 1686.
Lieutenant-colonel dudit régiment, décembre 1692.
Reçu chevalier de l'ordre de Saint-Louis le 3 mars 1700.
Brigadier des armées du Roi, janvier 1702.

De la ROQUE (*Guillaume*),
Maréchal-des-logis, puis Enseigne de la première compagnie des Mousquetaires.
Reçu chevalier de l'ordre de Saint-Louis en 1700.

De ROUVROY (*Titus-Eustache*), marquis de Saint-Simon,
Né le 22 juillet 1654.
Enseigne au régiment de Picardie dès 1671.
Lieutenant en 1673.
Enseigne au régiment des Gardes-Françaises, février 1674.
Sous-lieutenant, novembre 1677.
Lieutenant, mai 1679.
Aide-major, octobre 1689.
Capitaine audit régiment des Gardes, septembre 1692.
Reçu chevalier de l'ordre de Saint-Louis en 1700.
Brigadier des armées du Roi, octobre 1704.
Mort le 1.er septembre 1712.

De SAINTE-CROIX,
Capitaine au régiment de Provence.
Reçu chevalier de l'ordre de Saint-Louis en 1700.

BINET (*Nicolas*), comte de Marcoignet,
Maréchal-de-camp,
Gouverneur de la Rochelle.
Reçu chevalier de l'ordre de Saint-Louis le 3 mars 1700.
Mort le 17 janvier 1717.

De SAINTE-HERMINE (*Élie, comte*),
Mousquetaire pendant quelques années.

Capitaine au régiment du Colonel-général des dragons, août 1688.
Colonel d'un régiment de Dragons de son nom, octob. 1690.
Brigadier des armées du Roi, octobre 1695.
Inspecteur-général de la cavalerie et des dragons, août 1700.
Reçu chevalier de l'ordre de Saint-Louis en la même année.
Maréchal-de-camp, décembre 1702.
Lieutenant-général des armées du Roi, octobre 1703.
Mort le 13 janvier 1707.

DE BLÉCOURT *(Jean-Denis)*,
Enseigne de la Colonelle du régiment Reine-Mère (depuis Artois et la Couronne) dès 1658.
Capitaine en 1667.
Capitaine de Grenadiers, juillet 1683.
Lieutenant-colonel dudit régiment, mai 1693.
Brigadier des armées du Roi, janvier 1696.
Reçu chevalier de l'ordre de Saint-Louis le 3 mars 1700.
Gouverneur de Navareins, où il résida jusqu'à sa mort.
Mort le 13 décembre 1719.

DE ROBERT *(Antoine)*,
Officier du Génie.
Directeur des fortifications des duchés de Bourgogne et de Bresse.
Reçu chevalier de l'ordre de Saint-Louis en 1700.
Brigadier des armées du Roi, février 1704.
Commandant en chef les ingénieurs à l'armée d'Espagne.
Tué au siége de Castel-Branco le 22 mai de ladite année 1704.

DE BREMOND *(Jacques)*, seigneur DE VERNON,
Mestre-de-camp du régiment de Ruffey-cavalerie.
Reçu chevalier de l'ordre de Saint-Louis le 3 mars 1700.
Tué en Italie en 1701.

D'ESTRESSES *(Jean-Louis)*, *seigneur* D'ESTRESSES.
Capitaine de Grenadiers au régiment de Normandie.

Lieutenant-colonel de celui de Noailles-infanterie en 1695.
Reçu chevalier de l'ordre de Saint-Louis le 3 mars 1700.

De SAINT-SIMON *(Louis-Claude)*,
Reçu chevalier de l'ordre de Saint-Louis en 1700.
Capitaine de vaisseaux du Roi en 1708.

De COCQ-FONTAINE,
Lieutenant-colonel du régiment Dauphin-cavalerie.
Reçu chevalier de l'ordre de Saint-Louis le 3 mars 1700.

D'ALÈGRE (*Yves*), *marquis* D'ALÈGRE,
Garde-du-Corps en 1675.
Capitaine dans le régiment de cavalerie de Biran, févr. 1678.
Colonel du régiment Royal-Dragons, mai 1679.
Brigadier des armées du Roi, mars 1690.
Maréchal-de-camp, mars 1693.
Reçu chevalier de l'ordre de Saint-Louis le 3 mars 1700.
Lieutenant-général des armées du Roi, janvier 1702.
Gouverneur de Saint-Omer, septembre 1706.
Gouverneur et lieutenant-général des villes, pays et évêchés de Metz et de Verdun, à la mort du comte de Saillant, août 1723.
Maréchal-de-France, le 2 février 1724.
Chevalier des ordres du Roi, février 1728.
Mort le 9 mars 1733.

De CHENNEVIÈRES,
Chef de bataillon au régiment de Champagne.
Reçu chevalier de l'ordre de Saint-Louis le 3 mars 1700.

De ROUVILLE,
Lieutenant-colonel du régiment de la Reine-cavalerie.
Reçu chevalier de l'ordre de Saint-Louis en 1700.

De CAIXON *(Jean)*,
Officier au régiment Royal de la Marine, lors de sa création, en décembre 1669.
Capitaine dudit régiment en 1672.

Colonel d'un régiment de milice de la généralité de Montauban, janvier 1689.

Brigadier des armées du Roi, mars 1693.

Reçu chevalier de l'ordre de Saint-Louis le 3 mars 1700.

DE SALLER,

Lieutenant-colonel du régiment de Condé-infanterie.

Reçu chevalier de l'ordre de Saint-Louis en 1700.

DE SÉRICOURT *(Charles-Thimoléon)*, marquis D'ESCLAINVILLIERS,

Cornette au régiment de cavalerie de Tilladet (depuis Souvré), en 1678.

Capitaine au même régiment en 1683.

Mestre-de-camp d'un régiment de cavalerie de son nom en mai 1991.

Brigadier de cavalerie, janvier 1696.

Reçu chevalier de l'ordre de Saint-Louis en 1700.

Il se démit de son régiment en faveur de son fils, janvier 1704.

Maréchal-de-camp en février suivant.

Mort à Mantoue en 1706.

DE RIQUET,

Ingénieur,

Reçu chevalier de l'ordre de Saint-Louis en 1700.

DE MARCÉ DE LA MOTTE,

Chevalier-commandeur de l'ordre de Saint-Lazare.

Lieutenant-colonel du régiment de Navarre.

Gouverneur de Longwi.

Reçu chevalier de l'ordre de Saint-Louis le 3 mars 1700.

DE VILLIERS-LE-MOUSTIER,

Reçu chevalier de l'ordre de Saint-Louis en 1700.

Brigadier de cavalerie en 1702.

DE LA TOUCHE,

Lieutenant-colonel du régiment de Montpeiroux-cavalerie.

Reçu chevalier de l'ordre de Saint-Louis en 1700.

Du TRONQUOY,
    Lieutenant-colonel au régiment de Normandie.
    Reçu chevalier de l'ordre de Saint-Louis en 1700.

DE LA BEAUME (*Nicolas-Auguste*), marquis DE MONTREVEL,
    (Connu d'abord sous le nom de chevalier, puis de marquis de Montrevel, jusqu'à sa promotion à l'état de maréchal de France, qu'il prit le nom de maréchal de Montrevel).
    Capitaine au régiment de la Reine-cavalerie, mai 1657.
    Capitaine au régiment Colonel-général-cavalerie, août 1667.
    Mestre-de-camp-lieutenant du régiment d'Orléans-cavalerie, mars 1673.
    Lieutenant-général des provinces de Bresse, Bugey, Valromey et Charolais, sur la démission de son père, février 1675.
    Colonel du régiment Royal, août suivant.
    Brigadier des armées du Roi, février 1677.
    Commissaire-général de la cavalerie, juillet même année.
    Maréchal-de-camp, août 1688.
    Lieutenant-général des armées du Roi, mars 1693.
    Gouverneur de Montroyal, à la mort du marquis de Montal, janvier 1697.
    Reçu chevalier de l'ordre de Saint-Louis le 3 mars 1700.
    Maréchal-de-France le 14 janvier 1703.
    Commandant de la province de Guyenne, avril 1704.
    Chevalier des ordres du Roi, février 1705.
    Mestre-de-camp du régiment de Dragons de Guyenne, mai suivant.
    Commandant en Alsace et en Franche-Comté en avril 1716.
    Mort le 11 octobre de la même année.

DE MARGON,
    Colonel-réformé du deuxième régiment de Languedoc-dragons.
    Reçu chevalier de l'ordre de Saint-Louis le 3 mars 1700.

De STREIFF de LEWENSTEIN *(Charles-Frédéric, baron)*,
  Officier au régiment Desfournaux (depuis Varennes) en 1672 et 1673.
  Capitaine au même régiment en 1675.
  Capitaine au régiment de Roussillon, mai 1682.
  Lieutenant-colonel du même régiment (alors Berry-cavalerie), janvier 1690.
  Reçu chevalier de l'ordre de Saint-Louis en 1700.
  Brigadier des armées du Roi, janvier 1702.
  Mestre-de-camp-réformé à la suite du régiment de Berry, mars 1703.
  Maréchal-de-camp, octobre 1704.
  Tué le 20 juillet 1706 à la prise de l'Isle du Marquisat.

De SAINT-MARS,
  Gouverneur de la Bastille.
  Reçu chevalier de l'ordre de Saint-Louis en 1700.

De FORTIA d'URBAN *(François)*,
  Officier, depuis 1652, au régiment de la Marine, où il commandait une compagnie.
  Passa avec sa compagnie dans le régiment Dauphin-infanterie, lors de sa création, le 15 juin 1667.
  Lieutenant-colonel du régiment Vermandois, juin 1671.
  Brigadier des armées du Roi, mars 1675.
  Visiteur de l'infanterie en Guienne, avril même année.
  Visiteur de l'infanterie dans les généralités de Bordeaux et de Montauban et dans le pays de Foix, octobre suivant.
  Gouverneur de Mont-Louis, où il résida jusqu'à sa mort, mai 1679.
  Reçu chevalier de l'ordre de Saint-Louis le 3 mars 1700.
  Mort au mois de février 1701.

Du TRONCHOT,
  Capitaine au régiment de Saintonge.
  Reçu chevalier de l'ordre de Saint-Louis en 1700.

De VASSIGNAC (*Jean-Louis*), *chevalier* d'Imecourt,

Dabord lieutenant et aide-major du régiment de Picardie, janvier 1689.
Colonel du régiment d'infanterie de Cottentin, à sa création, janvier 1693.
Reçu chevalier de l'ordre de Saint-Louis en 1700.
Brigadier d'infanterie, janvier 1702.
Colonel du régiment d'Auvergne, avril 1703.
Major-général de l'infanterie de l'armée d'Italie en 1704.
Maréchal-de-camp, octobre suivant.
Tué au siège de Verue le 26 décembre même année.

De VALLIÈRE (*Jean-Florent* ou *Jean-Urbain*),

Sous-lieutenant, puis lieutenant d'une compagnie de mineurs dès 1690.
Commissaire-ordinaire d'artillerie, janvier 1695.
Capitaine d'une compagnie de Mineurs, septembre 1699.
Reçu chevalier de l'ordre de Saint-Louis en 1700.
Commissaire-provincial de l'artillerie, avril 1703.
Lieutenant de l'artillerie, janvier 1705.
Capitaine-général des mineurs, à la retraite du sieur de Bambiny, avril même année.
Brigadier des armées du Roi, décembre 1710.
Commanda l'artillerie en chef pendant la blessure de M. Destouches et la maladie du sieur du Magny, au siège et à la prise du Quesnoy et de Bouchain.
Lieutenant-général de l'artillerie sans département, mai 1716.
Lieutenant-général-particulier de l'artillerie le 1.er octobre suivant.
Maréchal-de-camp, février 1719.
Commandeur de l'ordre de Saint-Louis le 1er janvier 1720.
Inspecteur-général des écoles et instruction de l'artillerie le 14 du même mois.

Directeur-général de ces écoles, en se demettant de l'inspection qui fut supprimée, mars 1726.

Lieutenant-général des armées du Roi, février 1734.

Grand'croix de l'ordre de Saint-Louis le 1.er juin 1739.

Commandant d'artillerie de l'armée de Flandres sous le Roi, avril 1644.

Gouverneur d'Aire le 29 juin suivant.

Son grand âge ne lui permettant plus de servir, il se démit de la direction générale des écoles d'artillerie en faveur de son fils aîné au mois de janvier 1747.

Gouverneur de Bergues, en se démettant du gouvernement d'Aire, février 1749.

Mort le 6 janvier 1759, âgé de 93 ans.

DE THIARD *(Claude)*, *marquis* DE BISSY,

Enseigne de la deuxième compagnie des Mousquetaires.

Capitaine au régiment de cavalerie de la Mothe, septembre 1641.

Colonel d'un régiment de cavalerie, février 1649.

Son régiment licencié le 18 avril 1661, on lui conserva sa compagnie Mestre-de-camp.

Brigadier de cavalerie, mars 1664.

Gouverneur d'Auxonne, avril 1670.

Sa compagnie fut incorporée dans le régiment de cavalerie de Coislin (depuis Vignaux), octobre 1672.

Maréchal-de-camp le 28 du même mois.

Se démit de sa compagnie de cavalerie en faveur de son fils le 9 février 1676, et continua de servir en Lorraine.

Lieutenant-général des armées de Roi, février 1677.

Lieutenant-général du gouvernement de la Lorraine et du Barrois et commandant de cette province, mai 1679.

Chevalier des ordres du Roi le 31 décembre 1688.

Après la paix de Riswick, il obtint le commandement des Trois-Évêchés, août 1698.

Reçu chevalier de l'ordre de Saint-Louis en 1700.
Mort à Metz le 30 novembre 1701.

D'HIÉRY,
Lieutenant-colonel du régiment de Bourbonnais.
Lieutenant-de-Roi d'Aigues-Mortes.
Reçu chevalier de l'ordre de Saint-Louis en 1700.

THOMAS DE LA CONNELAYE *ou* CAULLENAYE *(François-Hyacinthe)*,
Sous-lieutenant au régiment des Gardes-Françaises, mars 1671.
Lieutenant, septembre 1675.
Capitaine audit régiment des Gardes, février 1689.
Reçu chevalier de l'ordre de Saint-Louis en 1700.
Brigadier d'infanterie, décembre 1702.
Maréchal-de-camp, octobre 1704.
Commandant à Ostende en 1705.
Gouverneur de Belle-Isle en 1709.
Mort le 8 juillet 1716.

Du VIVIER LANSAC *(François)*, comte DE TOURNEFORT,
Cornette au régiment de cavalerie du Vivier, août 1676.
Lieutenant au régiment Royal-cavalerie en 1679.
Capitaine au régiment de cavalerie de Varennes, mai 1682.
Capitaine dans celui de Richelieu (depuis Auriac), août 1683.
Choisi le 26 octobre 1690 pour commander la compagnie de carabiniers de ce régiment à la création de ces compagnies.
Lieutenant-colonel de son régiment, janvier 1693.
Mestre-de-camp d'un régiment de cavalerie de son nom, janvier 1696.
Troisième enseigne de la compagnie des Gardes-du-Corps (depuis Luxembourg), juin 1699, successivement deuxième et premier enseigne.
Reçu chevalier de l'ordre de Saint-Louis en 1700.

Brigadier de cavalerie, février 1704.
Troisième lieutenant de sa compagnie, juin 1706.
Maréchal-de-camp, novembre 1708.
Tué à la bataille de Malplaquet le 11 septembre 1709.

D'HAUMONT,
Mestre-de-camp de cavalerie.
Reçu chevalier de l'ordre de Saint-Louis en 1700.

De BOTHEREL de la BRETONNIÈRE *(Gilles)*,
Mousquetaire en 1671.
Cornette au régiment de la Feuillade, octobre 1672.
Capitaine au régiment de cavalerie d'Estrades (depuis du Plessis), avril 1674.
Capitaine du régiment d'Enghein (depuis Bourbon), août 1679.
Lieutenant-colonel du régiment de cavalerie de Saint-Simon (depuis du Bordage et Bouzols), décembre 1688.
Obtint une commission pour tenir rang de Mestre-de-camp de cavalerie, avril 1694.
Reçu chevalier de l'ordre de Saint-Louis le 3 mars 1700.
Brigadier des armées du Roi, février 1704.
Maréchal-de-camp, mars 1709.
Commandant en Roussillon, sous M. de Quinson, depuis 1710 jusqu'à la paix.

De GRANDMAISON,
Premier Capitaine au régiment de Toulouse-infanterie.
Reçu chevalier de l'ordre de Saint-Louis le 3 mars 1700.

De la FARE *(le chevalier)*,
Lieutenant-colonel du régiment de la Fare.
Reçu chevalier de l'ordre de Saint-Louis le 3 mars 1700.

De SOUVILLE,
Major du régiment de Bourbonnais.
Reçu chevalier de l'ordre de Saint-Louis en 1700.

TEXIER ou TESSIER DE MAISONCELLES *(Guillaume)*,
Lieutenant au régiment des Fusiliers du Roi (depuis Royal-artillerie), avril 1675.
Capitaine, mars 1676.
Major du même régiment, mars 1689.
Brigadier des armées du Roi, janvier 1696.
Reçu chevalier de l'ordre de Saint-Louis en 1700.
Major-général de l'infanterie de l'armée d'Allemagne, juin 1703.
Major-général de l'armée du Rhin, sous les ordres du maréchal de Tallart, avril 1704.
Tué à la bataille d'Hochstett le 13 août même année.

DE LA FERRIÈRE DE VINCELLE ou VINCIERLE *(Charles-Maurice)*,
Officier au régiment de Vermandois, à sa création, le 20 décembre 1669.
Était lieutenant-colonel dudit régiment, lorsqu'il fut nommé commandant à Belle-Isle le 26 avril 1694.
Reçu chevalier de l'ordre de Saint-Louis le 3 mars 1700.
Brigadier des armées du Roi, septembre 1706.
Mort au mois de décembre 1708.

DE LA SURRIÈRE,
Maréchal-des-logis de la seconde compagnie des Mousquetaires.
Reçu chevalier de l'ordre de Saint-Louis en 1700.

DE LESDO DE LA RIVIÈRE D'IGULVILLE *(Nicolas)*,
Capitaine au régiment de Normandie dès 1675.
Major dudit régiment, janvier 1690.
Reçu chevalier de l'ordre de Saint-Louis le 3 mars 1700.
Inspecteur-général de l'infanterie pour la Normandie, juin 1702.
Brigadier des armées du Roi, janvier 1703.
Mort le 26 octobre 1715.

De GUÉNÉGAUD *(Emmanuel)*, *chevalier* de Planoy,

Aide-de-camp du maréchal de Luxembourg dans la compagne de 1673.

Cadet dans la compagnie des Gardes-du-Corps de Luxembourg.

Enseigne des gendarmes de Flandres, après son frère, février 1676.

Sous-lieutenant de la même compagnie, février 1689.

Capitaine-lieutenant de la compagnie des Chevau-Légers de Bretagne le 1.er novembre 1693.

Reçu chevalier de l'ordre de Saint-Louis le 3 mars 1700.

Brigadier des armées du Roi, janvier 1702.

Maréchal-de-camp, octobre 1704.

Mort le 5 avril 1706 des suites de la blessure qu'il avait reçue à la bataille d'Holchstett en 1704.

De LANGE *(Hyacinthe)*,

Chevau-léger de la Garde du Roi.

Reçu chevalier de l'ordre de Saint-Louis le 3 mars 1700.

BAUYN *(Jean, chevalier de)*,

Enseigne au régiment des Gardes-Françaises le 5 févr. 1674.

Sous-lieutenant, avril 1676.

Lieutenant, février 1677.

Capitaine au même régiment, juillet 1679.

Brigadier des armées du Roi, janvier 1696.

Reçu chevalier de l'ordre de Saint-Louis le 3 mars 1700.

Maréchal-de-camp, octobre 1704.

Gouverneur de Furnes, janvier 1707.

Mort le 30 octobre 1720.

De LONGECOMBE *(Antoine-Balthazar)*, *marquis* de Thouy,

Lieutenant-colonel du régiment du Plessis-Praslin (depuis Poitou), octobre 1680.

Colonel de celui d'Angoumois, octobre 1685.

Nommé pour commander à Calais en l'absence de M. de Laubanie, février 1689.

Brigadier des armées du roi, mars 1690.
Maréchal-de-camp, janvier 1696.
Reçu chevalier de l'ordre de Saint-Louis le 3 mars 1700.
Lieutenant-général des armées du Roi, février 1704.
Servant à l'armée d'Espagne en 1710, il commanda tous les grenadiers de l'armée, et commanda en 1714 le corps de troupes qui agit contre les rebelles de la Catalogne.
Capitaine-général des armées du Roi d'Espagne.
Gouverneur de Belle-Isle, janvier 1722.
Mort le 12 mars 1726.

DE BARBESIÈRES DE CHEMERAUT (*Charles-Louis, marquis*),
Servait dans la maison du Roi dès 1670.
Exempt de la compagnie de Rochefort des Gardes-du-Roi, janvier 1673.
Colonel d'un régiment de dragons (depuis Marbœuf), octobre 1676.
Colonel d'un régiment de dragons (depuis Aubigné), août 1678.
Brigadier des armées du Roi, août 1688.
Maréchal-de-camp, mai 1692.
Lieutenant-général des armées du Roi, janvier 1696.
Reçu chevalier de l'ordre de Saint-Louis le 3 mars 1700.
Mort le 20 septembre 1709.

GROUT (*Claude*), chevalier DE PRINCÉ,
Enseigne au régiment d'infanterie de M. le Dauphin le 30 décembre 1667.
Lieutenant, janvier 1671.
Capitaine, février 1672.
Capitaine de la compagnie de grenadiers, novembre 1687.
Commandant du second bataillon dudit régiment, octobre 1690.
Lieutenant-colonel du même régiment, septembre 1692.
Brigadier des armées du Roi, octobre 1695.

Reçu chevalier de l'ordre de Saint-Louis le 3 mars 1700.
Nommé pour commander à Calais, décembre 1703.
Maréchal-de-camp, octobre 1704.
Mort au mois de mars 1708.

D'ARCY *(le chevalier)* ,
Capitaine au régiment de Nettancourt.
Reçu chevalier de l'ordre de Saint-Louis le 3 mars 1700.

DE LA BRUYERE *(Claude-Joseph)* ,
Lieutenant-colonel d'un ancien régiment d'infanterie.
Lieutenant-de-Roi de Luxembourg, juin 1684.
Reçu chevalier de l'ordre de Saint-Louis le 3 mars 1700.
Lieutenant-de-Roi de Maubeuge, décembre même année.
Brigadier des armées du Roi, octobre 1706.
Mort à Maubeuge au mois de juillet 1713.

DE STECKEMBERG *(Henri)* ,
Lieutenant au régiment d'Alsace en 1665.
Lieutenant de la Colonelle du même régiment, avril 1678.
Capitaine, avril 1686.
Major, juin 1694.
Reçu chevalier de l'ordre de Saint-Louis en 1700.
Lieutenant-colonel du régiment d'Alsace, mai 1705.
Brigadier des armées du Roi, avril 1706.
Tué à Malplaquet le 11 septembre 1709.

DE GUIGNES,
Lieutenant-de-Roi du Pont-Saint-Esprit.
Reçu chevalier de l'ordre de Saint-Louis le 3 mars 1700.

DE LAUNAY DU PERRÉ (*Nicolas*),
Capitaine au régiment de Lyonnais avant 1659.
Major en 1674.
Lieutenant-colonel dudit régiment, mai 1677.
Brigadier des armées du Roi, août 1688.
Reçu chevalier de l'ordre de Saint-Louis en 1700.
Mort au mois de janvier 1710.

De SUZY,
   Capitaine d'artillerie.
   Reçu chevalier de l'ordre de Saint-Louis en 1700.

D'ANGOSSE,
   Capitaine au régiment de Piémont.
   Reçu chevalier de l'ordre de Saint-Louis le 3 mars 1700.

STUPPA d'AUTREMENCOURT (*Alexandre-Louis-François*),
   Major des Gardes-Suisses.
   Reçu chevalier de l'ordre de Saint-Louis en 1700.
   Mort le 6 septembre 1707.

De la ROCHETTE de SAINT-PIERRE (*Charles*),
   Officier au régiment d'infanterie d'Anjou, à sa création, janvier 1670.
   Capitaine, août 1674.
   Major du même régiment, avril 1689.
   Commandant à Courtrai, mai 1694.
   Reçu chevalier de l'ordre de Saint-Louis en 1700.
   Brigadier des armées du Roi, août 1708.
   Mort en 1712.

Du MONTET,
   Capitaine au régiment de Beauvoisis.
   Reçu chevalier de l'ordre de Saint-Louis en 1700.

De GAYON du BOUSQUET de SAINT-GILLES (*Joseph, comte*),
   Capitaine au régiment du Roi-infanterie.
   Lieutenant-général de ses armées.
   Reçu chevalier de l'ordre de Saint-Louis en 1700.
   Commandeur le 25 avril 1775.

LEGALL (*René-François, baron de*),
   Cornette au régiment de cavalerie du Gas le 3 mars 1672.
   Capitaine au régiment de cavalerie de Blagny, avril 1675.

Colonel d'un régiment de cavalerie de son nom, août 1688.
Brigadier des armées du Roi, mars 1693.
Reçu chevalier de l'ordre de Saint-Louis le 3 mars 1700.
Maréchal-de-camp, janvier 1702.
Lieutenant-général des armées du Roi, août 1703.
Gouverneur du fort Brescou, des ville et fort d'Agde, avril 1721.
Mort le 8 janvier 1724.

D'ANGLURE,
Lieutenant-colonel du régiment de Bourbon-cavalerie.
Reçu chevalier de l'ordre de Saint-Louis le 3 mars 1700.

FITZ,
Lieutenant de la Colonelle des Gardes-Suisses.
Reçu chevalier de l'ordre de Saint-Louis le 3 mars 1700.

DE FEZ,
Major du régiment du Roi-infanterie.
Reçu chevalier de l'ordre de Saint-Louis le 3 mars 1700.

GAULMIN (*Gilbert*), comte DE MONTGEORGES,
Enseigne aux Gardes-Françaises le 25 février 1674.
Sous-lieutenant, décembre 1675.
Lieutenant, janvier 1678.
Aide-major, février 1680.
Capitaine, octobre 1689.
Capitaine de grenadiers, juillet 1692.
Reçu chevalier de l'ordre de Saint-Louis le 3 mars 1700.
Brigadier des armées du Roi, décembre 1702.
Maréchal-de-camp, octobre 1704.
Commandant au comté de Nice, août 1707.
Mort le 13 décembre 1735.

DE GÉVAUDAN (*François*),
Lieutenant au régiment de dragons de Listenois, le 30 décembre 1673.
Major, avec rang de capitaine, février 1675.

Lieutenant-colonel du régiment de dragons d'Asfeld, juillet 1678.

Colonel d'un régiment de dragons de son nom, octobre 1689.

Brigadier des armées du Roi, janvier 1696.

Reçu chevalier de l'ordre de Saint-Louis le 3 mars 1700.

Maréchal-de-camp, décembre 1702.

Lieutenant-général des armées du Roi, octobre 1704.

Mort en 1715.

FITZ-JAMES (*Jacques*), duc DE BERWICK ET DE FITZ-JAMES, Aide-de-camp du duc d'Albermale, général de l'armée du Roi Jacques.

L'Empereur d'Autriche le fit général de bataille de ses armées en 1687.

Le Roi Jacques le créa duc de Berwick, colonel d'un régiment d'infanterie et d'un de cavalerie en Angleterre, gouverneur de Portsmouth et du Hampshire, chevalier de l'ordre de la Jarretière, et capitaine de ses Gardes-du-Corps en 1688, membre de son conseil privé, lieutenant-général de ses armées en 1689 et général d'armée, commandant dans le royaume d'Irlande en 1690.

Lieutenant-général des armées du Roi au mois de mars 1693.

Il servit dans l'armée commandée par le maréchal de Luxembourg.

Le Roi Jacques le fit, en 1696, capitaine-général de ses armées.

Colonel d'un régiment d'infanterie irlandaise de son nom, que sa maison a toujours possédé depuis, février 1698.

Reçu chevalier de l'ordre Saint-Louis le 3 mars 1700.

Ambassadeur du Roi d'Angleterre auprès du Pape, par pouvoir donné à Saint-Germain-en-Laye, le 14 janvier 1701.

Nommé par le Roi pour commander l'armée envoyée en Espagne, décembre 1703.

Naturalisé par lettres du 17 du même mois.

Commandant en Languedoc, février 1705.

Maréchal de France, février 1706.

Créé Grand d'Espagne de la première classe, duc de Liria et de Xerica, par décret donné à Madrid le 16 octobre 1707.

Gouverneur-général du Limosin à la mort du comte d'Auvergne, novembre suivant.

Duc et Pair de France par lettres d'érection de la seigneurie de Warti en duché - pairie, sous le nom de Fitz-James, données à Versailles en mai 1710, enregistrées au parlement le 23 dudit mois.

Conseiller au conseil de régence en 1719.

Général de l'armée du Roi sur les frontières d'Espagne à la paix de 1720.

Commandant de la Guienne, du Béarn, de la Navarre, du Limosin, de l'Auvergne, du Bourbonnais, du Forez, du Roussillon, et d'une partie du Vivarais en 1721.

Reçu chevalier des ordres du Roi le 3 juin 1724.

Gouverneur de Strasbourg, avril 1730.

Commandant sur le Rhin, avril 1733.

Tué d'un coup de canon au siége de Philipsbourg le 12 juin 1734.

GOUFFIER D'HEILLY (*Charles-Antoine, marquis de*),
Cornette au régiment de cavalerie de Saint-Aignan (depuis Rohan), août 1671.

Capitaine, octobre 1672.

Lieutenant-colonel du même régiment, janvier 1691.

Mestre-de-camp d'un régiment de cavalerie de son nom, février 1693.

Troisième enseigne de la compagnie des Gendarmes de la garde, août 1698.

Reçu chevalier de l'ordre de Saint-Louis le 3 mars 1700.

Brigadier de cavalerie, janvier 1702.

Maréchal-de-camp, octobre 1703.

Tué à la bataille de Ramillies, le 23 mai 1706.

DE FOREST DE FONTBEAUSARD (*Philippe-André*),
Cornette au régiment Royal-dragons le 12 septembre 1674.

Lieutenant, décembre même année.

Capitaine, novembre 1675.
Lieutenant-colonel du même régiment, janvier 1688.
Mestre-de-camp d'un régiment de dragons de son nom,
   février 1692.
Reçu chevalier de l'ordre de Saint-Louis le 3 mars 1700.
Brigadier de dragons, janvier 1702.
Maréchal-de-camp, octobre 1704.
Mort en 1715.

DE LA CHATAIGNERAYE,
   Maréchal-des-logis des Gendarmes de la garde.
   Reçu chevalier de l'ordre de Saint-Louis le 3 mars 1700.

DE CALÈS,
   Lieutenant-colonel du régiment de Coëtquen.
   Reçu chevalier de l'ordre de Saint-Louis le 3 mars 1700.

DE SAINTE-MAURE (*le chevalier de*),
   Lieutenant-colonel du régiment de Conflans-cavalerie.
   Reçu chevalier de l'ordre de Saint-Louis en 1700.

DE LA COMBE,
   Ingénieur.
   Reçu chevalier de l'ordre de Saint-Louis le 3 mars 1700.

DE SAINT-LOUP,
   Lieutenant-colonel du régiment de Bourgogne-cavalerie.
   Reçu chevalier de l'ordre de Saint-Louis en 1700.

DE ROZEL ou DU ROZEL (*César-Armand, marquis*),
   Lieutenant de la compagnie Mestre-de-camp du régiment
      de Cavalerie-d'Enghien en 1664, avec rang de capitaine
      en novembre 1665.
   Capitaine au même régiment, décembre 1667.
   Capitaine dans celui de Doucet, août 1671.
   Mestre-de-camp d'un régiment de cavalerie de son nom,
      janvier 1677.
   Au licenciement de son régiment, incorporé dans celui de

Bulonde (depuis Roucy) en août 1679, et dans celui de Melac en octobre 1684.
Brigadier des armées du Roi, mars 1690.
Maréchal-de-camp, janvier 1696.
Reçu chevalier de l'ordre de Saint-Louis en 1700.
Lieutenant-général des armées du Roi, décembre 1702.
Mort en 1726.

DE LATIER,
Mestre-de-camp de cavalerie.
Reçu chevalier de l'ordre de Saint-Louis en 1700.

CATINAT (*Guillaume*), seigneur DE CROISSILLE,
Capitaine aux Gardes-Françaises.
Reçu chevalier de l'ordre de Saint-Louis avant 1701.
Mort le 19 mars 1701.

DE DAMAS (*Louis-Antoine-Erard*), comte D'ANLEZY,
Mousquetaire en 1686.
Capitaine de cavalerie au régiment de Bezons, août 1688.
Mestre-de-camp d'un régiment de cavalerie de son nom, janvier 1696.
Reçu chevalier de l'ordre de Saint-Louis en 1701.
Brigadier des armées du Roi, avril 1703.
Maréchal-de-camp, mars 1709.
Commandeur de l'ordre de Saint-Louis le 27 octobre 1711.
(Il en avait obtenu les honneurs en 1709.)
Mort à Huningue au mois d'avril 1712.

BERULLE (*Jean-Thomas*, marquis de),
Lieutenant au régiment du Roi, mars 1675.
Capitaine au même régiment, mars 1677.
Colonel du régiment de Beaujolois à sa formation, juin 1685.
Brigadier des armées du Roi, avril 1694.
Reçu chevalier de l'ordre de Saint-Louis en 1701.
Maréchal-de-camp, décembre 1702.
Lieutenant général des armées du Roi, octobre 1705.
Mort le 28 mai 1715.

HEMEL (*Jean-Jacques*),

Nommé capitaine d'une compagnie franche Suisse, en septembre 1668.

Quoique très-jeune, il servit en qualité de cadet dans cette compagnie en 1674.

Il en fut reçu capitaine le 2 juin 1681.

Capitaine au régiment de Surbeck en 1683.

Reçu chevalier de l'ordre de Saint-Louis en 1701.

Obtint rang de lieutenant-colonel en mars 1704, et rang de colonel en avril 1709.

Lieutenant-colonel du régiment, septembre 1711.

Colonel du même régiment à la mort de M. de Surbeck, mai 1714.

Brigadier des armées du Roi, février 1719.

Mort à Argenteuil le 16 mai 1729.

De BRILHAC (*François*),

Mousquetaire en 1688.

Enseigne au régiment des Gardes-Françaises, février 1689.

Lieutenant, mars 1691.

Capitaine dans le même régiment, février 1796.

Reçu chevalier de l'ordre de Saint-Louis en 1701.

Capitaine d'une compagnie de grenadiers dudit régiment des Gardes, janvier 1707.

Brigadier des armées du Roi, juin 1708.

Commandeur de l'ordre de Saint-Louis le 20 avril 1717.

Maréchal-de-camp, février 1719.

Gouverneur de Thionville, septembre 1724.

Mort, le 14 septembre 1731, à Thionville où il s'était retiré.

De MESMES (*Joseph*), *marquis* de Ravignan,

Page du Roi en 1687.

Mousquetaire en 1689.

Cornette au régiment de Barbesières (depuis Estrades-dragons), mars 1690.

Lieutenant, février 1691.
Capitaine dans le même régiment, août 1692.
Quitta sa compagnie de dragons en janvier 1694, pour entrer Enseigne au régiment des Gardes-Françaises.
Sous-lieutenant aux Gardes, février 1695.
Colonel du régiment d'infanterie de Foix, mars 1696.
Reçu chevalier de l'ordre de Saint-Louis depuis 1701.
Brigadier des armées du Roi, février 1704.
Maréchal-de-camp, novembre 1708.
Inspecteur-général d'infanterie, octobre 1709.
Lieutenant-général des armées du Roi, mars 1718.
Commandeur de l'ordre de Saint-Louis le 3 juillet 1719.
Gouverneur de Guise, septembre 1736.
Grand'croix de l'ordre de Saint-Louis le 1.er janvier 1737.
Mort à Straubing le 15 mars 1742.

L'HOSTE DE BOECE (*Hugues*),
Officier depuis long-temps dans le régiment de la Ferté-infanterie, y commandait une compagnie qui fut réformée en 1661.
Remplacé à une autre compagnie en juin 1663, la commanda à la bataille de Saint-Godard en Hongrie, en 1664; en Hollande, sous M. de Pradel, en 1665 et 1666.
Major de la citadelle de Lille, février 1671.
Passa à la lieutenance-de-Roi de Courtrai en mars 1675, à celle de Pignerol en avril 1693, et à celle de Mézières vers 1702.
Reçu chevalier de l'ordre de Saint-Louis depuis 1701.
Brigadier des armées de Roi, novembre 1706.
Mort en 1712.

DE LA BATTUTE (*Pierre*),
Lieutenant au régiment de Jonsac, à son rétablissement, le 12 juillet 1667.
Aide-major du régiment d'Huxelles (depuis du Plessis-Bellière), à sa création, le 31 octobre de la même année.

Capitaine au même régiment, janvier 1679.

Commandant à Fribourg au mois de novembre 1691, à Ruremonde, février 1702, et à Nancy en 1704.

Reçu chevalier de l'ordre de Saint-Louis depuis 1701.

Brigadier des armées du Roi, septembre 1706.

Il resta à Nancy jusqu'à la paix, et passa au commandement de Marsal où il mourut au mois de novembre 1723.

DE NEUFVILLE *(Louis-Nicolas)*, duc DE VILLEROY, né le 24 décembre 1663.

Connu d'abord sous le nom de marquis d'Alincourt.

Lieutenant-général du gouvernement de Lyonnais, Forès et Beaujollais, sur la démission de l'archevêque de Lyon son oncle, avril 1680.

Colonel du régiment d'infanterie de Lyonnais, sur la démission de son père, mars 1683.

Brigadier des armées du Roi, mars 1693.

Duc et Pair de France, sur la démission de son père, le 22 avril 1694, il prit le nom de duc de Villeroy.

Maréchal-de-camp, janvier 1696.

Reçu chevalier de l'ordre de Saint-Louis depuis 1701.

Lieutenant-général des armées du Roi, septembre 1702.

Employé en cette qualité à l'armée de Flandre, sous le maréchal son père, se trouva au combat de Ramillies, et ne servit plus.

Obtint, le 13 janvier 1708, en survivance de son père, la charge de capitaine des Gardes-du-Corps du Roi, et le gouvernement général du Lyonnais.

Obtint le même jour, pour son fils, la survivance de la charge de lieutenant-général du Lyonnais, et se démit, en sa faveur, du régiment de Lyonnais, en février 1714.

Entra en possession de la charge de capitaine des Gardes-du-Corps le 24 décembre 1716, sur la démission de son père, et en eut la survivance pour son fils le même jour.

Chevalier des ordres du Roi le 3 juin 1724.

Entra en jouissance du gouvernement général de Lyonnais le 29 juillet 1730, et se démit le même jour de la lieutenance-générale.

Mort le 22 avril 1734.

D'HERICOURT,

Capitaine de Grenadiers au régiment de Royal-Vaisseau.

Reçu chevalier de l'ordre de Saint-Louis avant 1702.

Tué à la prise de Crémone.

BOUTON (*François*), *chevalier* DE CHAMILLY,

Colonel du régiment de Béarn.

Brigadier des armées du Roi.

Reçu chevalier de l'ordre de Saint-Louis avant 1702.

Mort des blessures qu'il reçut à la bataille de Fredelinghen.

DE LORRAINE (*Philippe, prince*),

Chevalier des ordres du Roi et maréchal-de-camp.

Reçu chevalier de l'ordre de Saint-Louis avant 1702.

Mort le 8 décembre 1702.

DE DURFORT-DURAS (*Guy-Aldonce*), duc DE LORGES,

Capitaine au régiment de cavalerie de Turenne (depuis Duras) en 1644.

Colonel d'un régiment de cavalerie, janvier 1657.

Maréchal-de-camp, octobre 1665.

Lieutenant-général des armées du Roi, avril 1672.

Maréchal de France, février 1676.

Capitaine de la troisième compagnie des Gardes-du-Corps (depuis Luxembourg), vacante par la mort du maréchal de Rochefort, juin de la même année.

Chevalier des ordres du Roi, 31 décembre 1688.

Commandant en Guienne, avec les honneurs de gouverneur pendant la minorité du comte de Toulouse qui en était gouverneur, janvier 1689.

Reçu chevalier de l'ordre de Saint-Louis avant 1702.

Mort le 22 octobre 1702.

DE BAUDEAN (*Alexandre*), comte DE PARABERE et DE PARDAILLAN,
Capitaine au régiment de cavalerie de Lislebonne, février 1646.
Mestre-de-camp d'un régiment de cavalerie, janvier 1649.
Maréchal-de-camp, août 1650.
Lieutenant-général des armées du Roi, juin 1655.
Lieutenant-général du Bas-Poitou, à la mort du comte de Châteaubriant, février 1658.
Gouverneur de Lusignan, mars 1674.
Reçu chevalier de l'ordre de Saint-Louis avant 1702.
Mort le 28 juillet 1702.

DE MONTVALLAT (*Hiacinthe*), marquis D'ANTRAGUE,
Colonel-lieutenant du régiment Royal des vaisseaux.
Reçu chevalier de l'ordre de Saint-Louis avant 1702.
Brigadier des armées du Roi en 1702.
Tué à la bataille de Crémone.

LOISEL,
Lieutenant-colonel du régiment de Piémont.
Reçu chevalier de l'ordre de Saint-Louis avant 1702.
Tué à la bataille de Luzara.

DE HEERE (*Jacques*),
Capitaine de vaisseaux du Roi.
Reçu chevalier de l'ordre de Saint-Louis avant 1702.
Mort au mois d'avril 1702.

DE GOURNAY,
Commandant du régiment de Guienne.
Reçu chevalier de l'ordre de Saint-Louis avant 1702.
Tué au siége de Landau.

CHEVALIER (*Nicolas-Léonard*), seigneur DE SAINT-HILAIRE,
Capitaine aux Gardes-Françaises.
Reçu chevalier de l'ordre de Saint-Louis avant 1702.

Mort au mois de septembre 1702 des blessures qu'il reçut au siége de Quesnoy.

DE CHEFDEBIEN DE DARMISSAN,
 Capitaine de Grenadiers au régiment de Piémont.
 Reçu chevalier de l'ordre de Saint-Louis avant 1702.
 Mort d'une blessure qu'il reçut au siége de Castiglione.

DE RISSAN DE SAINT-ANDRÉ (*Bertrand*),
 Major du régiment de Bigorre.
 Reçu chevalier de l'ordre de Saint-Louis avant 1702.
 Tué au service du Roi en Italie.

DE CREIL (*François*),
 Enseigne au régiment des Gardes-Françaises dès 1654.
 Lieutenant, mars 1657.
 Capitaine, mai 1667.
 Brigadier des armées du Roi, avril 1689.
 Se démit de sa compagnie en quittant le service, janvier 1694.
 Reçu chevalier de l'ordre de Saint-Louis avant 1702.
 Mort le 2 avril 1702.

DE HAUTEFORT (*Gilles, comte*),
 Lieutenant-général des armées navales.
 Reçu chevalier de l'ordre de Saint-Louis le 2 janvier 1703.
 Mort à Paris le 6 février 1727.

BIDAL (*Claude-François*), *marquis* D'ASFELD, né le 2 juillet 1667.
 Connu sous le nom de chevalier d'ASFELD.
 Lieutenant au régiment de Dragons du baron d'Asfeld, son frère, en 1683.
 Capitaine au même régiment en 1684.
 Mestre-de-camp du régiment d'Asfeld, par la promotion de son frère à un autre régiment, novembre 1689.
 Brigadier des armées du Roi, avril 1694.

Servit à l'armée de Flandres, et suivit Monseigneur dans sa pénible marche de Vignamont au pont d'Espières, août même année.

Maréchal-de-camp, décembre 1702.

Reçu chevalier de l'ordre de Saint-Louis le 20 janvier 1703.

Lieutenant-général des armées du Roi, octobre 1704.

Commandeur de l'ordre de Saint-Louis le 19 sept. 1707.

Le royaume de Valence étant rentré dans l'obéissance, le chevalier d'Asfeld, chargé par le Roi d'Espagne de le gouverner, le fit avec une équité qui lui mérita l'amitié de la noblesse et la confiance des Espagnols ; aussi le Roi d'Espagne lui permit-il de porter dans son écusson les armes du royaume de Valence.

La prompte soumission de l'île de Majorque fut due à sa sagesse. Le Roi d'Espagne le créa, le 21 août 1715, chevalier de l'ordre de la Toison-d'Or et marquis d'Asfeld, par décret du 30 du même mois, pour lui, ses descendans, et parens directs ou collatéraux.

Directeur-général des fortifications, septembre 1718.

Gouverneur du Château-Trompette, octobre 1720.

Maréchal de France le 14 juin 1734.

Gouverneur de Strasbourg, à la mort du maréchal de Berwick, en août de la même année.

Mort le 17 mars 1743.

D'HOUEL (*Charles*), *marquis* D'HOURLBOURG, né le 29 janvier 1659.

Mousquetaire en 1683.

Enseigne au régiment des Gardes-Françaises, mars 1684.

Sous-lieutenant, janvier 1685.

Sous-lieutenant de grenadiers, septembre 1692.

Lieutenant, septembre 1693.

Capitaine au même régiment des Gardes, janvier 1694.

Reçu chevalier de l'ordre de Saint-Louis le 20 janvier 1703.

Brigadier des armées du Roi, juin 1708.

Maréchal-de-camp, mars 1718.

Gouverneur de l'île de Ré, décembre 1720.
Mort le 29 janvier 1736.

DE LA CROIX (*Joseph-François*), *marquis* DE CASTRIES, né le 18 avril 1663.
Capitaine au régiment de son père, lors de sa levée, en 1674.
Colonel du même régiment (depuis Bouillé), sur la démission de son père, avril suivant.
Gouverneur des ville et citadelle de Montpellier, à la mort de son père, août même année.
Brigadier des armées du Roi, mars 1689.
Maréchal-de-camp, mars 1693.
Chevalier d'honneur de madame la duchesse de Chartres, depuis Duchesse d'Orléans, le premier avril 1698.
Reçu chevalier de l'ordre de Saint-Louis le 20 janvier 1703.
Chevalier des ordres du Roi le 3 juin 1724.
Mort le 24 juin 1728.

DE MONT (*Gaudence*),
Entré au régiment des Gardes-Suisses dès 1676.
Lieutenant au même régiment en 1684, et capitaine d'une demi-compagnie d'un régiment Suisse en la même année.
Capitaine d'une demi-compagnie au régiment des Gardes-Suisses, avril 1696.
Reçu chevalier de l'ordre de Saint-Louis le 20 janvier 1703.
Obtint une autre demi-compagnie, décembre 1715.
Brigadier des armées du Roi, février 1719.
Mort à Paris le 30 mai 1726, étant encore capitaine aux Gardes.

DE MALARTIC DE MAURÈS (*Jean-Vincent*), *seigneur* D'ARTIGUES,
Lieutenant au régiment de la Marine dès 1667.
Aide-major, avril 1669.
Capitaine, janvier 1675.
Major du même régiment, janvier 1678.

Lieutenant-de-Roi de Perpignan en quittant le régiment de la Marine, octobre 1690.
Reçu chevalier de l'ordre de Saint-Louis le 20 janvier 1703.
Brigadier des armées du Roi, octobre 1706.
Commandant de l'ordre de Saint-Louis le 7 septembre 1718, ou le 1.er janvier 1720.
Mort à Perpignan le 25 mars 1721.

PFIFFER (*Louis-Christophe*), *seigneur* DE WYHER,
Capitaine aux Gardes-Suisses, en janvier 1690.
Colonel d'un régiment Suisse, septembre 1702.
Reçu chevalier de l'ordre de Saint-Louis, le 20 janvier 1703.
Brigadier des armées du Roi, février 1704.
Mort au mois de juillet 1716.

DE HÉÈRE (*Claude-Alexis, chevalier*),
Lieutenant-colonel du régiment de la Sarre.
Lieutenant-de-Roi de Phalsbourg, avril 1695.
Reçu chevalier de l'ordre de Saint-Louis le 20 janvier 1703.
Brigadier des armées du Roi, septembre 1706.
Mort à Phalsbourg le 7 novembre 1716.

BIDAL *(Benoît)*, *baron* D'ASFELD,
(Connu d'abord sous le nom de chevalier d'Asfeld.)
Entra lieutenant au régiment de son frère aîné en décembre 1683.
Aide-major, février 1685, et capitaine en novembre suivant.
Il venait de lever un régiment de dragons, lorsqu'à la mort de son frère, le Roi lui donna le régiment qu'il commandoit en novembre 1689; il prit alors le nom de baron d'Asfeld, et se démit, en faveur de son frère cadet (depuis maréchal de France), du régiment qu'il avoit levé.
Brigadier de Dragons, avril 1691.
Maréchal-de-camp, janvier 1696.
Reçu chevalier de l'ordre de Saint-Louis le 20 janv. 1703.
Mort à Paris le 29 avril 1715.

TOM. I. 16

De BEAUPOIL de SAINT-AULAIRE (*Antoine*), baron
 de la Luminade,
 Capitaine de Grenadiers au régiment de Berry.
 Capitaine dans celui de Royal-Cravates.
 Reçu chevalier de l'ordre de Saint-Louis le 21 janv. 1703.

ZURLAUBEN (*Béat-Henri-Joseph, baron de*),
 Capitaine aux Gardes-Suisses.
 Brigadier des armées du Roi.
 Reçu chevalier de l'ordre de Saint-Louis le 13 février 1703.
 Mort criblé de blessures à la bataille de Ramillies en 1706.

De la HOUSSAYE de MAISICOURT *(Louis-François)*,
 Capitaine au régiment Dauphin-cavalerie.
 Reçu chevalier de l'ordre de Saint-Louis en 1703.
 Mort le 1.er septembre 1714.

De RAFFELIS de SOISSONS,
 Capitaine de galères,
 Reçu chevalier de l'ordre de Saint-Louis en 1703.

De SURBECK *(François-Philippe)*,
 Lieutenant-colonel du régiment des Gardes-Suisses.
 Reçu chevalier de l'ordre de Saint-Louis en 1703.

De SAINT-POL de HECOURT (*Marc-Antoine, chevalier*),
 Chef d'escadre des armées navales.
 Reçu chevalier de l'ordre de Saint-Louis en 1703.
 Tué dans un combat naval le 31 octobre 1705.

De MORTAIGNE *(Jacques-André)*, Hongrois d'origine,
 Capitaine dans le régiment de Cuirassiers de l'empereur.
 Colonel du régiment des Gardes du prince de Dourlack.
 Entra au service de France en 1692, et fit la campagne
  près de Monseigneur.
 Colonel d'un régiment de Hussards de son nom, nov. 1693.
 Son régiment ayant été réformé en décembre 1697, il fut
  fait Mestre-de-camp à la suite du régiment Royal-Allemand.
 Reçu chevalier de l'ordre de Saint-Louis en 1703.

Brigadier des armées du Roi, février 1704.
Maréchal-de-camp, mars 1710.
Lieutenant-général des armées du Roi, mars 1720.
Mort le 11 juin 1734.

DE L'ESPINAY *(Jacques)*, *marquis* DE MARTEVILLE,
Cavalier dès 1671.
Cornette au régiment de Pertuis, lors de sa levée, en décembre 1673.
Lieutenant, février 1674.
Capitaine, janvier 1676.
Major de son régiment, février 1686.
Lieutenant-colonel du même régiment, mai 1691.
Reçu chevalier de l'ordre de Saint-Louis en 1703.
Colonel d'un régiment de son nom, juin 1704.
Brigadier des armées du Roi, janvier 1709.
Maréchal-de-camp, février 1719.
Mort le 13 mai 1728.

JOUFFREY *(Paul)*, *seigneur* DE LA VALLÉE DE BARDONENCHE,
Inspecteur-général,
Lieutenant-colonel du régiment d'Auxerrois.
Lieutenant-de-Roi de Mont-Dauphin.
Reçu chevalier de l'ordre de Saint-Louis en 1703.

DE CAMBIS *(Joseph)*, *marquis* DE VELLERON,
Chef d'escadre des galères.
Capitaine-général des côtes de Provence.
Reçu chevalier de l'ordre de St-Louis de 1701 à 1703, commandeur en 17...

DE COUÉ DE LUZIGNAN,
Lieutenant de vaisseaux.
Reçu chevalier de l'ordre de Saint-Louis de 1701 à 1703.
(N'ayant seulement alors que quatorze ans de service, ce qui en supposait de très-signalés ou des blessures considérables.)

16 *

De COTTRON,
    Capitaine de galères.
    Commandant la compagnie des Gardes de l'Étendart.
    Reçu chevalier de l'ordre de Saint-Louis de 1701 à 1703.

De BRESME,
    Lieutenant de vaisseaux du Roi.
    Reçu chevalier de l'ordre de Saint-Louis de 1701 à 1703.

Des GOTS,
    Capitaine de frégates.
    Reçu chevalier de l'ordre de Saint-Louis de 1701 à 1703.

De CHAPISEAU,
    Major de la marine à Brest.
    Reçu chevalier de l'ordre de Saint-Louis de 1701 à 1703.

D'ESTRÉES *(Victor-Marie, duc)*, né le 30 novembre 1660.
    (Connu sous le nom du marquis de Cœuvres.)
    Enseigne de la Colonelle du régiment de Picardie, janvier 1678.
    Capitaine de vaisseaux sur la fin de la campagne.
    Vice-amiral de France en survivance de son père, décembre 1684, avec rang de lieutenant-général, à condition qu'il servirait encore deux campagnes comme capitaine de vaisseau, et trois autres comme chef-d'escadre.
    Chef-d'escadre en 1685 à la fin de la campagne.
    Lieutenant-général des mers du Roi d'Espagne, par pouvoir de Philippe V, donné à Buen-Retiro, le 19 mai 1701.
    Maréchal de France, janvier 1703.
    Grand d'Espagne de la première classe, août même année.
    Reçu chevalier de l'ordre de Saint-Louis de 1701 à 1703.
    Lieutenant-général des comté et évêché de Nantes.
    Chevalier des ordres du Roi, février 1705.
    A la mort de son père, le 19 mai 1707, il prit le nom de maréchal d'Estrées.
    Gouverneur particulier de la ville et du château de Nantes et de la Tour de Pirmil ou Pilmil.

Vice-roi de l'Amérique.
Reçu à l'académie française le 23 mars 1715.
Conseiller au conseil de la régence en la même année.
Ministre d'Etat au mois de novembre 1733.
Mort le 27 décembre 1737.

DE LANDOUILLETTE DE LOGIVIERE *(René)*, *marquis* DE MAULE,
Capitaine de vaisseaux du Roi.
Commissaire-général.
Directeur de la Fonderie de la marine.
Commandant-général d'artillerie.
Reçu chevalier de l'ordre de Saint-Louis de 1701 à 1703.

DE BARRAS DE LA PENE,
Chef-d'escadre des armées navales.
Reçu chevalier de l'ordre de Saint-Louis de 1701 à 1703.

DU DRESNAY,
Capitaine de vaisseaux du Roi.
Reçu chevalier de l'ordre de Saint-Louis de 1701 à 1703.

DE BAGNEUX,
Capitaine de vaisseaux du Roi.
Reçu chevalier de l'ordre de Saint-Louis de 1701 à 1703.

DE DOROGNE,
Capitaine de vaisseaux du Roi.
Reçu chevalier de l'ordre de Saint-Louis de 1701 à 1703.

HURAULT DE SAINT-DENIS *(Philippe-Jacques)*, *seigneur* DE VILLELUISANT,
Chef-d'escadre des armées navales en 1722.
Reçu chevalier de l'ordre de Saint-Louis de 1701 à 1703.

DES HERBIERES *(Henri-François)*, *marquis* DE L'ETENDUÈRE.
Chef-d'escadre des armées navales.
Reçu chevalier de l'ordre de Saint-Louis de 1701 à 1703.

HENNEQUIN (*Nicolas-François*),
    Capitaine de vaisseaux du Roi.
    Inspecteur des compagnies franches de la marine à Brest.
    Gouverneur de Bar-sur-Seine.
    Reçu chevalier de l'ordre de Saint-Louis de 1701 à 1703.

De la MIRANDE,
    Lieutenant de vaisseaux du Roi.
    Reçu chevalier de l'ordre de Saint-Louis de 1721 à 1703.

De GOY d'IDOGNE,
    Lieutenant de vaisseaux du Roi.
    Reçu chevalier de l'ordre de Saint-Louis de 1701 à 1703.

De GRAFFA,
    Capitaine de frégates.
    Reçu chevalier de l'ordre de Saint-Louis de 1701 à 1703.

De GRANDPRE,
    Chef-d'escadre des armées navales.
    Reçu chevalier de l'ordre de Saint-Louis de 1701 à 1703.

De BENET,
    Capitaine de frégates.
    Reçu chevalier de l'ordre de Saint-Louis de 1701 à 1703.

De FOUILLEUSE,
    Enseigne de vaisseaux.
    Reçu chevalier de l'ordre de Saint-Louis de 1701 à 1703.

De SAINTE-MAURE (*Charles, marquis*),
    Vice-Amiral de France.
    Reçu chevalier de l'ordre de Saint-Louis de 1701 à 1703.
    Commandeur en 17...
    Grand'croix le 27 mars 1728.

De FRANCINE de GRANDMAISON,
    Lieutenant de vaisseaux du Roi.
    Reçu chevalier de l'ordre de Saint-Louis de 1701 à 1703.

DESQUILLE-SALVAT,
  Capitaine de vaisseaux du Roi.
  Commandant la marine à Bayonne.
  Reçu chevalier de l'ordre de Saint-Louis de 1701 à 1703.

ROSMADEC (*le marquis de*),
  Chef-d'escadre des armées navales.
  Reçu chevalier de l'ordre de Saint-Louis de 1701 à 1703.

ROUCY (*le chevalier de*),
  Capitaine de vaisseaux du Roi.
  Reçu chevalier de l'ordre de Saint-Louis de 1701 à 1703.

DE LA ROCHE *(Hercules)*,
  Capitaine de vaisseaux du Roi,
  Reçu chevalier de l'ordre de Saint-Louis de 1701 à 1703.

DE RONCHEROLLES (*Charles*), marquis DE PONT-ST.-PIERRE, Capitaine de frégates.
  Reçu chevalier de l'ordre de Saint-Louis de 1701 à 1703.
  Mort en 1704.

DU PLESSIS-LIANCOURT,
  Capitaine de vaisseaux du Roi.
  Reçu chevalier de l'ordre de Saint-Louis de 1701 à 1703.

DE LA VARENNE,
  Capitaine de vaisseaux du Roi.
  Reçu chevalier de l'ordre de Saint-Louis de 1701 à 1703.

TIERCEVILLE (*le marquis de*),
  Lieutenant de vaisseaux du Roi.
  Reçu chevalier de l'ordre de Saint-Louis de 1701 à 1703.

DE TRULET,
  Capitaine de vaisseaux du Roi.
  Reçu chevalier de l'ordre de Saint-Louis de 1701 à 1703.

MARTIN-DU-PARC (*Louis*),
  Capitaine de vaisseaux du Roi.)

Commandant la marine au Port-Louis.
Reçu chevalier de l'ordre de Saint-Louis de 1701 à 1703.

DE CHABERT,
Capitaine de vaisseaux du Roi.
Reçu chevalier de l'ordre de Saint-Louis de 1701 à 1703.

DE SALABERY DE BENEVILLE,
Lieutenant-général des armées navales.
Reçu chevalier de l'ordre de Saint-Louis de 1701 à 1703.
Commandeur en 1737.

DE VILLERS,
Lieutenant de vaisseaux du Roi.
Reçu chevalier de l'ordre de Saint-Louis de 1701 à 1703.

STUPPA (Jean-Baptiste),
Capitaine au régiment des Gardes-Suisses.
Reçu chevalier de l'ordre de Saint-Louis de 1701 à 1703.

DE VILLENEUVE-MONS,
Capitaine de vaisseaux,
Reçu chevalier de l'ordre de Saint-Louis de 1701 à 1703.

DE VILLENEUVE-VENU (le comte),
Lieutenant de vaisseaux du Roi.
Reçu chevalier de l'ordre de Saint-Louis de 1701 à 1703.

DE LA VIGERIE-TREILLEBOIS,
Capitaine de vaisseaux du Roi.
Nommé chevalier de l'ordre de Saint-Louis de 1701 à 1703.
Mort avant d'être reçu.

DE MONTROZIER,
Lieutenant de vaisseaux du Roi.
Reçu chevalier de l'ordre de Saint-Louis de 1701 à 1703.

DES COYEUX l'aîné,
Capitaine de frégates.
Reçu chevalier de l'ordre de Saint-Louis de 1701 à 1703.

De SAINT-JULIEN,
    Lieutenant de vaisseaux du Roi.
    Reçu chevalier de l'ordre de Saint-Louis de 1701 à 1703.

Du FAY D'ATHIS (*Claude*), *marquis* de CILLY,
    Volontaire dans les Gardes-du-Corps.
    Exempt dans la compagnie de Duras, janvier 1677.
    Colonel d'un régiment de Dragons de son nom, octobre 1690.
    Mestre-de-camp d'un ancien régiment de Dragons, à la promotion du marquis de Saint-Fremont au grade de maréchal-de-camp, avril 1693.
    Reçu chevalier de l'ordre de Saint-Louis de 1701 à 1703.
    Brigadier des armées du Roi, janvier 1702.
    Maréchal-de-camp, octobre 1704.
    Lieutenant-général des armées du Roi, mai 1707.
    Lieutenant-général au gouvernement de la Marche, vacant par la mort du marquis de Lostanges, septembre même année; il s'en démit en 1710, en faveur du marquis de Brachet, son gendre.
    Gouverneur de Fontarabie, juin 1719.
    Grand'croix de l'ordre de Saint-Louis le 1er novembre 1720.
    Gouverneur de Charlemont, février 1728.
    Mort le 4 juin 1738.

De SENNETERRE (*Henri-François*), *duc* de la Ferté, né le 23 janvier 1657,
    (Connu d'abord sous le nom de marquis de la Ferté.)
    Colonel d'un régiment d'infanterie de son nom (depuis la Sarre), sur la démission de son père, août 1671.
    Gouverneur du pays Messin et Verdunois, et en particulier des villes et citadelle de Metz, Vic et Moyenvic, en survivance de son père, mars 1674.
    Brigadier des armées du Roi, février 1676.
    Reçu duc et pair de France, sur la démission de son père, le 8 janvier 1678. Il prit le nom de duc de la Ferté.

Maréchal-de-camp, mai 1692.
Lieutenant-général des armées du Roi, janvier 1696.
Reçu chevalier de l'ordre de Saint-Louis de 1701 à 1703.
Mort le 1er août 1703.

DE BRUCHIÉ DE VERBOIS,
Capitaine de Grenadiers au régiment de Picardie.
Reçu chevalier de l'ordre de Saint-Louis de 1701 à 1703.
Tué à la bataille d'Eckeren.

DE DURFORT (Etienne, chevalier),
Major du régiment Royal-la-Marine.
Major du Fort-Royal.
Reçu chevalier de l'ordre de Saint-Louis de 1701 à 1703.
Mort à Saint-Domingue en 1703.

D'AUBIGNÉ (Charles, comte),
Chevalier des ordres du Roi.
Gouverneur du Berri.
Reçu chevalier de l'ordre de Saint-Louis de 1701 à 1703.
Mort au mois de mai 1703.

DE FAGET (Abel), seigneur DE LA MOTTE,
Lieutenant-colonel du régiment Royal-Piémont-cavalerie.
Reçu chevalier de l'ordre de Saint-Louis de 1701 à 1703.
Tué à la bataille d'Hochstett.

SEGUIRAN (le marquis de),
Lieutenant au régiment du Maine en 1700.
Reçu chevalier de l'ordre de Saint-Louis de 1701 à 1703.
Tué au combat d'Eckeren.

DE GUALY-CHAFFARY (Pierre), seigneur DU GUA,
Lieutenant-colonel au régiment de Vienne-cavalerie.
Reçu chevalier de l'ordre de Saint-Louis de 1701 à 1703.
Tué à la bataille de Spire.

DE VIOLAINES (Daniel),
Major du régiment de Bourgogne-infanterie.

Lieutenant-de-Roi d'Oudenarde.
Brigadier des armées du Roi.
Reçu chevalier de l'ordre de Saint-Louis le 1.er février 1704.
Mort en 1705.

GREDER *(Balthasard)*,
Colonel du régiment de Greder.
Brigadier des armées du Roi.
Reçu chevalier de l'ordre de Saint-Louis le 14 mars 1704.
Mort à Paris le 14 décembre 1714.

DE REYNOLD *(Antoine-Walter)*,
Entré au régiment des Gardes-Suisses au mois de mars 1682.
Capitaine d'une demi-compagnie, sur la démission de son père, octobre 1692.
Reçu chevalier de l'ordre de Saint-Louis le 17 mars 1704.
Brigadier des armées du Roi, mars 1710.
Mort au mois de novembre 1713.

DE REDING *(Henri-Louis)*, baron DE BIBEREGG,
Entra au régiment de Salis dès 1679.
Lieutenant audit régiment en la même année.
Obtint une commission pour tenir rang de capitaine, décembre 1689.
Capitaine d'une demi-compagnie au régiment des Gardes-Suisses, sur la démission de son père, octobre 1692.
Reçu chevalier de l'ordre de Saint-Louis le 17 mars 1704.
Brigadier des armées du Roi, mars 1710.
Maréchal-de-camp, février 1719.
Lieutenant-colonel du régiment des Gardes-Suisses, décembre 1722.
Mort à Fontainebleau au mois de septembre 1726.

MACHET *(Robert)*,
Enseigne de la compagnie générale des Suisses en 1680.
Lieutenant en 1686.
Major du régiment des Gardes-Suisses, février 1696.

Capitaine d'une demi-compagnie dudit régiment, vacante par la mort de Maurice Wagner, juin 1702.

Reçu chevalier de l'ordre de Saint-Louis le 30 mai 1704.

Brigadier des armées du Roi, février 1719.

Lieutenant-colonel du régiment des Gardes-Suisses, le 27 septembre 1726.

Obtint le même jour une seconde demi-compagnie vacante par la mort de Henri-Louis de Reding.

Maréchal-de-camp, février 1734.

Lieutenant-général des armées du Roi, mars 1736.

Mort le 5 août 1744.

DE LA MYRE (*Antoine*), seigneur DE LA MOTHE-SÉGUIER,
Capitaine au régiment du Roi.

Lieutenant-de-Roi de Picardie.

Reçu chevalier de l'ordre de Saint-Louis le 3 déc. 1704.

Mort le 6 mars 1747.

DE ROHAN-SOUBISE (*Hercule-Mériadec, Prince*), né le 8 mai 1669,

Embrassa d'abord l'état ecclésiastique, le quitta à la mort de son frère, et entra dans les Mousquetaires en 1690.

Obtint, sur la démission de son père, le régiment de cavalerie (depuis Taleyrand), octobre même année.

Gouverneur de Champagne et de Brie, en survivance de son père, novembre 1693.

Brigadier des armées du Roi, janvier 1696.

Maréchal-de-camp, janvier 1702.

Capitaine-lieutenant de la compagnie des Gendarmes de la garde, décembre 1703.

Reçu chevalier de l'ordre de Saint-Louis en 1704.

Lieutenant-général des armées du Roi, octobre même année.

Le Roi érigea la baronnie de Frontenay en duché-pairie en sa faveur, sous le nom de Rohan-Rohan, par lettres données à Fontainebleau au mois d'octobre 1714, registrées, le 18 décembre suivant, au parlement, où il fut reçu.

Il fut chargé, en 1722, d'aller sur les frontières d'Espagne recevoir l'Infante, qu'il conduisit en France.

Il se démit, au mois de juillet 1734, de la charge de capitaine-lieutenant des Gendarmes de la garde en faveur du prince de Soubise son petit-fils.

Mort le 26 janvier 1749.

A la bataille de Ramillies, en 1706, une blessure dangereuse qu'il reçut à la première décharge, et le chagrin de voir son frère tué à son côté, ne l'empêchèrent pas de charger, avec la compagnie des Gendarmes, deux escadrons ennemis qu'il défit entièrement. Ce fut à cette occasion que Louis XIV lui manda que s'il avait eu vingt escadrons de Gendarmes et vingt Princes de Rohan, les ennemis, malgré leur supériorité, n'en seraient point où ils étaient.

DE VOSSEY (*François*),
Maréchal-des-logis des Chevau-Légers de Berri.
Major du régiment de Cayeux-cavalerie.
Reçu chevalier de l'ordre de Saint-Louis en 1704.

DE MASSELIN (*François-Charles*),
Lieutenant au régiment de Listenois (depuis Royal-Comtois) le 30 décembre 1675.
Capitaine, août 1678.
Capitaine de la compagnie de Grenadiers, février 1693.
Major en mars suivant.
Lieutenant-colonel du même régiment, janvier 1701.
Brigadier des armées du Roi, février 1702.
Reçu chevalier de l'ordre de Saint-Louis en 1704.
Commandant à Suze en la même année.

DE MONCHY D'HOCQUINCOURT (*le marquis*),
Mestre-de-camp du régiment de Monchy-cavalerie en 1707.
Lieutenant-général des armées du Roi.
Commandeur de l'ordre de Saint-Louis en 1704.

De FORESTIER (*Pierre, comte*), *seigneur* de Villers,
Maréchal-des-logis de la première compagnie des Mousquetaires.
Mestre-de-camp de cavalerie.
Reçu chevalier de l'ordre de Saint-Louis en 1704.
Obtint sa retraite en 1712 après 48 ans de service.

D'HAUTEFORT (*Gabriel, chevalier*),
(D'abord connu sous le nom de chevalier de Montignac.)
Lieutenant au régiment d'infanterie d'Anjou en 1685.
Capitaine au même régiment, juin 1688.
Colonel de celui de Charolais, octobre 1692.
Mestre-de-camp d'un régiment de Dragons (depuis Thianges), janvier 1696.
Brigadier de Dragons, décembre 1702.
Reçu chevalier de l'ordre de Saint-Louis en 1704.
Maréchal-de-camp, mars 1709.
Premier écuyer de madame la duchesse de Berri en 1711.
Lieutenant-général des armées du Roi, mars 1718.
Mort le 22 février 1743.

COLBERT (*Jules-Armand*), *marquis* de Blainville,
(Connu d'abord sous le nom d'Ormoy, prit, lors de son mariage, le 25 juillet 1682, le nom de *marquis* de Blainville).
Surintendant des batimens du Roi, arts et manufactures de France, en survivance de M. Colbert, son père, le 28 mars 1674.
Lieutenant au régiment de Picardie en 1682.
Capitaine au même régiment, novembre 1683.
Colonel du régiment d'infanterie de Foix, à sa création, septembre 1684.
Grand-maître des cérémonies de France, sur la démission du marquis de Rhodes, janvier 1685.
Colonel d'un régiment d'infanterie de son nom (depuis Durfort, septembre 1689.

Colonel du régiment de Champagne, vacant par la mort du comte de Sceaux, son frère, tué à Fleurus, juillet 1690.
Brigadier des armées du Roi, mars 1693.
Reçu chevalier de l'ordre de Saint-Louis de 1701 à 1704.
Maréchal-de-camp, janvier 1704.
Lieutenant-général des armées du Roi, juin même année.
Blessé à la bataille d'Hochstett, mort le même jour 13 août 1704.

DE BERENGER *(Jacques)*, comte DU GUA,
Capitaine de cavalerie en décembre 1665, réformé en 1668.
Capitaine dans le régiment de cavalerie du Roi, mars 1673.
Colonel d'un régiment de milice de la généralité de Grenoble, janvier 1689.
Colonel d'un régiment d'infanterie de son nom, novembre 1695.
Brigadier d'infanterie, janvier 1696.
Colonel du régiment d'infanterie de Bugey, septembre 1701.
Reçu chevalier de l'ordre de Saint-Louis de 1701 à 1704.
Maréchal-de-camp le 10 février de ladite année 1704.
Mort au mois de février 1727.

LE CAMUS *(François-Germain)*, comte DE BLIGNY,
Lieutenant au régiment du Roi en 1673.
Capitaine au même régiment, septembre 1678.
Colonel du régiment d'infanterie de Saintonge, sept. 1684.
Brigadier des armées du Roi, janvier 1696.
Reçu chevalier de l'ordre de Saint-Louis de 1701 à 1704.
Maréchal-de-camp au mois de février 1704.
Mort le 9 mars 1728.

DE BARTHOLLE DE CARLES *(Jean-Marc)*, seigneur DE ROQUEBRUNE,
Major du régiment de Royal-Vaisseaux.
Major de Schelestadt.
Reçu chevalier de l'ordre de Saint-Louis de 1701 à 1704.
Mort à Nancy le 5 mars 1704.

DE THÉSUT (*Claude*), *seigneur* DE JACHAULT et DE MONT-
MURGEY,
    Lieutenant de vaisseaux du Roi.
    Reçu chevalier de l'ordre de Saint-Louis de 1701 à 1704.
    Tué au combat de Malaga en 1704, faisant les fonctions de major-général de l'armée navale.

LE BACHELLÉ (*Jacques*),
    Colonel du régiment de Bressey.
    Ayant été réformé, il fut fait Lieutenant-colonel à la suite du régiment d'Esgrigny.
    Reçu chevalier de l'ordre Saint-Louis de 1701 à 1704, qu'il quitta le service à raison de ses blessures.

ROUXEL DE MEDAVY (*Pierre*), *comte* DE GRANCEY,
    (Connu d'abord sous le nom de comte de Médavy.)
    Capitaine au régiment de cavalerie du cardinal Mazarin, mars 1644.
    Il prit le nom de comte de Grancey à la promotion de son père au grade de maréchal de France, le 6 janvier 1651.
    Maréchal-de-camp, novembre même année.
    Lieutenant-général des armées du Roi, juin 1653.
    Obtint, au mois d'août suivant, sur la démission de son père, le régiment d'infanterie (depuis Briqueville) dont il se démit au mois de mars 1659, en faveur du marquis de Grancey son frère.
    Gouverneur d'Argentan à la mort de son frère, en septembre 1679.
    Reçu chevalier de l'ordre de Saint-Louis de 1701 à 1704.
    Mort à Fontainebleau le 20 mai 1704.

DE SCAGLIA (*Marie-Joseph-Ignace-Auguste-Mainfroy-Jérôme*), *comte* DE VERUE,
    Colonel d'un régiment de Dragons de son nom à son entrée au service de France, octobre 1690.
    Réformé en janvier 1698, et entretenu mestre-de-camp à la suite du régiment de Mestre-de-camp-général-dragons.

Commissaire-général de la cavalerie, 7 juillet 1703.
Brigadier des armées du Roi par brevet du même jour.
Maréchal-de-camp, février 1704.
Reçu chevalier de l'ordre de Saint-Louis de 1701 à 1704.
Tué à la bataille d'Hochstett le 13 août 1704.

DE MARILLAC (*Jean-François, marquis*),
Enseigne de la Colonelle du régiment d'infanterie de la Fère le 31 décembre 1691.
Colonel d'un régiment d'infanterie de son nom, décembre 1695.
Colonel du régiment de Languedoc, avril 1696.
Brigadier des armées du Roi, juin 1702.
Gouverneur de Béthune, sur la démission de M. de Sarron son oncle, janvier 1703.
Reçu chevalier de l'ordre de Saint-Louis de 1701 à 1704.
Tué le 13 août 1704 à la bataille d'Hochstett.

DE BERMENT (*Charles*), seigneur D'INFREDILLE,
Premier maréchal-des-logis des Chevau-Légers de la garde.
Mestre-de-camp de cavalerie.
Reçu chevalier de l'ordre de Saint-Louis de 1701 à 1704.
Mort le 9 mars 1704.

DE TOULOUSE-LAUTREC (*Jean-Alexandre*),
Lieutenant-colonel du régiment de Languedoc-dragons.
Reçu chevalier de l'ordre de Saint-Louis de 1701 à 1704.
Tué au service du Roi en Italie le 7 mai 1704.

PHELYPEAUX (*Henri*),
Capitaine de vaisseaux du Roi.
Reçu chevalier de l'ordre de Saint-Louis de 1701 à 1704.
Tué au combat de Malaga en 1704.

DE MOREAU (*Charles-Georges*), seigneur D'AVROLLE,
Capitaine au régiment de Normandie en 1682.
Lieutenant-colonel de celui d'Agenois en 1695.
Commandant du fort de Navarre en 1701 et 1703.

Reçu chevalier de l'ordre de Saint-Louis de 1701 à 1704.
Tué à la bataille d'Hochstett en 1704.

De MONTALEMBERT de MONBEAU (*Jean-Armand*),
Major du régiment de Nivernois.
Reçu chevalier de l'ordre de Saint-Louis de 1701 à 1704.
Tué à la bataille d'Hochstett en 1704.

Des MARETS (*le comte*),
Colonel du régiment de la Fère en 1694.
Reçu chevalier de l'ordre de Saint-Louis de 1701 à 1704.
Tué au siége de Verceil en 1704.

De PRÉCHAC,
Capitaine de Grenadiers au régiment de Piémont.
Reçu chevalier de l'ordre de Saint-Louis de 1701 à 1704.
Mort des blessures qu'il reçut à la prise d'Yvrée en 1704.

D'AUMONT (*Louis-Marie-Victor, duc*), pair de France, né le 9 décembre 1632,
(Connu d'abord sous le nom de marquis de Chappes.)
Capitaine de la compagnie des Chevau-Légers, vacante par la mort du marquis d'Aumont, novembre 1644.
Colonel d'un régiment de cavalerie de son nom, févr. 1646.
Servit en qualité de volontaire au siége de Dunkerque en la même année, au siége de la Bassée en 1647.
Il était à la tête de son régiment au siége d'Ypres et à la bataille de Lens en 1648.
Eut une commission pour commander à Boulogne en l'absence du marquis de Villequier son père; y commanda cette année et la suivante.
(Prit le nom de marquis de Villequier le 5 janvier 1651, son père, créé maréchal de France, ayant pris le nom de maréchal d'Aumont.)
Obtint une nouvelle commission pour commander à Boulogne en l'absence de son père, avec la charge de capitaine de la compagnie des Gardes-du-Corps du Roi

(depuis Luxembourg), en survivance de son père, le 3 juin même année.

Obtint, en survivance de son père, le gouvernement de Boulogne et du pays Boulonnais, février 1658.

Son régiment fut licencié en avril 1661 après la paix de 1659.

Mestre-de-camp-lieutenant du régiment de Cuirassiers du Roi à sa création, le 2 décembre 1665, et le 7 du même mois il rétablit le régiment de son nom.

Brigadier des armées du Roi, mai 1667.

Duc et pair de France, à la mort de son père, le 11 janvier 1669. (Il prit le titre de duc d'Aumont.)

Premier gentilhomme de la chambre du Roi le 10 mars de la même année; prêta serment le 11, et se démit de sa charge de capitaine des Gardes-du-Corps.

Chevalier des ordres du Roi le 31 novembre 1688.

Reçu chevalier de l'ordre de Saint-Louis de 1701 à 1704.

Mort le 19 mars 1704.

DE SALIS DE ZIZERS (*Jean*),

Entré au régiment de Salis (depuis Polier et Reynold) le 25 septembre 1684.

Capitaine dans le même régiment en 1688.

Capitaine d'une demi-compagnie dans celui des Gardes-Suisses, sur la démission de son frère, mars 1696.

Obtint l'autre demi-compagnie à la retraite de son frère, le 3 novembre 1701.

Reçu chevalier de l'ordre de Saint-Louis le 1er janvier 1705.

Brigadier des armées du Roi, février 1719.

Mort au mois de janvier 1726, étant encore capitaine au régiment des Gardes-Suisses.

D'ERLACH (*Jacques-Antoine, comte*),

Capitaine aux Gardes-Suisses.

Reçu chevalier de l'ordre de Saint-Louis le 1er janvier 1705.

Mort le 9 avril 1715.

ROBIN (*François-Joseph*), seigneur DE LA TREMBLAYE,
Lieutenant-colonel du régiment de Villepion-cavalerie, avec rang de mestre-de-camp.
Reçu chevalier de l'ordre de Saint-Louis le 1er janvier 1705.

GUILLIER (*Pierre-Adam*), seigneur DE LA MOTTE,
Lieutenant-colonel du régiment Royal-Comtois.
Lieutenant-de-Roi d'Auxonne.
Reçu chevalier de l'ordre de Saint-Louis le 1er janvier 1705, en considération de ses services et de ses blessures.

DE BURKY (*Joseph-Protais*),
Second major du régiment des Gardes-Suisses, décembre 1703, avec rang de capitaine audit régiment.
Reçu chevalier de l'ordre de Saint-Louis le 2 janvier 1705.
Brigadier des armées du Roi, février 1719.
Capitaine d'une demi-compagnie au régiment des Gardes-Suisses, août 1726.
Colonel d'un régiment suisse de son nom, novembre 1729.
Mort le 12 novembre 1737.

DU GARREAU (*François*), seigneur DE LEYSSARD,
Major des Chevau-Légers de la garde.
Mestre-de-camp de cavalerie.
Reçu chevalier de l'ordre de Saint-Louis le 2 janvier 1705.
Mort à Malines le 11 octobre suivant.

DE REYNOLD-BÉVIÈS (*Gabriel-Joseph*),
Entra au régiment des Gardes-Suisses dès 1688, et y passa par tous les grades subalternes.
Eut rang de capitaine au même régiment en janvier 1701.
Reçu chevalier de l'ordre de Saint-Louis le 2 janvier 1705.
Obtint une demi-compagnie vacante par la mort de son frère aîné.
Brigadier des armées du Roi, février 1719.
Obtint la survivance de la demi-compagnie de son père et d'une compagnie franche qu'avait aussi son père.

Nommé commandeur de l'ordre de Saint-Louis le 6 décembre 1722.

Il mourut avant d'être reçu.

Il commandait, lors de sa mort, en août 1726, sept cents hommes, quoique n'étant que capitaine. Il avait une compagnie entière aux Gardes, une demi-compagnie dans le régiment de Brendlé, une dans Castellas, une demie dans Hamel, et une compagnie franche.

DE MONS DE LA CAPELLIERE (*Alexandre-Joseph*),
Capitaine de Grenadiers au régiment de Piémont.
Chef de bataillon dans celui de Saint-Second, avec rang de lieutenant-colonel.
Gouverneur de Perpignan.
Reçu chevalier de l'ordre de Saint-Louis le 2 janvier 1705, en considération de ses blessures.
Mort à Paris le 11 juin 1714.

BESENVAL (*Jean-Victor, baron de*),
Entra cadet au régiment des Gardes-Suisses en juillet 1689.
Capitaine dans le régiment de Salis en septembre suivant.
Leva une demi-compagnie au régiment des Gardes-Suisses, mars 1690.
Eut rang de colonel d'infanterie, mars 1691.
Brigadier des armées du Roi, février 1704.
Reçu chevalier de l'ordre de Saint-Louis le 1er. mars 1705.
Nommé envoyé extraordinaire auprès de Charles XII et de Stanislas, roi de Suède et de Pologne, en 1707.
Maréchal-de-camp, mars 1710.
Ministre plénipotentiaire près des puissances du Nord en 1711.
Envoyé extraordinaire près du Roi et de la république de Pologne en 1713.
Lieutenant-général des armées du Roi, février 1719.
Lieutenant-colonel du régiment des Gardes-Suisses, juin 1722.
Colonel dudit régiment, décembre même année.
Mort à Paris le 11 mars 1736.

De BESENVAL (*Jacques-Charles*), baron de Brunstadt,
Enseigne de la demi-compagnie de son frère au régiment des Gardes-Suisses en 1690.
Capitaine au régiment suisse de Reynold, avril 1697.
Major du régiment des Gardes-Suisses, avec rang de capitaine audit régiment, juin 1702.
Reçu chevalier de l'ordre de Saint-Louis le 13 juin 1705.
Brigadier des armées du Roi, février 1719.
Colonel d'un régiment Suisse (depuis Darbonnier), mai 1729.
Maréchal-de-camp, février 1734.
Lieutenant-général des armées du Roi, mars 1738.
Mort à Paris le 16 octobre suivant.

De CAPPY (*François-Joseph*),
Volontaire au régiment Dauphin-dragons en 1674.
Cornette dans le même régiment en février 1676.
Servit en cette qualité à différens siéges, à la bataille de Saint-Denis, en 1678, et fut réformé, ainsi que tous les cornettes, en 1679.
Capitaine dans le régiment de Langalerie, décemb. 1683.
Sa compagnie réformée, il en leva une autre dans le régiment de Fontet en août 1688.
Lieutenant-colonel de son régiment (alors Vaudreuil), mars 1694.
Combattit avec tant de valeur au combat de Luzzara, que le Roi lui accorda, le 30 août 1702, le régiment dont il était lieutenant-colonel, vacant par la mort de M. de Vaudreuil, tué à cette bataille.
Reçu chevalier de l'ordre de Saint-Louis le 15 juin 1705.
Brigadier des armées du Roi, même mois.
Son régiment ayant été réformé en 1704, il fut incorporé, avec sa compagnie, dans le régiment du Roi.
Il obtint, en octobre 1716, des lettres de noblesse en considération de ses services.
Maréchal-de-camp, mars 1718.
Mort au mois de mai 1721.

D'ESTAVAYE DE LULLY (*François-Joseph*),
  Capitaine aux Gardes-Suisses.
  Reçu chevalier de l'ordre de Saint-Louis le 18 août 1705.
  Mort en 1708.

HURAULT (*Florimond*), seigneur DE MONTIGNY,
  Capitaine de vaisseaux du Roi.
  Gouverneur de la Martinique.
  Reçu chevalier de l'ordre de Saint-Louis le 22 sept. 1705.

SURY DE STEIMBRUGG (*François*),
  Enseigne au régiment des Gardes-Suisses en 1690.
  Capitaine-lieutenant de la compagnie de Grenadiers du régiment de Castellas.
  Major du régiment de Stuppa.
  Capitaine dans le régiment de Surbeck, fit toute la guerre de 1690 à 1697.
  Lieutenant-colonel du régiment suisse de Pfiffer, à sa création, septembre 1702.
  Eut rang de colonel d'infanterie, mars 1705.
  Reçu chevalier de l'ordre de Saint-Louis le 16 décembre suivant.
  Brigadier des armées du Roi, novembre 1708.
  A la réforme du régiment de Pfiffer, il conserva une compagnie dans le régiment d'Hemel et une dans celui de Brendlé.
  Mort à Fribourg au mois de mars 1719.

LE CLERC (*Claude-François*), seigneur DE SABARES,
  Capitaine des ingénieurs.
  Capitaine à la suite du régiment de Bourbon-infanterie.
  Reçu chevalier de l'ordre de Saint-Louis en 1705.

CHOART (*Guillaume*), marquis DE BUSANVAL,
  Capitaine de Cuirassiers.
  Reçu chevalier de l'ordre de Saint-Louis en 1705.
  Capitaine-lieutenant des Chevau-Légers de la Reine en 1709.

Mestre-de-camp de cavalerie.
Brigadier des armées du Roi.
Mort le 21 février 1742.

De FLAHAUT (*Jérôme-François*), comte DE LA BILLARDERIE, né en 1672.
Volontaire dans la compagnie de son père, au régiment de cavalerie de Saint-Germain-Beaupré, en 1684.
Lieutenant réformé à la suite de la même compagnie, commandée alors par son frère, mars 1686.
Capitaine au régiment de cavalerie d'Aumont (depuis la Vallière), août 1688.
Exempt des Gardes-du-Corps, compagnie de Duras (depuis Beauvau), février 1694.
Reçu chevalier de l'ordre de Saint-Louis en 1705.
Aide-major de sa compagnie, décembre même année.
Brigadier des armées du Roi, mars 1710.
Aide-major-général des Gardes-du-Corps, décembre 1717.
Maréchal-de-camp, février 1719.
Nommé commandeur de l'ordre de Saint-Louis le 27 avril 1721.
Major des Gardes-du-Corps du Roi, avec rang de lieutenant, avril 1729.
Gouverneur du fort Brescou, octobre suivant, et de Saint-Quentin le 1er. mai 1731.
Lieutenant-général des armées du Roi, août 1734.
Grand'croix de l'ordre de Saint-Louis le 5 juin 1738.
Gouverneur de Saint-Venant, avril 1750.
Mort le 27 août 1761.

De FRANQUETOT (*François*), duc DE COIGNY, né le 16 mars 1670.
Connu sous le nom de marquis de Coigny. Il entra aux Mousquetaires le 19 octobre 1687.
Cornette de la compagnie Mestre-de-camp du régiment Royal-Étranger, janvier 1689.
Capitaine audit régiment, juin 1690.

Mestre-de-camp-lieutenant du même régiment, sur la démission de son père, janvier 1691.

Brigadier de cavalerie, janvier 1702.

A la mort de son père, il prit le nom de comte de Coigny, et fut gouverneur et grand-bailli de Caen en octobre 1704.

Inspecteur-général de la cavalerie et des Dragons le 22 du même mois.

Maréchal-de-camp, même mois.

Colonel-général des Dragons, sur la démission du duc de Guiche, décembre 1704.

Reçu chevalier de l'ordre de Saint-Louis en 1705.

Lieutenant-général des armées du Roi, juin 1709.

Il se démit du gouvernement et du grand-bailliage de Caen en faveur de son fils, mai 1719.

Chevalier des ordres du Roi le 3 juin 1724.

Gouverneur-général de la principauté de Sédan, à la mort du maréchal de Medavy, novembre 1725.

Maréchal de France, juin 1734.

Chevalier de la Toison-d'Or le 25 juillet suivant.

Gouverneur-général de l'Alsace, à la mort du maréchal du Bourg, janvier 1739.

Créé duc de Coigny par lettres données à Versailles au mois de févr. 1747, enregistrées au parlement le 18 avril suiv.

Son fils étant mort le 4 mars 1748, il rentra en possession du gouvernement de Caen et de la charge de colonel-général des dragons, et s'en démit de nouveau en faveur du duc de Chevreuse en janvier 1754. Se démit aussi du gouvernement de Caen en 1755, et de son duché en 1756, en faveur de son petit-fils, et conserva les honneurs de duc.

Mort le 18 décembre 1759.

De CHOISEUL (*Antoine-Cleriadus*), marquis de BEAUPRÉ, né le 16 mars 1664.

Mousquetaire en 1683.

Lieutenant au régiment du Roi en 1684.
Obtint la charge de lieutenant-général en Champagne, à la mort de son père.
Capitaine au régiment du Roi, mars 1689.
Colonel du régiment d'infanterie d'Agenois lors de sa formation, octobre 1692.
Brigadier des armées du Roi, décembre 1702.
Maréchal-de-camp, octobre 1704.
Reçu chevalier de l'ordre de Saint-Louis en 1705.
Lieutenant-général des armées du Roi, mars 1718.
Mort le 19 mai 1726.

BIRAN (*Blaise*), comte DE GOAS,
Capitaine au régiment de cavalerie de Montheron, septembre 1674.
Capitaine dans celui du colonel-général des Dragons, juillet 1681.
Mestre-de-camp d'un régiment de Dragons de son nom, octobre 1689.
Brigadier de Dragons, janvier 1702.
Maréchal-de-camp, février 1704.
Reçu chevalier de l'ordre de Saint-Louis de 1701 à 1705.
Mort le 9 novembre 1705.

DE SISTRIERES,
Premier capitaine au régiment Royal des vaisseaux.
Reçu chevalier de l'ordre de Saint-Louis de 1701 à 1705.
Mort de ses blessures en 1705.

DE GALLIAT DE MONTAGNY,
Capitaine au régiment d'Auriac.
Reçu chevalier de l'ordre de Saint-Louis de 1701 à 1705.

FONTAGER (*le chevalier de*),
Lieutenant de vaisseaux du Roi.
Reçu chevalier de l'ordre de Saint-Louis de 1701 à 1705.

TROTIN (*Joachim-Jacques*), marquis DE LA CHETARDIE,
Ancien major au régiment d'Enghien.

Maréchal-de-camp.
Gouverneur de Landrecies et du Vieux-Brisach.
Reçu chevalier de l'ordre de Saint-Louis de 1701 à 1705.
Mort le 24 juin même année.

De BEAUCHAM,
Brigadier des Gardes-du-Corps du Roi.
Reçu chevalier de l'ordre de Saint-Louis de 1701 à 1705.

BUADE (*le chevalier de*),
Capitaine d'artillerie.
Reçu chevalier de l'ordre de Saint-Louis de 1701 à 1705.

DASSIER-des-BROSSES (*Paul*), seigneur de Charzat,
Capitaine d'artillerie.
Reçu chevalier de l'ordre de Saint-Louis de 1701 à 1705.
Mort en 1737.

Des BOISCLAIRS,
Capitaine de frégates.
Reçu chevalier de l'ordre de Saint-Louis de 1701 à 1705.

De la PALU (*Louis*), comte de Bouligneux,
(Connu d'abord sous le nom de comte de Mcilly.)
Lieutenant au régiment du Roi dès 1682.
Capitaine au même régiment, janvier 1683.
Colonel d'un régiment d'infanterie à la mort du marquis de Montpezat, tué au siége de Luxembourg en 1684.
Brigadier des armées du Roi, mars 1693.
Il prit le nom de comte de Bouligneux.
Maréchal-de-camp, janvier 1702.
Se démit de son régiment au mois de janvier 1703.
Lieutenant-général des armées du Roi, février 1704.
Reçu chevalier de l'ordre de Saint-Louis de 1701 à 1705.
Tué le 14 décembre 1705 au siége de Verrue.

De LORRAINE (*Philippe*), prince d'Elbeuf,
Brigadier des armées du Roi.
Reçu chevalier de l'ordre de Saint-Louis de 1701 à 1705.
Tué près de Chivas en Piémont le 18 juin 1705.

De RUBENTEL (*Denis-Louis*), *marquis* de Mondetour,
Enseigne au régiment des Gardes-Françaises le 18 janvier 1649.
Lieutenant, décembre 1652.
Capitaine à la mort de son frère le 20 juillet 1656.
Maître-d'hôtel du Roi, à la mort de son frère, le même jour.
Commanda, en 1671, les quatorze compagnies du régiment des Gardes qui marchèrent dans l'électorat de Cologne.
Brigadier des armées du Roi, octobre 1672.
Maréchal-de-camp, décembre 1677.
Lieutenant-colonel du régiment des Gardes, à la retraite de M. Malagotty, mars 1681.
Lieutenant-général des armées du Roi, août 1688.
Reçu chevalier de l'ordre de Saint-Louis de 1701 à 1705.
Mort le 29 avril 1705.

D'ARMAND-de-FOREST (*Alexandre-René*), *seigneur* de Blacons,
Mestre-de-camp d'un régiment de son nom en 1702.
Reçu chevalier de l'ordre de Saint-Louis de 1701 à 1705.
Quitta le service à raison de ses blessures.

ANCELET (*Michel-Antoine, comte*),
Capitaine au régiment de Royal-infanterie.
Ingénieur en chef à Casal.
Reçu chevalier de l'ordre de Saint-Louis de 1701 à 1705.
Mort en 1705 des blessures qu'il reçut au siége de Chivas.

De TRINQUERE (*Pierre*),
Capitaine de Grenadiers au régiment de Dauphiné.
Reçu chevalier de l'ordre de Saint-Louis de 1701 à 1705.
Tué à la bataille de Cassano en 1705.

Le VAILLANT (*Philippe-Philibert*),
Commandant de bataillon au régiment de la vieille Marine.
Reçu chevalier de l'ordre de Saint-Louis de 1701 à 1705.
Tué au siége de Verrue en 1705.

DE LA GERINIÈRE,
    Lieutenant au régiment d'infanterie de Dampierre le 26 juin 1665.
    Capitaine, décembre 1667.
    Après la réforme du mois de mai 1668, il entra lieutenant au régiment de Vendôme (depuis Royal-Vaisseaux).
    Lieutenant-colonel du régiment d'infanterie de Dauphiné à sa formation, septembre 1684.
    Brigadier des armées du Roi, janvier 1702.
    Reçu chevalier de l'ordre de Saint-Louis de 1701 à 1705.
    Mort au mois d'août 1705.

COLBERT-DE-TURGIS (*Jean-Baptiste*),
    Capitaine de vaisseaux du Roi.
    Reçu chevalier de l'ordre de Saint-Louis de 1701 à 1705.
    Mort en 1715.

LE JEUNE (*Charles*), *seigneur* DE LA GRANDE-ROCHE,
    Lieutenant-général d'artillerie.
    Reçu chevalier de l'ordre de Saint-Louis le 3 mars 1706.
    Mort au Neuf-Brisach en 1717.

LE JEUNE (*Pierre-François*), *seigneur* DE BONNEVAU, frère du précédent.
    Lieutenant-général d'artillerie.
    Reçu chevalier de l'ordre de Saint-Louis le 3 mars 1706.
    Mort en 1723.

LE CIRIER (*Léon*), *marquis* DE NEUFCHELLES,
    Page du Roi en 1679.
    Mousquetaire en 1680.
    Exempt de la compagnie des Gardes-du-Corps (depuis Villeroi), février 1683.
    Eut rang de capitaine de cavalerie le 20 août 1688.
    Gouverneur de Sainte-Menehould à la mort de son père, tué à la bataille de Leuse, septembre 1691.
    Eut rang de mestre-de-camp de cavalerie, mars 1702.
    Reçu chevalier de l'ordre de Saint-Louis en 1706.

Brigadier des armées du Roi, janvier 1709.
Premier enseigne de sa compagnie, novembre 1709.
Troisième lieutenant, avril 1712.
Deuxième lieutenant, avril 1717.
Premier lieutenant le 1.er juin suivant.
Maréchal-de-camp, février 1719.
Mort le 27 septembre 1733.

BECKER (*Nicolas*),
Premier lieutenant au régiment de Conflans (depuis Saxe-hussards).
Premier capitaine dans les chasseurs d'Alsace.
Reçu chevalier de l'ordre de Saint-Louis en 1706.

DE VALOIS ou LE VALOIS DE VILLETTE (*Philippe*), marquis DE MURÇAY,
Cornette des Chevau-Légers de la garde, novembre 1684.
Eut rang de mestre-de-camp de cavalerie, septembre 1688.
Colonel du régiment de cavalerie de M. le Dauphin, mars 1689.
Brigadier des armées du Roi, avril 1694.
Inspecteur-général de la cavalerie, août 1701.
Reçu chevalier de l'ordre de Saint-Louis de 1701 au 9 novembre 1706.
Maréchal-de-camp, janvier 1702.
Lieutenant-général des armées du Roi, février 1704.
Blessé et fait prisonnier à la bataille qui se donna sous Turin le 7 septembre 1706. Il fut conduit dans cette ville, où il mourut le 9 novembre suivant.

DE MAULDE (*Gabriel*), marquis DE COLOMBOG,
Capitaine de Grenadiers au régiment de Navarre.
Brigadier des armées du Roi en 1707.
Lieutenant-de-Roi du fort de Kehl.
Reçu chevalier de l'ordre de Saint-Louis de 1701 à 1706.
Mort en 1726.

DE BARAVY,
Entré lieutenant au régiment d'infanterie du Roi dès 1676.

Capitaine en 1682.
Major au régiment d'Orléanais, janvier 1693.
Lieutenant-colonel du même régiment, janvier 1697.
Brigadier des armées du Roi, mars 1703.
Commandant du fort de Kehl jusqu'à la reddition de cette
  place à l'Empire.
Reçu chevalier de l'ordre de Saint-Louis de 1701 à 1706.
Mort en cette même année 1706.

MAIGNARD-DE-BERNIERES (*Nicolas*),
  Major du régiment des Gardes-Françaises.
  Major-général de l'armée de Flandres.
  Reçu chevalier de l'ordre de Saint-Louis de 1701 à 1706.
  Tué en 1706 à la bataille de Ramillies.

MAIGNARD (*Jacques*),
  Capitaine au régiment des Gardes-Françaises en 1692.
  Brigadier des armées du Roi en 1702.
  Reçu chevalier de l'ordre de Saint-Louis de 1701 à 1706.
  Tué à la bataille de Ramillies en 1706.

MAIGNARD (*Jacques*), frère du précédent,
  Colonel du régiment de Levis en 1704.
  Reçu chevalier de l'ordre de Saint-Louis de 1701 à 1706.
  Tué devant Turin en 1706.

De NOFFON, frère du comte de Sarrau,
  Capitaine de Grenadiers au régiment de Piémont.
  Reçu chevalier de l'ordre de Saint-Louis de 1701 à 1706.
  Tué au siége de Turin en 1706.

COLBERT (*François* ou *François-Edouard*), marquis DE
  MAULEVRIER,
  (D'abord prieur de Saint-Jean-le-Rotrou, quitta l'état ec-
    clésiastique),
  Mousquetaire en 1695.
  Sous-lieutenant au régiment du Roi, mai 1696.
  Lieutenant le 16 août même année.

Colonel du régiment de Navarre en novembre suivant.
Brigadier des armées du Roi, octobre 1704.
Reçu chevalier de l'ordre de Saint-Louis de 1701 à 1706.
Mort le 2 avril 1706.

DE REDING DE BIBEREGG (*Jean-François, chevalier*),
Capitaine de Grenadiers au régiment de Greder.
Major du même régiment.
Colonel d'un régiment d'infanterie allemande de son nom, 3 mars 1705.
Maréchal-de-camp par brevet du même jour.
Reçu chevalier de l'ordre de Saint-Louis de 1701 à 1706.
Mort à Madrid en 1706.

LE GENDRE DE MAIGREMONT,
Capitaine aux Gardes-Françaises.
Reçu chevalier de l'ordre de Saint-Louis de 1701 à 1706.
Tué à la bataille de Ramillies en 1706.

LE SENESCHAL (*Claude-Hiacinthe*), marquis DE CARCADO,
Mestre-de-camp-lieutenant du régiment Royal-Étranger-cavalerie.
Reçu chevalier de l'ordre de Saint-Louis de 1701 à 1706.
Mort des blessures qu'il reçut au siége de Turin en 1706.

O'BRIEN (*Charles*), comte DE CLARE, dit mylord CLARE,
Pair d'Irlande.
Colonel du régiment de Dragons à pied de la Reine d'Angleterre, que son père avait levé en 1689, par commission du Roi d'Angleterre. Il passa en France avec ce régiment en 1691, et fit la guerre en Italie où il se trouva à la bataille de la Marsaille en 1693.
Colonel du régiment d'infanterie de Clare, avril 1696.
Brigadier d'infanterie, avril 1703.
Maréchal-de-camp, octobre 1704.
Reçu chevalier de l'ordre de Saint-Louis avant 1706.
Tué à la bataille de Ramillies le 23 mai 1706.

www.ingramcontent.com/pod-product-compliance
Lightning Source LLC
Chambersburg PA
CBHW050657170426
43200CB00008B/1328